IRMÃOS

GABRIEL FELTRAN

Irmãos
Uma história do PCC

4ª reimpressão

COMPANHIA DAS LETRAS

Copyright © 2018 by Gabriel Feltran

Grafia atualizada segundo o Acordo Ortográfico da Língua Portuguesa de 1990, que entrou em vigor no Brasil em 2009.

Capa
Guilherme Xavier

Preparação
Alexandre Boide

Checagem
Érico Melo

Revisão
Clara Diament
Angela das Neves

Dados Internacionais de Catalogação na Publicação (CIP)
(Câmara Brasileira do Livro, SP, Brasil)

> Feltran, Gabriel
> Irmãos : Uma história do PCC / Gabriel Feltran — 1ª ed. — São Paulo : Companhia das Letras, 2018.
>
> ISBN 978-85-359-3161-7
>
> 1. Crime organizado — Brasil 2. Livro-reportagem 3. Primeiro Comando da Capital — PCC (Facção criminosa) 4. Primeiro Comando da Capital — PCC — História 5. Prisões — Brasil 6. Sistema penitenciário — Brasil 7. Violência I. Título.

18-19007   CDD-364.1060981

Índice para catálogo sistemático:
1. Brasil : Crime organizado : História   364.1060981

Maria Alice Ferreira - Bibliotecária - CRB-8/7964

Todos os direitos desta edição reservados à
EDITORA SCHWARCZ S.A.
Rua Bandeira Paulista, 702, cj. 32
04532-002 — São Paulo — SP
Telefone: (11) 3707-3500
www.companhiadasletras.com.br
www.blogdacompanhia.com.br
facebook.com/companhiadasletras
instagram.com/companhiadasletras
twitter.com/cialetras

Para Toninho e Rege

[...] enquanto combatia na escuridão (enquanto seu corpo combatia na escuridão), começou a compreender.
Jorge Luis Borges,
"Biografia de Tadeo Isidoro Cruz (1829-74)"

Sumário

PARTE UM — A SOCIEDADE SECRETA

1. Maçonaria do crime 13
2. "O que está embaixo é como o que está no alto" 46
3. A economia e o PCC 77
4. Mercados (i)legais 103

PARTE DOIS — A POLÍTICA DE EXPANSÃO

5. Antes do PCC 129
6. Cadeia e rua, mesmo ritmo 176
7. A justiça do PCC 209
8. Paz tem preço 237
9. Políticas do crime 266
10. A máquina crime-segurança 284

Notas 291
Apêndice: Estatuto do PCC (Terceira Geração) 305
Sobre este livro 311

PARTE UM
A SOCIEDADE SECRETA

1. Maçonaria do crime

Quarta-feira, dia 15 de junho de 2016. Anoitecia em Pedro Juan Caballero, fronteira do Brasil com o Paraguai. A câmera de segurança de uma farmácia registra o momento em que uma Toyota Fortuner diminui o ritmo até quase parar, forçando a aproximação de outros quatro veículos que vinham atrás, em comboio. No segundo deles, uma Hummer blindada, está Jorge Rafaat, conhecido na imprensa como o "Rei da Fronteira". Nos outros três veículos estão seus seguranças pessoais.

Brasileiro de origem libanesa, Rafaat havia sido condenado a 47 anos de prisão por tráfico de drogas e lavagem de dinheiro no Brasil, mas respondia em liberdade e vivia no Paraguai, reconhecido como um empresário de sucesso tanto no ramo legal como ilegal da economia. Sabia-se de suas empresas de pneus e de segurança privada em Pedro Juan, de suas faculdades de medicina e de suas fazendas, bem como de um albergue que mantinha, por filantropia, para moradores de rua. Rafaat não respondia a nenhum processo judicial no Paraguai, embora desde os anos 1980 tenha sido investigado por associação ao tráfico e, nos anos 1990, material para refino de cocaína tenha sido encontrado em fazendas de sua propriedade.

Não era segredo que estavam tentando matá-lo. Alguns meses antes, os homens de sua guarda particular haviam frustrado uma tentativa de assassinato, envolvendo um carro-forte com três atiradores e armamento pesado, inclusive uma metralhadora MAG, arma de guerra. O ocorrido fez Rafaat reforçar ainda mais sua segurança particular, que passou a ser formada por trinta homens treinados por uma empresa polonesa, portando pistolas e fuzis. Três carros de segurança o acompanhavam sempre, e outros homens ficavam de prontidão em sua casa.

Comentava-se ainda que o empresário dispunha de um esquema sofisticado de comunicação e inteligência, cujas informações gravadas não passavam sequer pelas operadoras de telefonia. Seus informantes estariam por toda parte, e seus braços nas polícias locais, pagos com subornos, também lhe serviriam de proteção. Um mês antes de chegar com sua Hummer à fatídica esquina, ele havia visitado, numa cela suntuosa de uma penitenciária paraguaia, um de seus velhos parceiros e outro dos maiores traficantes da região, Jarvis Pavão, um sul-mato-grossense com sotaque do interior e fala mansa.

Pavão teria trânsito mais livre com gente do Primeiro Comando da Capital na região, por ter conhecido e se aproximado de Cezar Veron, um dos pioneiros da facção no Paraguai. Rafaat e Pavão, dentro da cela, teriam conversado sobre o conflito entre o Rei da Fronteira e o PCC, que desde 2013 se desenrolava, mas que, em junho de 2016, já era uma guerra declarada. A conversa não resultou em acordo. Logo depois da visita, Rafaat foi entrevistado em uma rádio local e afirmou que traficantes de fora do país tinham interesses econômicos na região; que queriam transformar a fronteira em um bairro "como as favelas brasileiras". Ao público, apresentava-se como alguém que cuidava da ordem na fronteira, evitando que "gente de fora" trouxesse o caos para o local.

A presença do PCC na fronteira ameaçava os negócios de Rafaat e, sobretudo, ameaçava sua vida. Reportagens contam que o empresário teria procurado seus contatos policiais, brasileiros e paraguaios, e entregado a eles nomes, números de telefone e endereços de traficantes ligados ao Primeiro Comando da Capital na região. Tentava, fechando acordos informais com a polícia, ter mais aliados na sua guerra à facção brasileira. Tentativas de negociação, falas públicas, acordos com a polícia, segurança privada reforçada, nada disso adiantou.

Naquela noite de 15 de junho, quando Rafaat e seus seguranças se aproximaram da Toyota Fortuner, tiros foram ouvidos no entorno. A segurança se alarmou, e o comboio parou por segundos. Enquanto seus homens se davam conta do que acontecia, Rafaat acelerou sua Hummer e os deixou para trás, tentando uma fuga pela direita. Mas o piloto da Fortuner foi mais ágil e acelerou a tempo de não permitir sua passagem. Era a ocasião decisiva.

Uma rajada de metralhadora calibre .50, outra arma de guerra, sobreveio da traseira da Toyota. Dezenas de projéteis romperam a blindagem da Hummer de Rafaat. Ao menos dezesseis tiros o atingiram na cabeça, no peito, nos ombros. Morria o "Rei da Fronteira".

Na perspectiva do agente da Polícia Federal que atua na fronteira do Brasil com o Paraguai analisando gravações de traficantes, dados de contas bancárias e documentos de membros da facção, o PCC tem uma face mercantil evidente. Movimenta-se muito dinheiro do tráfico de armas e drogas por lá. Para quem nasceu numa favela e tem um tio de 45 anos batizado no PCC, visitado pela tia a cada semana graças ao dinheiro do Partido, a facção é muito diferente do que para quem nasceu na elite e ouve falar do assunto pelo seu *feed* de notícias do Google.

Do ponto de vista do policial militar que faz ronda ostensiva numa favela de São Paulo, vê-se uma outra face do PCC: muito jovem, ligada ao tráfico no varejo e ao oferecimento de uma justiça local à população das quebradas, as periferias e favelas. Para o policial civil, o advogado criminalista ou o agente prisional que vive todos os dias entre relatos e investigações sobre assaltos realizados por ladrões vinculados ao Comando, o PCC tem negócios diversos, de desmanches a furtos a caixas eletrônicos, e envolve pessoas reais, como as que vê o jornalista, que tem dois dias para visitar uma cadeia e escrever sua matéria. Para os pesquisadores, as pessoas reais do PCC parecem menos importantes do que a lógica de funcionamento da facção.

Para um menino de dezesseis anos que trafica drogas e ouve funk em uma esquina carioca, o PCC é algo muito diferente do que para um rapaz de Sapopemba, na Zona Leste de São Paulo, que com a mesma idade ouve o rap das antigas. O Primeiro Comando da Capital, na visão de um integrante da Família do Norte (FDN), grupo criminal rival, é diferente da facção genérica que vê o juiz de uma vara criminal de São Paulo, do Ceará ou do Paraná. Para eles, todas as facções estão fora da lei, são parte do crime organizado, e é isso o que importa.

Para quem conhece de perto a história de participação do PCC na redução em 70% dos homicídios no estado de São Paulo, nos anos 2000, o mundo do crime é muito diferente do que para quem teve seu condomínio assaltado e foi mantido como refém por integrantes da facção. Finalmente, para um irmão do PCC que há vinte anos está na caminhada, como é conhecida a vida no crime, a facção que conheceu nas treze cadeias onde esteve é muito diferente do que ela é para o usuário de crack que, depois de vagar de cidade em cidade, conhece a disciplina do Comando nas ruas da região da Luz, no centro de São Paulo.

Há pelo menos uma década o Primeiro Comando da Capital preocupa a Interpol e o FBI, além do Departamento de Narcóticos dos Estados Unidos. O Ministério Público brasileiro estima que, em 2018, o PCC tenha mais de 30 mil integrantes batizados em todos os estados da federação. Ao menos outros 2 milhões de homens, mulheres e adolescentes, mesmo que não batizados, são funcionários de baixo escalão dos mercados ilegais no Brasil e *correm com o Comando* em periferias, ruas e favelas de todo o país. Ainda tem mais. Integrantes da facção fazem negócios legais e ilegais no atacado em ao menos quatro continentes, tendo em suas redes gente das mais diversas origens étnicas, nacionais e sociais. A fronteira com o Paraguai, onde Jorge Rafaat foi emboscado em 2016, é apenas um dos pontos relevantes desses mercados.

Há 25 anos, a história era outra. O PCC era fundado em uma cela escura, por um grupo de oito presos que jogavam futebol juntos no anexo da Casa de Custódia de Taubaté (CCTT), unidade prisional então destinada ao castigo dos indisciplinados. Conta-se que o Comando da Capital disputava na bola, e na faca, a liderança da cadeia contra o Comando Caipira, formado por presos do interior. A maioria dos detentos havia chegado sob acusação de incitar rebeliões, como a que terminou com a ocupação policial e o massacre de 111 presos do pavilhão 9, na Casa de Detenção do Carandiru, em 1992. A história das prisões e das facções em São Paulo era sangrenta. Todos os anos havia dezenas de mortos nas cadeias de São Paulo. Em Taubaté, diz-se que o PCC começou a ter visibilidade quando seus integrantes decapitaram um dos líderes opositores e jogaram futebol com sua cabeça.

"Se quer guerra, terá/ Se quer paz, quero em dobro." Os versos dos Racionais MC's resumem bem a ideologia original do PCC. A facção cresceu inicialmente nos presídios paulistas. Os presos tinham problemas práticos e o PCC tinha um método para tentar resolvê-los. O uso da força se faz em última instância. Sempre à espreita, a violência eclodia em rebeliões e mortes de opositores, porém não era o jeito mais sábio de proceder. A proposta dos presos, de muitos grupos, sempre foi a de que *o certo* prevalecesse, mas muita coisa errada era vista todos os dias. Era preciso união entre os presos, pelo certo, e o PCC propôs uma forma específica de fazê-lo.

Para qualquer *fita* errada, qualquer treta, qualquer opressão de preso contra preso, os irmãos batizados no Comando seriam mediadores de debates, e decidiriam juntos quem estava certo e quem estava errado. Mais do que isso, os irmãos acessariam por meio de suas longas discussões o que seria o correto, o justo e o perfeito em cada situação. Os irmãos, depois de ouvirem todos, *sumariavam* o que era o certo em cada situação, resolvendo as contendas.

Se está devendo, tem que pagar; se não pode pagar, algum familiar paga. Se é um menino muito novo, que sirva de lição. Na próxima vez pode ser pior, ele pode ser cobrado ou ser mesmo expulso do convívio. Com esse método de proceder cotidiano, criaram-se as primeiras políticas do PCC, seu primeiro estatuto, revisado ainda muitas outras vezes nessas duas décadas e meia, adaptando-se aos novos momentos da facção.

Os efeitos práticos dessas políticas interessavam aos presos. Na disciplina do PCC foram interditados o estupro, o homicídio considerado injusto, e, anos mais tarde, aboliu-se o crack em todas as cadeias da facção no estado de São Paulo. Havia muito mais a fazer. Viabilizar as visitas de parentes e advogados, conseguir um sabonete ou uma pasta de dente para os presos em dificuldade, um cigarro para o ócio, maconha, cocaína e uma TV para ver a Copa do Mundo. A facção se tornou ainda uma forma de organizar as negociações, lícitas e ilícitas, com os funcionários e a direção dos presídios.

Oferecendo aos presidiários uma ordem previsível para a vida cotidiana, o PCC ganhou o respeito e o consentimento ativo da massa prisional em São Paulo. "Pode crer, pela ordem", cantou o rap nos anos 1990. Ordem que não era total, mas já respeitada pela maioria dos presos no final daquela década. Consentimento ativo, consideração que se traduzia em mais força para derramar o sangue dos que fechavam com *o errado*, na visão do Comando. Paz entre nós, guerra ao sistema. A guerra do PCC contra os "coisa", como são chamados por eles os policiais, as facções rivais, os estupradores e "caguetas" se tornou nos anos 1990 a outra face da *paz entre os ladrões*. A facção buscava unidade sob sua bandeira, sua camisa, sua disciplina. Era só o início.

UMA METÁFORA

Toyota Fortuner, cor prata. Se a observamos por cima, vemos seu teto e seu capô, mas não as rodas. Observando-a por baixo, dá para ver suas quatro rodas, mas não em forma circular. Tomando o ponto de vista lateral, podemos ver duas rodas, seu formato de círculo, mas não as quatro que o veículo possui. Lugar-comum: a partir de cada ponto de vista em que se observa um assunto e dependendo do quanto se sabe sobre ele, é possível ver algumas coisas e, ao mesmo tempo, impossível ver outras. Um mesmo objeto — uma roda — pode aparecer como círculo, ou como retângulo, a depender do ponto de observação.

Como podemos formular uma visão geral dos assuntos, tendo sempre visões parciais? Da Toyota, do PCC? Há sempre duas maneiras: a experiência concreta ou a dedução lógica, uma espécie de adivinhação. Em qualquer dos casos, usamos alguma referência para apoiar o raciocínio. No caso daquela Toyota Fortuner, sabemos que é um tipo de "carro". Temos experiência em vê-los por cima, por baixo, pelo lado. Mesmo que não pensemos a respeito, nossa cabeça se utiliza dessa referência e faz com que enxerguemos a Toyota inteira quando vemos, na verdade, sempre só um lado dela. Não é preciso adivinhar o outro lado. Olhando um pneu por baixo, sabemos pela experiência que é redondo.

Com o PCC não é diferente. Uma boa metáfora de referência nos ajuda a entender como a irmandade opera, mas, a partir de uma metáfora ruim, acabamos por nos atrapalhar. Há um problema no modelo que tem sido usado normalmente para entender a facção. Marcola, Gegê do Mangue, Capuava, Fuminho, Birosca, Macarrão, Cabelo Duro, Julinho e muitos outros nomes povoam jornais e revistas que apresentam organogramas duros de funcionamento do PCC. Muitos integrantes morrem, mas a facção se fortalece. Promotores, juízes e jornalistas encontram mais uma liderança do PCC, e ela é presa. A notícia seguinte é a de que um novo assalto espetacular foi praticado.

Foi assim nas últimas décadas, continua sendo assim. Quanto mais esses "líderes" são transferidos a regimes de isolamento, ou mesmo mortos, quanto mais seus carregamentos milionários de drogas ou seus planos de assaltos fantásticos são desbaratados, mais o PCC se expande. É preciso entender o que se passa. O Primeiro Comando da Capital não se organiza como os grupos criminais já conhecidos. O PCC não se parece, em funcionamento, nem com os Comandos cariocas, nem com as facções de outros estados do Brasil, nem com as gangues prisionais americanas, e difere em vários aspectos das máfias italianas, russas ou orientais. As teorias do crime organizado reconhecidas nas universidades e academias de polícia até o momento são insuficientes, para não dizer equivocadas, para captar os modos de funcionamento da facção.

Fazemos pesquisa sobre o PCC há muito tempo, eu e muitos outros professores, colegas, parceiros de universidade, jornalistas, advogados, agentes penitenciários, criminalistas, investigadores de polícia e muitos, muitos moradores das periferias urbanas. Lendo e conversando uns com os outros, vamos entendendo um pouco do que se passa. Mesmo com tanta pesquisa, com tanto conhecimento sobre cada face do Comando, é ainda necessário acertar na metáfora, na referência, no modelo geral de raciocínio para entender a facção. Estamos chegando lá.

A maioria dos que lidam com o PCC usa o modelo empresarial para compreendê-lo. Olhando para uma de suas faces de operação, a mercantil, teríamos o todo. A finalidade da facção seria, em última análise, econômica. A metáfora da empresa é insuficiente (serviria para entender parte da atuação de uma sintonia do PCC, como veremos, mas nunca o todo da facção). Além disso, essa metáfora supõe um CEO, um presidente ou um conselho de administração, com autoridade para ordenar o que devem fazer seus subordinados — inferiores em hierarquia e economicamente dependentes dessa liderança. O PCC não funciona assim.

Em outros casos, vê-se a face guerreira do PCC, e utiliza-se para entender o todo a metáfora da organização ou comando militar, instituída em torno de um chefe, um general que se utiliza de estratégias de guerra para conquistar territórios e riquezas, subjugando ou defendendo populações locais. A finalidade da facção seria o poder, entendido como força, domínio, jugo, ou mesmo como inteligência militar, infiltrando-se estrategicamente em burocracias estatais, na política, na gestão de portos e aeroportos. Novamente, essa pode ser a forma de operar de uma sintonia da facção, e dos grupos de alguns de seus integrantes, mas não a maneira geral de o PCC funcionar.

Retroalimentadas, essas duas metáforas pedem a existência de um chefe, não importa se Fernandinho Beira-Mar, Elias Maluco, Rafaat, Cabeça Branca ou Rogério 157, Marcola ou Nem. Mesmo reconhecidamente atuando com estilos diferentes, esses grandes traficantes — o tráfico de drogas informa muito mais as investigações do que outros tipos de crime — seriam todos parecidos no fato de imporem seu jugo sobre territórios e populações, com a finalidade de ganhar muito dinheiro. Em benefício próprio ou de suas organizações criminosas, esse chefe imporia suas vontades sobre os integrantes hierarquicamente inferiores, conquistando territórios e riquezas.

Em ambos os modelos, a empresa e o comando militar, a capacidade para mandar, entendida como poder político, e a capacidade para extrair lucro, entendida como poder econômico, estariam concentradas em pessoas e não em posições, em indivíduos e não em funções, consideradas centrais da organização. Em ambas as lógicas, a econômica ou a guerreira, as armas, os saberes e contatos à disposição da organização criminosa sustentariam o poder de mando sobre territórios e gerentes de mercados ilegais, lesando o Estado e "a sociedade". A violência e a capacidade de fazer dinheiro seriam manifestações do poder organizacional, e por isso seus chefes são sempre retratados como ardilosos e milionários, além de implacavelmente violentos, sempre que necessário.

O PCC funciona de forma totalmente diversa desses modelos, embora seja assim retratado em muitas reportagens e investigações. Ainda que seja uma irmandade de muitos empresários criminais e empreendedores autônomos, que atuam em mercados legais e ilegais, no varejo e no atacado, a facção não funciona como uma empresa. Embora promova operações de guerra e de resgate, como o atentado a Jorge Rafaat ou o assalto cinematográfico ao Banco Central em Fortaleza, o PCC não funciona como comando militar. É preciso conhecer a história da facção, ainda que telegraficamente, para entender como um modo de se organizar inspirado nas irmandades secretas, como a maçonaria, pôde prosperar.

A REVOLUÇÃO INTERNA

A fumaça dos colchões queimados saía pelas janelas dos pavilhões da Casa de Detenção, no Carandiru, Zona Norte de São Paulo. Era domingo, 18 de fevereiro de 2001, hora do almoço, dia de visita. Ouviam-se gritos, estrondos de grades batendo com força, correria. Para além dos mais de 7 mil presos, havia ainda cerca de 5 mil familiares e funcionários esperando para entrar no então maior presídio do país. Mil dessas pessoas eram crianças — filhos ou sobrinhos dos detentos.

A situação era nova, mesmo para quem conhecia o sistema carcerário havia muito tempo. Do lado dos presos, a novidade era a ruptura com a paz justamente em dia de visita. Mas a principal novidade, para o público que assistia às cenas pela televisão, eram os escritos grafados em preto nos lençóis brancos, pendurados nas janelas, nos telhados e estendidos nos pátios do presídio amotinado. A sequência dos números 15.3.3. não era totalmente compreensível, até que nos explicassem que representava as posições no alfabeto das letras P.C.C. O lema da facção — até então Paz, Justiça e Liberdade — estava sempre escrito ao lado, de todas as maneiras. Em uma das faixas, "pcc é nois".

Rumores de mortos na rebelião, rotina nas cadeias até aquele período, também se espalhavam, deixando os parentes em pânico do lado de fora. Ainda nesse clima, foi-se espalhando a notícia de que a revolta não era apenas na Casa de Detenção. Aquele motim era apenas mais um. As palavras de ordem do pcc também ecoavam, de forma inédita, em nada menos de 29 unidades prisionais rebeladas ao mesmo tempo, em dezenove cidades paulistas. Não havia precedentes para o que acontecia. Tratava-se da maior revolta prisional da história do Brasil.

As rebeliões simultâneas eram uma reação à transferência, por parte da Secretaria de Administração Penitenciária, daqueles que eram considerados os principais líderes do PCC, rumo a diferentes presídios em São Paulo e fora do estado. A estratégia da secretaria havia alguns anos já era a de espalhar os principais nomes da facção — Geleião e Cesinha foram parar no Rio de Janeiro, Marcola no Rio Grande do Sul, e assim por diante —, mas o efeito prático que se demonstrava naquele dia era exatamente o contrário do esperado. Uma das forças do PCC sempre foi a de instrumentalizar a ação estatal repressiva a seu favor.

O Comando não apenas não sentia os golpes do governo, como suas capacidades se ampliavam com as transferências. A Megarrebelião de 2001, como ficou conhecida, demonstrava isso de modo cabal. Muitas outras cadeias do estado passavam, assim, a sintonizar-se com o que acontecia na capital. Havia por parte dos presos, inclusive, expectativa de que também no Paraná e no Mato Grosso do Sul houvesse rebeliões simultâneas. A ideia de sintonia, muito usada na lógica das posições de poder do PCC ainda hoje, surgia nessas comunicações.

"O sistema virou! Eu não disse?" Assim comemorava por celular um homem conhecido como Sombra, nascido em 1960 e que na juventude havia trabalhado como garçom em bares da cidade de São Carlos, no interior de São Paulo. Em 1979, já era conhecido dos policiais locais por praticar pequenos roubos, mas sucessivos, persistentes. Seria citado em mais de sessenta inquéritos nas duas décadas seguintes.

Sombra seria mais tarde identificado como uma das principais mentes por trás da Megarrebelião de 2001. Aos 41 anos, boa parte deles passada nas cadeias entre uma e outra fuga, o homem branco e franzino, de cabelos lisos e que se iniciara furtando quintais de repúblicas universitárias, tinha feito sua faculdade no crime. Já havia inclusive passado pela CCTT, conhecida como Caverna ou Piranhão, coincidentemente no início dos anos 1990. Foi ali que conheceu Cesinha, um dos fundadores do PCC. Preso no Carandiru em 2001, Sombra respondia por homicídios cometidos nas cadeias durante as guerras de expansão do PCC dos anos 1990.

Armado com telefones celulares e muita disposição, teria partido de Sombra o salve para virar a cadeia, virar o sistema todo, iniciando a Megarrebelião. Diversos outros presos, também em rede, repassaram adiante a ideia. A ação não era simples, não poderia haver mortos ou feridos entre os visitantes; mas tampouco seria possível aceitar as opressões do governo, que na visão dos presos tinha como quintessência o anexo da CCTT. Era uma provocação sem tamanho o fato de justamente para lá terem sido enviados alguns dias antes irmãos do Comando. Isso não poderia ficar assim.

Mais de 10 mil pessoas que visitavam os presos nas cadeias de todo o estado naquele longo domingo de fevereiro foram mantidas como "reféns" pelos seus próprios parentes. Em realidade, os presos utilizavam os visitantes como escudo humano, evitando que um novo massacre ocorresse. Dessa vez, a polícia não poderia entrar atirando, como fizera em 1992. Publicamente, as notícias de muitas outras cadeias amotinadas chegavam, e os jornalistas as repercutiam. Era impossível não atribuir as revoltas simultâneas a um grupo articulado no sistema prisional. Não havia mais como manter sob sigilo a existência do PCC. A Megarrebelião de 2001 era a um só tempo o ritual de consolidação da hegemonia do Comando no sistema carcerário paulista e sua primeira grande aparição pública.

As revoltas aconteciam justamente no ano em que o governo do estado de São Paulo julgava ter acabado com o PCC. O então secretário de Segurança afirmava, em frase curta: "desmantelamos o PCC". As rebeliões simultâneas ocorriam depois de investimentos da ordem dos bilhões de reais para a descentralização do sistema carcerário (foram entregues dezoito unidades prisionais apenas naquele ano, das mais de cem construídas nas últimas décadas) — justamente quando se concluía o processo de criação de cursos de direitos humanos para agentes e diretores dos novos presídios; quando já eram pagas consultorias caríssimas para reestruturar todo o sistema punitivo e de ressocialização do preso, reformado desde os anos 1990. As revoltas emergiam após terem sido transferidos diversos presos, enviando para o castigo os indisciplinados, os mais organizados. Logo nesse ano, por ironia, a facção demonstrava ser cada vez mais sólida.

O Carandiru, que ainda não havia sido desativado — seria no ano seguinte: seus prédios foram implodidos em dezembro de 2002 —, contava na época com agentes penitenciários experientes, que não se surpreenderam com a revolta, exceto por ocorrer em dia de visita. Entre pesquisadores, jornalistas, consultores de segurança pública e governantes, entretanto, muito pouco se sabia sobre o cotidiano prisional, e quase nada sobre o PCC. Ao final dos episódios, que contaram com a negociação entre os *disciplinas* de cada unidade e os policiais, as cadeias foram ocupadas por homens fardados portando armas não letais.

Quando os corpos nus dos presos sentados no chão do pátio, com a cabeça nos joelhos, já estavam sendo contados, sob o controle de policiais, todos sendo filmados pelos helicópteros da imprensa, anunciou-se que nenhum visitante havia sido ferido, em nenhum dos presídios amotinados. Dezesseis presos foram encontrados mortos, possivelmente por acertos de conta internos, e as unidades prisionais voltaram à rotina no dia seguinte. O que mais impressionaria depois dessa primeira aparição do PCC, entretanto, ainda estava por vir.

Por maiores que fossem, os problemas que a Megarrebelião de 2001 traria para a pasta de Segurança Pública do governo de São Paulo seriam ínfimos perto daquilo que uma revolução no seio do próprio PCC promoveria no ano seguinte. Foi por causa disso, e não de outra coisa, que o Comando pôde se fortalecer tanto nos anos seguintes, e ainda hoje.

Com a publicidade que a facção ganhara após as revoltas simultâneas de 2001, figuras como Cesinha, Geleião e Marcola foram apontadas pela imprensa como os líderes máximos do PCC. Da sua criação em 1993 até os eventos disruptivos de 2001, cerca de uma dezena de presos considerados fundadores passou a ser muito reconhecida, midiatizada e suplementarmente criminalizada. Dizia-se nos jornais que o próprio Sombra, além de Misael, Julinho Carambola, Bandejão, mas também Andinho, Tiriça e Birosca, comporiam junto de Cesinha, Geleião e Marcola um "primeiro escalão" do PCC.

Na visão de parte dos presos, não devia ser assim. Os perfis desses homens, porém, sobretudo dos mais famosos entre eles, foram escrutinados na televisão, resenhados nos jornais e viraram matéria para livros jornalísticos importantes. As representações constroem realidade. Esposas, famílias e amigos de cada um desses personagens também estavam na mídia, tornavam-se personalidades públicas do universo das cadeias, periferias e favelas de São Paulo. Alguns presos passaram a dizer que a fama lhes havia subido à cabeça. "A mãe do pecado capital é a vaidade", cantava o rap dos Racionais no mesmo período.

Geleião teria criado para si mesmo, nessa época, o posto de general do PCC, nunca previsto nos estatutos da facção. A luta dos presos contra as opressões nas cadeias, que havia originado a facção, estaria sendo desvirtuada. O poder estaria mais centralizado. Personalidades do PCC, agora todo-poderosas no sistema carcerário, tinham também se tornado opressoras. Essa era a visão expressa, entre muitos outros presos, por Marcola. "As pessoas ligadas a essa liderança se embriagaram com esse sucesso todo e acabaram cometendo atrocidades piores do que aquelas que eles vieram para coibir. [...] Muito abuso de poder. Eram oitenta presos, noventa presos assassinados por ano [no estado de São Paulo]", afirmou em seu depoimento à CPI do Tráfico de Armas, em 2006.

Conflitos começaram a aparecer entre os principais nomes do PCC e envolviam suas famílias. Muitos rumores circularam, de lado a lado. Para a imprensa e os policiais, tratava-se de disputas de poder; para os integrantes do PCC, eram disputas em torno do que é certo, do correto, da forma como se deve ou não se deve proceder. Disputas que, portanto, diziam muito acerca da reputação de cada um. Ainda em seu depoimento, Marcola relatou:

> Tinha o Geleião, tinha o Cesinha, tinha vários caras aí que gostavam da mídia e viviam lá, falando alguma coisa. [...] Éramos amigos [ele e Geleião]. Assim, não muito íntimos, mas [...] não temos mais nenhum tipo de relacionamento.
>
> Houve uma desmotivação de que a amizade continuasse. Divergência de opiniões. Ele [Geleião] era muito radical, e eu achava que ele tava levando... ele ia acabar levando a nós todos pra uma situação muito ruim.
>
> Ele queria explodir a Bolsa de Valores, [...] ele queria atentados terroristas e eu era totalmente contra, na época, [...] esse tipo de situações. Então a gente começou a divergir muito [...] nesse sentido.

Os presos leais a Geleião e Cesinha apostavam que a reputação do PCC e de seus líderes deveria se encaminhar para algo similar àquela notabilizada pelo Cartel de Medellín, na Colômbia dos anos 1980. Figuras como Pablo Escobar haviam se utilizado com muito sucesso do terror contra governos e governantes na sua estratégia de crescimento. Para eles, era a vez de São Paulo.

Em junho de 2001, na esteira das convicções desse grupo, houve um atentado a bomba ao Fórum João Mendes, na região central de São Paulo, reivindicado pela facção em bilhete que também ameaçava ataques contra a Polícia Militar. Nos meses seguintes, teria sido frustrada pela própria polícia uma tentativa de atentado na Bolsa de Valores de São Paulo, a Bovespa. Com os celulares dos presos mais controlados por grampos após a Megarrebelião, outras ações desse tipo foram debeladas antes de se realizarem.

Contrário a esse projeto de cartelização, um outro coletivo de presos ligados ao PCC, dentre os quais se destacava Marcola, divergia da tática terrorista nas ações da facção. Após a Megarrebelião, ficara evidente para esses homens que a repressão policial estaria toda voltada à cúpula da facção, e que não havia correlação de forças para enfrentá-la. Não era sequer inteligente fazê-lo, portanto. Ao invés de ganhar poder, a facção poderia até ser eliminada.

Esse grupo de presos apostava em um futuro muito diferente para o Primeiro Comando da Capital. A proposta era agir discretamente. Não no modelo de guerra pública, de terror, de estrutura piramidal. Segredo, silêncio e paz entre os ladrões, para confrontação estratégica diante do sistema. Para Marcola e os seus, o PCC deveria seguir agindo como uma irmandade, nos moldes de uma sociedade secreta. Garantindo a ordem nas cadeias e, cada vez mais, nas favelas de São Paulo, o grupo reduziria não apenas os conflitos internos ao crime, mas também com as polícias e o governo, fortalecendo-se junto da população miserável da cidade. Essa estratégia significaria ainda a possibilidade de crescer muito mais economicamente. Ser de poucas palavras é sempre fundamental para os mercados.

O coletivo evidentemente se desentendeu com Geleião, Cesinha e os seus correligionários desde finais de 2001. As polícias estaduais se armavam para contraofensivas igualmente midiáticas e mortais já na virada para 2002. O ponto crítico, que ameaçou fazer eclodir uma guerra, chegou em março de 2002. Mais de cem policiais emboscaram um grupo do PCC que se preparava para um grande assalto. Doze integrantes da facção foram mortos na ação da Polícia Militar, que ficou conhecida como Operação Castelinho.

A essa altura, a facção já estava rachada. Geleião não recuou. Dois estilos muito distintos, ao mesmo tempo de liderança e de modos de funcionamento do PCC, eram defendidos pelas figuras mais consideradas entre os presos. A guerra era incontornável. Sombra havia sido assassinado durante um banho de sol na CCTT em julho de 2001. O PCC decretara luto em todo o sistema penitenciário, por sete dias. Espalhou-se a versão de que o homicídio fora causado por desavenças locais à CCTT, sem ter sido decretado por debates do Comando. A morte de Sombra não teria nada a ver com as cisões entre Geleião, Cesinha e Marcola.

Mas as mortes de outros notáveis do Partido, como Jonas, no final de 2001, e Misael, o Misa, um dos fundadores do PCC, em seguida, não produziram luto. Era sinal de que, em debates internos, o Comando concluíra que eles haviam traído a facção. Os confrontos entre as alas do PCC se tornaram ainda mais sangrentos, a partir daí. A morte de Misa seria a décima oitava nos presídios paulistas apenas no mês de fevereiro de 2002, quando se comemorava um ano da Megarrebelião. Muitos e muitos debates foram travados, em todos os presídios de São Paulo, sobre o que poderia acontecer a partir de cada contenda. Quem estava certo? Quem estava errado? Em março de 2002, Cesinha foi assassinado na cadeia, junto de um outro parceiro, Blindado.

A guerra era aberta. As mulheres de cada um dos presos, antes tratadas como um grupo fechado de "primeiras-damas" do

Comando, agora estavam no centro do conflito. A advogada Ana Olivatto, então esposa de Marcola, foi executada na porta de sua casa em Guarulhos, no dia 23 de outubro do mesmo ano, com dois tiros de pistola. O principal suspeito de tê-la executado, um cunhado de Cesinha conhecido como Ceará, foi assassinado menos de duas semanas depois. Petronilha, esposa de Geleião, foi presa em seguida, acusada de participar da cadeia de vinganças internas da facção.

Seu marido perdia força e foi obrigado a pedir *seguro* — ou seja, proteção estatal — para não morrer na mão de outros presos do PCC. Era sinal de que havia sido excluído do Comando. Na versão que circulava nas cadeias, os homens sem *proceder* haviam sido mortos. O antigo general fora demovido pelos próprios presos. Marcola saíra fortalecido, evidentemente, mas dizia não querer nenhum poder para si. Nem poderia querer, pelos próprios valores que professava até então:

> Quando eu tive esse problema com Geleião, o que que eu fiz? Vieram jogar pra mim toda a liderança do PCC. E não era o que eu queria, porque eu sou um cara que, o senhor pode ver, eu me diferenciava de todos eles, porque eu ganhava bastante dinheiro na rua [era assaltante de bancos, valores milionários nos últimos assaltos realizados].
>
> Então, eu queria o quê? Estar em Búzios, estar em Guarapari, estar em Fortaleza, não queria estar ali na prisão. [...] Eu não queria estar na prisão, o senhor entende isso? [...] Eu sabia que a partir do momento que eu me envolvesse com qualquer organização ia ficar cada vez mais complicado para mim sair da prisão.
>
> Aí o que que eu fiz? Quando eu percebi que me jogaram tudo isso em cima de mim, que jogaram toda essa situação, e os presos tudo me olhando e dizendo amém, eu me assustei, a princípio. Que que eu fiz? Peguei um número de pessoas e distribuí o poder.

Isso e aquilo e eu estou fora, vou tentar seguir a minha vida, só que eu não consegui. Não consegui, porque tudo o que acontecia, em vez deles irem nas pessoas que estavam diretamente [responsáveis], já era... Marcola.

A história de paz e guerra da facção, que se traduziria nas cadeias e periferias de São Paulo nas décadas seguintes, estava entrando em uma nova era. O grupo de presos que, como Marcola, era favorável à adição da Igualdade ao lema do PCC, promovendo uma revisão de todo seu estatuto, afinal vencera. A igualdade do PCC, que fique claro, não é um valor universal, iluminista, mas comunitário. Igualdade para os amigos, guerra para os inimigos. Tampouco é a igualdade socialista. O próprio Marcola afirmou que se diferenciava muito de todos os outros por ter muito mais dinheiro. A igualdade que interessa ao PCC é a existencial, no verbo ser, entre os pares da irmandade, entre eles e suas famílias, sua comunidade.

Marcola, apontado na imprensa como líder máximo do PCC, se tornava então aquele que não liderava mais nada, por ser mais um, politicamente igual a todos os outros irmãos. A partir de então, não haveria mais líderes personalistas, mas posições de poder despersonalizadas no PCC. Marcola estaria fora de todas essas posições, de todas as responsas, de todas as sintonias. Segundo ele próprio, iria tocar sua vida. Mas sua posição seguia sendo fortalecida por muitos outros presos e, portanto, continuava existindo.

"Ninguém é mais que ninguém, absolutamente." Assim cantava o rap dos Racionais, acompanhando o que se passava, desde 1997. Mano Brown, integrante do grupo, declararia dez anos depois que, para ele, Marcola é tão revolucionário quanto Che Guevara. A virada de 2002 foi decisiva para a expansão do PCC e seu modo de funcionar como sociedade secreta. A revolução interna do PCC, atribuída ao igualitarismo defendido por Marcola e seus parceiros, foi tão sangrenta quanto principista. Sinalizava para um aprendizado do qual o PCC não se esqueceria nas décadas seguintes: a arte da chefia sem mando. As sintonias passam a ser o modo de organizar a facção, e cada uma delas age com total autonomia em relação às outras. O modelo de sociedade secreta é fortalecido na facção, incorporando as estruturas empresariais e militares.

SINTONIAS E AUTORIDADE

O sistema de gestão do PCC por sintonias autônomas incorpora as estruturas da empresa e de comando militar ao modo mais amplo de se pensar como rede, como irmandade secreta. Mesmo considerando que toda metáfora tem seus limites, vejamos como a da sociedade secreta, organizada entre iguais, nos permite pensar o PCC. Uma das irmandades desse tipo mais conhecidas, com mais de 150 mil integrantes no Brasil, é a maçonaria. Uma definição relativamente completa dessa fraternidade, disponível na Wikipédia, nos ensina que:

> Maçonaria, forma reduzida e usual de franco-maçonaria, é uma sociedade filosófica, filantrópica, iniciática e progressista. Dentro da realidade atual, entretanto, a instituição não poderá ser considerada senão como sendo uma sociedade discreta. De caráter universal, cujos membros cultivam o aclassismo, humanidade, os princípios da liberdade, democracia, igualdade, fraternidade e aperfeiçoamento intelectual. Seu adjetivo é o maçônico e maçônica. A maçonaria é, portanto, uma sociedade fraternal, que admite todos os homens livres e de bons costumes, sem distinção de raça, religião, ideário político ou posição social. Suas principais exigências são que o candidato acredite em um princípio criador, tenha boa índole, respeite a família, possua um espírito filantrópico e o firme

propósito de tratar sempre de ir em busca da perfeição, aniquilando seus vícios e trabalhando para a constante evolução de suas virtudes. Os maçons estruturam-se e reúnem-se em células autônomas, designadas por oficinas, ateliês ou lojas.

Não se está aqui afirmando que o PCC defende princípios ou ideais similares aos da maçonaria. Não é disso que se trata. A semelhança não se refere aos conteúdos, mas à forma de se organizar. Considerando o compromisso com o mundo do crime o principal conteúdo cobrado do sujeito batizado no PCC, que assim se torna um *irmão*, seria possível parafrasear essa definição e chegar a um conceito correlato do Primeiro Comando da Capital nos seguintes termos:

O PCC, 15.3.3, Partido, Comando, Quinze, Família, Três, formas reduzidas e usuais de denominar o Primeiro Comando da Capital, é uma sociedade criminal, iniciática e filantrópica que visa ao progresso dos "irmãos", seus aliados e suas famílias. Dentro da realidade atual, entretanto, a instituição não poderá ser considerada senão como uma sociedade criminal. De caráter universal para todos os que são do corre, cujos membros cultivam a humildade, a disposição e os princípios da Paz, Justiça, Liberdade, Igualdade e União (lema do PCC), bem como a fraternidade entre os irmãos e o aperfeiçoamento de suas mentes. Seu adjetivo é o certo na vida errada. O PCC é, portanto, uma sociedade fraternal, uma irmandade que admite todos os homens livres e que sigam sua disciplina, sem distinção de raça, religião, ideário político ou posição social. Suas principais exigências são que o candidato tenha uma caminhada irretocável no mundo do crime, que respeite a família, possua uma mente forte e o firme propósito de tratar sempre de ir em busca do progresso dos irmãos, batendo de frente com a opressão do sistema, aniquilando seus vícios e trabalhando para a constante evolução de suas virtudes. Os irmãos estruturam-se e reúnem-se em células autônomas, designadas por sintonias, ou lojas.

Como em toda fraternidade, no PCC há apoio mútuo entre os irmãos. Ninguém atravessa os negócios nem a honra do outro irmão, todos se ajudam e assim cada um prospera, garantindo o progresso da irmandade. Na visão dos seus integrantes, o objetivo da sociedade é o progresso dos irmãos. Como consequência, o progresso de sua família e comunidade de iguais. As ações criminais, e não o trabalho regular, são para o integrante do PCC o meio para esse progresso. Os parágrafos iniciais do primeiro estatuto do PCC, de 1993 — que foi sendo alterado diversas vezes, ao longo dos anos —, já deixam isso evidente:

1. Lealdade, respeito, e solidariedade acima de tudo ao Partido; 2. A Luta pela liberdade, justiça e paz; 3. A união da Luta contra as injustiças e a opressão dentro das prisões; 4. A contribuição daqueles que estão em Liberdade com os irmãos dentro da prisão através de advogados, dinheiro, ajuda aos familiares e ação de resgate; 5. O respeito e a solidariedade a todos os membros do Partido, para que não haja conflitos internos, porque aquele que causar conflito interno dentro do Partido, tentando dividir a irmandade será excluído e repudiado do Partido.

As posições do venerável ou do grão-mestre da loja maçônica, por exemplo, tanto quanto a posição do *disciplina* ou do *sintonia* no PCC, concentram autoridade. São posições de poder. Entretanto, essa autoridade não é da pessoa que ocupa a posição, nem permite que ela dê ordens a outros irmãos; a autoridade é da própria posição, portanto da irmandade. Há pessoas boas para fazer dinheiro, e essas serão incorporadas à Sintonia do Progresso, responsável pela arrecadação de dinheiro da facção.

Há pessoas com coragem e engenho suficientes para bolar e executar um plano de resgate, infiltrar-se em órgãos públicos ou sindicais secretamente, ou ainda planejar uma execução de alguém que *atrasa* o Comando. Essas teriam mais perfil para estar na Sintonia Restrita, responsável por esses planos estratégicos, a inteligência da facção.

A pessoa deve merecer e ser apta a estar nessas posições, deve corresponder ao seu prestígio, à sua importância. Posições de prestígio e decisão são ocupadas por aqueles que conquistaram autoridade moral entre os irmãos, que são *considerados* pelos demais não por terem dito algo importante ou bonito, mas por terem demonstrado em suas trajetórias, no seu dia a dia, serem dignos dessa consideração.

Não há mando na maçonaria, no PCC ou em outras irmandades secretas. Quem ocupa as posições consideradas de liderança nessas redes sente-se servindo aos demais e à sua irmandade, não sendo servido por eles. A busca interna é pela virtude, pelo aperfeiçoamento — no caso do PCC, no universo inventivo do crime. O homem respeitado não dá ordens, portanto, mas ouve o que dizem aqueles que deve representar; o representante não manda, orienta com base em sua experiência e na autoridade da função que ocupa. Quem é considerado a ponto de ocupar uma posição de responsabilidade, uma *responsa*, deve conhecer os princípios da fraternidade e se posicionar exemplarmente com base nisso. Deve agir assim também aquele que *fecha* em qualquer posição de disciplina ou sintonia do PCC.

A irmandade tem princípios alinhados a valores ideais e justos, que façam progredir os seus integrantes. É decisão de cada um, entretanto, agir ou não segundo esses princípios. Os que assim o fazem, conforme a ideologia das irmandades, são recompensados porque o mundo os recompensa, porque estão *pelo certo*. Os que não o fazem são naturalmente cobrados.

Há muitas posições de autoridade numa cadeia, numa quebrada, e inúmeras responsas que podem ser ocupadas por irmãos. Quanto mais altas, maior também a responsabilidade de quem ocupa essas posições. Um interlocutor da Zona Norte me disse, em 2017 (grifo meu):

> É, pô, o bróder que tava comigo no mesmo BO, ele tava com o Zezinho lá em Mirandópolis. O Zezinho é *Resumo do Sistema*, irmão! O sistema geral, tá tudo no peito dele, irmão... Os cara é muito inteligente. Vou ser sincero. Pra você ter uma ideia, os cara estão entrando no sindicato dos busão! Os cara não fala nem na gíria, irmão...

Ao Resumo do Sistema, nesse exemplo, chegam as demandas de todo o sistema prisional que não puderam ser resolvidas por faxinas, frentes, cozinheiros, oficineiros e frentes de prédio, entre outras posições político-administrativas do PCC, em cada uma de suas cadeias. Deve-se portanto deliberar nessa instância sobre questões disciplinares ou situações de opressão graves vividas em centros de detenção provisória, penitenciárias, unidades de semiaberto, unidades de saúde etc. Questões estratégicas para o sistema carcerário como um todo, igualmente, devem partir daí. De fato, trata-se de uma posição de extrema responsabilidade, que deve ser ocupada por alguém altamente qualificado, de conduta irretocável. É considerado uma honraria ser visto por seus pares como alguém apto a ocupar qualquer posição político-administrativa na facção. O respeito aos que conseguem manter-se nelas é visível.

Nas ruas, ou seja, fora das cadeias, as posições político-administrativas do PCC se iniciam com as disciplinas de cada quebrada, cuidando da ordem e estabelecendo debates a cada problema; acima delas, há sintonias de cada região (zonas Sul, Leste, Oeste, Norte e Centro, na região metropolitana da capital, e seguindo os códigos DDD para o interior, 016 para a região de Ribeirão Preto, 019 para a região de Campinas, 013 para a região da Baixada Santista e assim por diante). Acima delas, a Geral da Rua e as Sintonias dos Estados e Países. O número de sintonias intermediárias depende da quantidade de irmãos em cada região, exatamente como o número de códigos DDD em cada estado varia conforme seu tamanho e população.

Organogramas do PCC circulam pela imprensa, junto com clipes de rap e investigações policiais. Eles são muitos e muito variados. Variam segundo os diferentes interlocutores, os tempos e as regiões em que foram coletados, e têm uma grande dose de dedução e adivinhação. Integrantes do PCC sabem que seus telefones estão grampeados, que seus documentos cedo ou tarde serão apreendidos; muitos informantes de policiais, de pesquisadores e de jornalistas podem parecer saber o que nem sempre sabem; as interpretações de cada um sobre o que ouviram são muitas. Mas os organogramas conhecidos variam sobretudo porque o PCC é uma sociedade secreta e as sintonias são autônomas. Assim, mesmo quem conhece muito bem uma desconhece como opera a outra.

Mesmo alguém que tenha detalhes de como opera a gestão das armas conhecerá pouco sobre as estratégias de inteligência ou arrecadação, por exemplo. Parte da dificuldade de compreender o PCC é que pouca gente sabe o que empiricamente acontece nas posições mais centrais de uma sociedade secreta e iniciática. Isso constitui a força da facção, que entendeu que saber é poder. Olhando para um organograma, pode-se ter a impressão de que se sabe como ele funciona, o que nem sempre é verdade. Apenas os iniciados têm acesso aos rituais superiores e aos conhecimentos ali debatidos, inclusive aqueles sobre a própria facção.

Não vale a pena, portanto, tentar determinar qual é o organograma mais preciso da facção. Nem seria relevante, já que não se trata de uma estrutura de mando, como os organogramas pressupõem. Importa conhecer o modo mais geral de funcionamento da organização, e as características centrais de suas partes, de suas células, conhecidas como sintonias. O problema da empreitada não é menor. Para além das posições mais altas, há muitas outras posições de escuta sobre o que acontece na facção e de autoridade para delinear o que é certo a ser feito em cada caso — o que varia conforme as necessidades do momento, as pressões da polícia, o jogo de força e poder em questão, os presos que estão isolados no Regime Disciplinar Diferenciado etc. Praticamente todos os irmãos estão em alguma responsa — ou seja, são milhares as posições político-administrativas na facção.

Tal e qual acontece nas sociedades secretas tradicionais, um irmão do PCC recém-batizado terá acesso apenas às informações necessárias à sua posição de responsabilidade, mas não àquelas necessárias às de seus pares. Se ele for o disciplina de Araraquara, por exemplo, terá acesso direto à sintonia da região 016, a de Ribeirão Preto, no interior do estado de São Paulo, onde se localiza sua cidade. Mas não vai ter acesso direto à Sintonia dos Estados, ou à Sintonia da Rua, ou ainda à Sintonia Final. Assim, mesmo alguém que está numa responsa relevante não pode dizer com certeza como funciona a Sintonia Geral Final, o Cadastro, ou quanto representaria no dia corrente o patrimônio da facção. Segundo Marcola, *um não tem acesso à parte do outro*: "Hoje não existe um comandante, porque o que aconteceu? Com a lição que houve por parte deles mesmos, que era uma estrutura piramidal — tinha uma base e ia fechando até lá em cima —, aí eles [os presos] resolveram. Descentralizou totalmente e um não tem acesso à parte do outro".

A Sintonia Final Geral do Primeiro Comando da Capital seria um conjunto de doze ou catorze posições políticas — e não de pessoas — responsáveis pelas decisões e políticas de toda a irmandade, nacional e internacionalmente. Há diferentes relatos jornalísticos ou policiais de como funciona a tal "cúpula" do PCC, mas nada pode ser confirmado, por se tratar de uma sociedade secreta.

Essa Sintonia Final Geral cuidaria de assuntos vedados às Sintonias dos Estados e Países (todos os estados brasileiros e países em que há irmãos atuando), do Sistema (todas as cadeias PCC), da Rua (todas as quebradas PCC), do Paiol (todas as armas da facção), dos Gravatas (os advogados da facção, função muito estratégica, como veremos), do Cadastro (todos os integrantes batizados, inclusões e exclusões) e do Progresso (responsável pelo dinheiro da facção, obtido por diferentes estratégias associativas como rifas e mensalidades, mas que também incorpora a lógica empresarial no caso das drogas do Comando, funcionando como uma empresa estatal). A Final trabalharia também de forma autônoma, mas em relação direta com a Sintonia Restrita (responsável pela inteligência militar da organização, e essa, sim, funcionando de fato como um comando militar, que organiza resgates, se infiltra em áreas de interesse e promove execuções).

A lógica maçônica mais geral de funcionamento, portanto, incorpora em duas sintonias aquilo que, nas reportagens e investigações policiais, é atribuído a toda a facção. A dimensão militar da organização como um todo se concentra na Sintonia Restrita, enquanto a dimensão empresarial — que por sua vez gera lucro a ser incorporado pela facção, como uma estatal — se resumiria à droga do Comando, fonte de recursos administrada na Sintonia do Progresso. Ambas atuam de maneira autônoma e não interferem uma na outra.

A gestão cruzada entre elas se faz por princípios, pela observação constante dos pares a que todos que ocupam uma posição estão submetidos. As sintonias, portanto, respondem a uma lógica político-administrativa e devem funcionar segundo os mesmos princípios gerais da facção. São colegiadas, conselhos voltados para escuta, debate e deliberação. Todas as responsas — ou seja, todos os quadros da facção — seriam potencialmente rotativas. Os mais conceituados são chamados para compor os quadros mais altos na hierarquia de posições da irmandade. A mesma conduta irretocável é esperada, entretanto, de qualquer irmão. A mesma voz seria ofertada a todos, para debater qualquer problema, o mesmo braço seria estendido a qualquer irmão no caso de necessidade.

A conduta é o que importa. Na visão dos integrantes do PCC, agir com humildade e recusar-se a ser mais que qualquer um dos seus pares é simplesmente o certo, o único caminho digno a seguir, e isso está acima das responsas, as funções exercidas por cada um. A igualdade, sobretudo após a revolução interna da facção, passa a ser ritualizada no cotidiano como um ideal de conduta, amparada num princípio bíblico, em algo que se percebe pela experiência da vida nas periferias, mas que é contrariado pelo racismo e pelas humilhações.

"De igual é mais certo." O movimento hip hop, a cultura periférica urbana, o samba, o pagode e o reggae cantavam a paz e a igualdade na virada para os anos 2000 em São Paulo. A noção ganhava contornos práticos, cotidianos, que se espalhavam na cultura para muito além do PCC. Pessoas com origem na classe média ou nas elites raramente percebem, mas, nos espaços periféricos, frases em que transpareça que o locutor se julga em condição de ensinar, guiar as condutas ou mesmo dar conselhos aos outros são muito malvistas. Denotam desigualdade.

Por outro lado, quando se olha nos olhos e se cumprimenta o outro com respeito sincero, com disposição a dialogar em termos de igualdade, os caminhos estão abertos. "Não adianta querer ser, tem que ter pra trocar." Pequenas ações são consideradas muito importantes. Um olhar pode ser decisivo, uma palavra mal colocada pode destruir uma reputação. A história do PCC, como vimos, tem vários episódios de exclusões e mesmo de assassinato de indivíduos que ocuparam, no passado, posições de autoridade. As pessoas podem até morrer, mas o Comando sobrevive. Essas pequenas ações cotidianas são rituais iniciáticos conhecidíssimos nas periferias urbanas e especialmente no mundo do crime na era do PCC. Rituais, como já sabem os sociólogos há mais de um século, atualizam um ideal. No PCC, o proceder se mostra no dia a dia.

A Toyota Fortuner seguia atirando, agora em direção aos carros da segurança de Rafaat. Seus homens saltaram imediatamente dos carros e revidaram o fogo. As rajadas de calibre .50, entretanto, não podiam ser respondidas por suas pistolas e um único fuzil. Os seguranças foram obrigados a recuar, correram da cena. Só então, com todos os homens de Rafaat aquartelados e fora dos seus carros, a Toyota Fortuner disparou em fuga, evitando uma perseguição pelas ruas de Pedro Juan.

O tiroteio no local ainda durou longos minutos, envolvendo outros veículos que davam cobertura à ação. Estima-se que de oitenta a cem pessoas tenham atuado na operação. Mais de mil tiros foram disparados.

O pânico se espalhou pela cidade e pela região. Na escola ao lado do ataque, trezentos estudantes permaneceram deitados no chão enquanto uma professora tentava desesperadamente acionar a polícia. Os policiais, entretanto, não puderam chegar ao local de imediato: ainda assustados, os seguranças de Rafaat atiraram também contra as viaturas, sem saber de que lado do confronto elas estariam.

Horas mais tarde, com a noite alta e a ordem se restabelecendo, o homem que operava a metralhadora .50, ferido no rosto pelo "coice" de sua própria arma durante os disparos, ou por uma bala do revide da segurança de Rafaat, foi deixado em um hospital particular, a 450 quilômetros do local do tiroteio, já próximo da capital paraguaia. O atirador foi preso, e sua identidade veio a público: era um ex-soldado do Exército Brasileiro, detido algumas vezes no Rio de Janeiro por tráfico de drogas e porte de armas no final dos anos 1990, em área controlada pelo Comando Vermelho.

Ainda na noite do atentado, três das empresas de Rafaat em Pedro Juan foram incendiadas. Simbolicamente, tentava-se demonstrar que seu império na fronteira tinha acabado. A Toyota Fortuner em que o armamento antiaéreo havia sido instalado, roubada na Argentina meses antes, foi abandonada e recuperada pela polícia paraguaia. Outros cinco veículos usados na operação, roubados no Brasil ou em países vizinhos, foram encontrados em propriedade de outros traficantes brasileiros, suspeitos de participarem da ação. Para que esse crime ocorresse, muitos outros — roubos de veículos, tráfico de drogas, armas e munições — foram cometidos antes.

Mas isso ainda não era nada, diante do que viria. Uma sequência de nada menos do que 38 assassinatos nos meses seguintes liquidou parentes, amantes e aliados dos traficantes envolvidos na operação, de ambos os lados do conflito, nas prisões e nas ruas de Pedro Juan Caballero e Ponta Porã, sua cidade gêmea, do lado brasileiro da fronteira. Em um desses ataques, o irmão de Pavão foi assassinado, também dentro de uma caminhonete. Houve retaliação, e ao menos três pessoas foram sequestradas, mortas e decapitadas na sequência. Mais e mais notícias de homicídios circularam pelos noticiários paraguaio e brasileiro nos meses seguintes. Tratava-se de uma guerra, distante do controle estatal.

Não há dúvida de que a operação para matar Rafaat foi coordenada por homens ligados ao Primeiro Comando da Capital, em parceria com traficantes locais, naquela que teria sido uma das suas últimas ações conjuntas com o Comando Vermelho, facção carioca há muito tempo respeitada pelo PCC. As duas principais facções brasileiras estiveram atuando no crime lado a lado, com independência mas em auxílio mútuo, por 23 anos, desde a fundação do PCC até agosto de 2016.

O então secretário de Segurança Pública do Rio de Janeiro, José Mariano Beltrame, manifestou-se imediatamente após o assassinato do Rei da Fronteira: "A morte desse traficante é um alerta muito grave para todos nós [no Brasil]". A hegemonia do PCC na fronteira com o Paraguai era sua principal preocupação, porque o tráfico de armas para o Brasil passa majoritariamente por lá.

Naquele momento, o secretário não poderia prever que algo ainda muito mais grave também seria resultado dessa operação. A ruptura da aliança CV-PCC, ambos com presença nacional e internacional, se daria no mês seguinte aos ataques e de fato traria consequências consideráveis para a segurança pública em território nacional. Depois da morte de Rafaat, o CV teria acusado o PCC de cobrar mais caro pela droga na fronteira. Do outro lado, um salve do PCC comunicava que irmãos da facção estavam sendo desrespeitados, humilhados e mesmo mortos em cadeias ou regiões controladas — no caso do Comando Vermelho, há, sim, controle territorial — pela organização carioca. Há muitos rumores sobre essa ruptura, porém importa muito mais conhecer suas consequências.

Conflitos armados entre as facções passaram a pipocar em diversas prisões e periferias brasileiras. Esses confrontos nas ruas seriam o prenúncio pavoroso de massacres, também de proporções inéditas, registrados nas cadeias dos estados do Amazonas, Roraima, Rio Grande do Norte, Ceará e Minas Gerais entre janeiro de 2017 e janeiro de 2018.

Centenas de vidas foram ceifadas na guerra sangrenta entre facções. O caso mais dramático parece ter sido o do Ceará. Fortaleza tinha vivido um período com taxas de homicídio muito baixas, no primeiro semestre de 2016, conquistadas por uma aliança dos então parceiros CV e PCC, que lograram um armistício com grupos criminais locais. Bastou as duas grandes facções romperem, após a morte de Rafaat, que a guerra novamente se instalou nas periferias da cidade, um dos principais pontos de exportação da cocaína, maconha e armas vindas do Paraguai e da Bolívia para abastecer mercados africanos, europeus e do Oriente Médio. Apenas no Ceará, quase 2 mil pessoas — jovens, negros, moradores das periferias e inscritos nas posições mais baixas do tráfico de drogas e armas — foram assassinadas somente em 2018.

O PCC, ator indispensável para se compreender os conflitos armados que atravessam o Brasil e a América Latina nos dias que correm, tornou-se assunto de todos nós. A imprensa, que ao longo dos últimos anos vinha evitando citar o nome da facção, não pode mais ignorar sua existência, sua especificidade. O debate sobre o PCC tomou conta dos jornais, e é preciso qualificá-lo. Para os que se preocupam com a segurança pública e a ordem urbana, bem como com a democracia e a justiça no Brasil, é sem dúvida necessário tematizar, conhecer a história e o funcionamento do Primeiro Comando da Capital.

2. "O que está embaixo é como o que está no alto"

MARCOLA, UM MENINO DE RUA

Abandonando tudo e todos, um homem retirou-se para longe, aos trinta anos de idade. Sentia-se não apenas derrotado, mas morto, e era como se levasse suas cinzas para o alto da montanha. Durante dez anos viveu isolado em uma rotina monótona, vendo o sol raiar e se esconder. Depois de muitos dias rigorosamente iguais, estava transformado. Sua incompreensão total acerca da máquina do mundo havia desaparecido. A taça de saberes que portava vazia ao subir a montanha chegava agora a transbordar. Isolado no alto da montanha, porém, sem o contato com outros homens, seu conteúdo de sabedoria se desperdiçava pelo chão.

O homem era Zaratustra, personagem central do livro de Friedrich Nietzsche, filósofo alemão do século XIX. Sua história começa quando o personagem sente que, de tanto ter buscado entender os homens, já era inútil haver conseguido. Acomete-o então não um pensamento, mas um desejo de que sua taça se esvaziasse nos lábios sedentos dos que não entendiam nada. Dos miseráveis que sofrem nas trevas da fome e ignorância, mas também dos que se tornaram cegos pela fartura. Era o que faltava a um homem já sábio: braços que lhe fossem estendidos, bocas que sorvessem seu mel de saber, para que se espalhasse pelos vales o fogo de suas ideias.

Marcola afirmou, ainda no início da expansão do PCC pelo Brasil, que *Assim falou Zaratustra* era seu livro preferido. A fábula prossegue. Zaratustra idealiza seu retorno ao mundão. Não daria esmolas aos homens, não era pobre o suficiente para isso. Era preciso muito mais, "que os sábios entre os homens voltem a se alegrar de sua tolice e os pobres, de sua riqueza". As cinzas de seu ser, movidas por esse desejo, viravam brasa. Pediu então a bênção não a um Deus, pois a fé já abrandara, mas ao sol que vira raiar e se esconder por tantos dias. Assim desceu a montanha, desejando revelar o que aprendera onde ninguém havia para ensinar, incendiar com suas ideias as mentes exaustas do povo.

Não teria ele medo do castigo que se reserva aos incendiários? Justamente por sua sabedoria, não conheceria o que aguardava? Assim perguntou-lhe um velho logo no começo de sua caminhada, descendo a montanha. Não seria esse retorno ao mundo a ruína de sua vida? O olhar de Zaratustra demonstrava que não havia escolha. O que faria ele com um desejo já despertado de iluminação, para o qual não há freio, nem guarda-chuva? A advertência do velho não reverberou. Depois de trocarem algumas frases a respeito, ambos riram um do outro e seguiram, balançando a cabeça, por caminhos opostos.

Com essa fábula, abre-se caminho para as aventuras de Zaratustra na exploração de seus dilemas existenciais. Dilemas similares aos de vários homens que, isolados no castigo das cadeias paulistas, tanto idealizaram como depois revolucionaram o Primeiro Comando da Capital internamente. Um dia após o outro dia, no regime comum ou no Regime Disciplinar Diferenciado de presídios de segurança máxima, esses homens viram seu rebento extravasar os muros, ganhar as cidades e incendiar as favelas e as ruas, onde miseráveis as acolhiam e se defendiam da polícia.

Um dia depois do outro, muitos e muitos como eles se recusaram ativamente a uma estrutura centralizada como a da empresa ou a da organização militar para o PCC, sabendo entretanto como usar o dinheiro, o segredo e a guerra, por vezes atroz de tão violenta, para fortalecer os modos de organização e funcionamento da facção. Homens que, como Marcola, um dos intelectuais mais respeitados da facção, conceberam o PCC como uma sociedade secreta, voltada para travar uma guerra criminal, silenciosa e violenta contra "o sistema".

Tendo incendiado as cadeias nos anos 1990 e o mundão das periferias e favelas de São Paulo nos anos 2000, o fogo das ideias PCC foi angariando apoio ideológico ou instrumental entre miseráveis, ladrões e traficantes de muitos outros lugares. Atualmente se espalha nos diferentes estados brasileiros e países vizinhos, mas também por onde passam mercadorias ilegais levadas por irmãos do PCC ou por seus parceiros. Quem são os que atendem ao aceno do Primeiro Comando da Capital, de sua ideologia e de sua disciplina? São homens e mulheres, mas também adolescentes e mesmo crianças que passaram anos a fio vendo o sol nascer e sumir na rotina monótona de barracos de madeirite, celas escuras e pátios de concreto; que tiveram vidas jogadas no ócio, no jogo, na rua e na paranoia repetitiva de vingança; que atravessaram madrugadas em conversas ébrias sobre o trauma e a maldade, a Bíblia e o sistema, viajando na leitura e na dor, a cabeça ativada pelos entorpecentes do tempo, do desalento, da erva, do ódio, do pó.

Para alguns deles, a memória da morte do pai ainda assombra, como a dos gritos da vítima; para outros, pesadelos com cenas turvas repletas de garrafas de cerveja e batidas de rap transmutam-se em latidos de cachorro e sirenes se aproximando. A mãe negra que leva as mãos à face é uma imagem repetitiva. Os sonhos desses homens e mulheres agitam-se em estampidos e no choro dos filhos, no olhar vidrado do juiz, nas palavras do advogado e da assistente social sobre suas famílias, na incapacidade de contrapô-las. A lembrança da extorsão dos policiais sem identificação volta, e volta, como uma lembrança pragmática da injustiça do mundo.

As ideias incendiárias do PCC se alimentam dessa experiência marginal. São ideias nascidas na revolta criminal daqueles que, imersos na tentativa de entender tanta contradição — uns terem tanto, outros tão pouco, e os que menos têm mais são perseguidos —, se transformaram em outra forma de governo dos marginais urbanos. Marcola, em depoimento à CPI de 2006, afirmou:

> Nós todos somos praticamente filhos da miséria, todos somos descendentes da violência. Desde crianças somos habituados a conviver nela, na miséria, na violência. Isso aí, em qualquer favela o senhor vai ver um cadáver ali todo dia. Quer dizer, a violência é o natural do preso, isso é natural.
>
> Agora, essas organizações [as facções criminais] vêm no sentido de refrear essa natureza violenta, porque o que ela faz? Ela proíbe ele de tomar certas atitudes que para ele seria natural, só que ele estaria invadindo o espaço de outro, o senhor entendeu? De outro preso. E elas vêm no sentido de coibir isso mesmo. [...] Uma disciplina. Porque senão o cara vai lá e vai querer fazer sexo com a mulher do outro, por exemplo. Se ele for mais forte e o outro mais fraco, naturalmente que ele poderia fazer isso. Mas, pela própria regra que existe dentro da prisão, isso coíbe esse tipo de atitude. Isso é um exemplo que eu tô dando.

O primeiro passo de organizações como o PCC, na visão de Marcola, seria então o de ordenar a vida daquele que vivia preso às amarras da natureza, da violência. Mas há um segundo. O desejo de quebrar a máquina do sistema não por meio da política ou dos direitos, mas pelo crime. Esse desejo chega pelas flamas do PCC a uma franja específica, minúscula em termos demográficos, da população das metrópoles. A mais pobre entre os pobres. Parcela muito minoritária, é verdade, adiante da ampla maioria que, por ter alguma saída, algum plano de melhoria, alguma esperança, se conforma com outras ideias fundamentais, muito menos incendiárias, que também circulam em seus ambientes — a religiosidade cristã, a crença na melhoria de vida pelo trabalho, as saídas pela luta social e política nos marcos da cidadania. Ainda segundo Marcola:

> Os presos apoiam os presos, os marginais na rua apoiam os marginais na rua, e assim vai, sucessivamente. Por quê? Porque todos acreditam que é uma luta justa dos miseráveis contra os poderes estabelecidos, que não nos permitem ter nenhum tipo de melhora de vida. A gente vai ser sempre bandido. Não tem jeito. Então... Quer dizer, foi criada essa noção, essa consciência. A partir desse momento, existe esse apoio.

O desejo despertado por essa forma de ver a vida elabora-se como outra norma, orientadora na busca pelo que é certo, mas agora na vida errada. O crime se torna ideal de emancipação, inserindo mais contradição na espiral do sistema. O mundo do crime se transmuta em vontade de potência, para os que nele ingressam. Marcola traduzindo Nietzsche em práticas, um século depois. Muitos outros como ele têm nessa chave — o mundo do crime, na perspectiva igualitarista do PCC — seu pertencimento existencial nas últimas duas décadas e meia.

Gostemos ou não disso, aqueles que tiveram sua fé abrandada pela miséria, pelo autodidatismo da leitura sobre a violência e a origem das grades, pela força de agir em concerto, adquirem uma compreensão específica de como o mundo opera. Compreensão que não se transmite nas palavras, mas em um dia após o outro dia. Um dia monótono depois de outro dia monótono, em que histórias de irmãos enforcados, revoltados ou em surto se somam aos lamentos conformados e aos jogos de futebol de várzea, de pátio de cadeia, de times conhecidos. Compreensão que se formula em conceitos desconhecidos para os que não viveram a miséria na pele, que produz lógicas outras para ver a vida. Compreensão que se manifesta, aos olhos externos, como violência urbana, como crime comum ou, mais grave, crime organizado. Nós que de longe vemos a brasa acender e o fogo se alastrar tememos que queime nossas casas, nossas vidas. A reação a esse fogo é lançada por nós a galope, com polícia e Exército para nos proteger. Sabemos disso.

Apontado pela imprensa como líder máximo do Primeiro Comando da Capital, não faltam, numa busca rápida no Google, referências comuns sobre a trajetória de Marcos Camacho, cuja luta interna no PCC já conhecemos. Nasceu em Osasco, no oeste da região metropolitana de São Paulo, em 1968. Completou cinquenta anos quando o Primeiro Comando da Capital chegou a 25 anos de existência. Mais da metade de sua vida se deu atrás das grades. Assaltos em diferentes regiões do país lhe renderam prisões em São Paulo, Mato Grosso e Rondônia nos anos 1990. Depois de fugas e novos assaltos, em 1998 escondeu-se em uma fazenda em Pedro Juan Caballero, no Paraguai, por seis meses. Dela viajava com avião particular e documentos falsos para São Paulo, para Campo Grande, para onde precisasse por questões pessoais, para negócios. Numa das vezes em que foi preso, pilotava um sedã Chrysler Stratus pela marginal Tietê.

Cresceu na região central da cidade de São Paulo, em área de moradia popular no bairro do Glicério. Circulava na região conhecida nos anos 1970 como Boca do Lixo, hoje a área da Cracolândia, na Luz, e pela praça da Sé. As ruas nunca lhe foram desconhecidas, tampouco a violência física do homem sobre o homem, do forte sobre o fraco, do ladrão sobre a vítima, do policial sobre o marginal. Marcola tem marcas dessa violência em todo o corpo, como todos os que viveram ou vivem nas ruas. Mais tarde se tornaria ávido leitor — literatura, direito, política —, porém muito depois da morte da mãe, dona de casa brasileira, e do pai, um protético boliviano, em dois acidentes. Marcos tem um irmão mais novo, Alejandro, "bandido também, infelizmente", como ele disse à CPI do Tráfico de Armas, em 2006. Radicado em Fortaleza, Alejandro teria sido um dos artífices da negociação entre as facções na cidade, que pacificou as periferias por seis meses, no início de 2016. Seus feitos renderam até uma reportagem no *Fantástico*, da TV Globo. Um dia perguntaram a Marcola se ele considerava que vinha da miséria: "Considero não, eu vim da miséria. Claro. Senão eu teria tido condições de estudar e ter uma vida completamente diferente da que eu tenho. Mas, enfim, se o senhor entrasse numa favela, o senhor veria…".

Filho de família brasileira e boliviana. Órfão de pai e mãe aos dez anos, no início dos anos 1980 Marcos era um pingo de gente, um trombadinha, tocava a vida roubando pedestres e toca-fitas, atividade desprestigiada mesmo no mundo do crime. No final da mesma década, entretanto, Marcos seria preso por envolvimento em um roubo a banco, tornar-se um ladrão temido e estava inscrito na atividade mais reconhecida desse mundo. Seria sua especialidade mais tarde, que o levaria a pôr as mãos em milhões de reais e a conhecer diversas das cadeias do país. Tendo passado pela maior delas, o Carandiru, na virada para os anos 1990, conseguiu fugir não apenas uma, mas duas vezes. Fugiu também outras duas vezes, de outras cadeias ao longo dos anos. Em 1993, Marcola estava preso no anexo da CCTT quando o PCC foi criado, tendo sido um de seus primeiros membros batizados.

Anos mais tarde, e depois da expansão do Comando nos presídios paulistas, Marcola travaria uma guerra interna contra os fundadores da facção. Sombra, um ladrão de São Carlos e um dos fundadores do Comando, que o teria batizado, bem como Cesinha, que seria seu conhecido desde a infância, foram mortos nessa guerra. Geleião, que até então se autodenominava o General do PCC, conseguiu sobreviver, mas, deposto por uma revolução igualitarista ocorrida ao final de 2002, a partir daí foi considerado como *coisa*, modo de se referir àqueles que não merecem o estatuto de humano na visão da facção dominante nos presídios e quebradas de São Paulo.

São muitas as histórias que envolvem Marcola, no Brasil, no Paraguai e na Bolívia, na virada para os anos 2000. O PCC estava também no Mato Grosso do Sul e no Paraná, porque as fronteiras desses estados já eram parte da geografia do mundo do crime de São Paulo e do Brasil, que se tornava transnacional em época de globalização acelerada dos mercados. A cocaína e as armas já eram mercados globais, mas os produtos não caminham sozinhos — são necessárias pessoas, homens e mulheres de carne e osso, para carregá-los nos seus estômagos e intestinos, nas suas mãos e mochilas, em ônibus e caminhões, em carros e aviões, em navios e contêineres.

São também diversas, e muito variadas, as histórias que envolvem milhares de outras vidas, menos célebres que as de Marcola, em cada cadeia e em cada favela de São Paulo, e de muitos outros estados brasileiros, inscritas no mundo marginal do crime e no PCC. Algumas figuras são conhecidas de policiais e pesquisadores, de familiares e de presidiários — Julinho Carambola, Gegê do Mangue, Birosca, Paca, Fuminho, Cabelo Duro, Pezão, entre muitos outros. Marcos é mais um, Marcola é quem se imagina que mande em tudo. Histórias de vida como as deles são cantadas pelo rap e pelo funk. Hoje são milhares os presos acusados de envolvimento direto com o PCC, mais de 30 mil segundo o Ministério Público. Seus telefones estão grampeados e suas vidas, monitoradas. Ocorrem muitas e muitas mortes nesse meio. Mas a facção cresce ainda mais, conforme suas "lideranças" vão sendo encarceradas e isoladas em regimes disciplinares cada vez mais severos. É preciso compreender.

Zaratustra entendeu o mundo em dez anos na montanha, porém seu conhecimento era inútil. Mais de quinze anos da vida de Marcola foram passados entre idas e vindas pelo Regime Disciplinar Diferenciado, que preconiza o isolamento do preso por 22 horas diárias. São muitos os hiatos no conhecimento público sobre as histórias de Marcos Camacho, na imprensa e mesmo entre pessoas batizadas no Primeiro Comando da Capital. São muitíssimos os hiatos na compreensão das formas de agir do PCC nas suas duas décadas e meia de história.

O livro predileto de Marcola termina quando Zaratustra já não aspira à felicidade, nem sente paixão ou compaixão, apenas reconhece que existe. A história do PCC também existe. Envolve crime e revolta prisional, violência atroz contra policiais e opositores, debates infindáveis sobre o que é o certo, parcerias e traições, guerra criminal ao sistema e enunciado de paz nas quebradas. Envolve a trajetória de cada uma de suas vítimas e dos que deixaram de morrer porque o PCC existe. De policiais, juízes e promotores públicos que o combatem e histórias de uma nova geração criminal que tem o PCC como referência, mas também como poder instituído. O fato é que as cinzas da morte do PCC, anunciadas a cada nova prisão ou nova apreensão de toneladas de droga, ainda ardem como brasa. Em doses homeopáticas, um dia após o outro dia.

PINGO, UM LADRÃO

Dezembro de 2015, largo dos Jasmins — nome fictício de uma praça real, no quadrante sudoeste de São Paulo, onde faço minha pesquisa. Muitos passam rápido: uma senhora negra de óculos escuros, uma descendente de japoneses chupando um picolé de fruta, a estudante com o ombro tatuado, um homem de terno cinza falando ao celular, acompanhado de um amigo entediado. Vejo centenas de outros passantes, a pé ou nos muitos carros parados no semáforo, também nas motocicletas. Refaço a conta: são certamente milhares de transeuntes à vista, para quem observa o largo dos Jasmins logo após o horário de almoço, em dia de semana.

O largo tem uma estação do metrô, conexão entre duas grandes linhas, e um terminal de ônibus. Nas calçadas, também por isso, o comércio é pujante. Negócios, tempo livre, estudo, trabalho. Muitos passam pelo largo e, portanto, ali se fixa uma centralidade urbana. Conforme a tarde passa, o cheiro de fumaça se mistura ao de urina seca pelo sol. Um pino de cocaína vazio enfeita o jardim como tantos outros dejetos — papelões, embalagens velhas, garrafas plásticas usadas que se acumulam, sem excesso, nos canteiros e sarjetas. Muitas latas de alumínio já foram dali recolhidas por d. Zezé, carroceira que frequenta o lugar há mais de uma década.

Onde há dinheiro circulando, há os que ganham, os que perdem, os que gastam demais e os que vivem das sobras dos primeiros. Duas agências bancárias estão logo ao lado, há ainda supermercados de redes transnacionais, agências financeiras, franquias de sanduíches, lojas de roupas, sapatos, lingerie; há pequenas lanchonetes, uma padaria e bares populares. Muitas marcas de cerveja compõem a paisagem. No entanto, o mais presente para quem anda por ali é o comércio ambulante, informal.

Entregadores de panfletos de muitos serviços, barracas de africanos vendendo bermudas Adidas, um carrinho com batatas fritas e pipoca, além de duas meninas fazendo programa, posicionam-se na boca do metrô. Concorrem com eles representantes de ONGs internacionais e cadeirantes, ambos pedindo doações para instituições.

O lugar é um ponto relevante de circulação de dinheiro na metrópole. Há muitos outros pontos assim, ainda mais centrais, espalhados pelo tecido urbano. Em praticamente todos seria válido o que vamos verificar agora. Em muitas outras cidades, não apenas metrópoles, não apenas brasileiras, as coisas são também mais ou menos assim. Mas em nem todas há o PCC, como na São Paulo contemporânea. Isso muda algumas coisas no dia a dia e, principalmente, nas formas de pensar a segurança cotidiana.

Se alguns passam rápido, outros ficam e dormem no largo. Três meninos de rua estão a vinte metros de mim. O menorzinho, Pingo, não tem mais de sete anos; os outros dois, por volta de nove e onze. São crianças, e reconheço suas idades por serem as mesmas dos meus filhos. Penso na desigualdade, comparando mentalmente as vidas que uns e outros levam, as oportunidades que têm, as formas de ver o mundo que desenvolvem, a exposição à violência a que uns e outros estão submetidos.

Os três pequenos estão, no largo, acompanhados por Bia, menina de vinte anos, cabelos crespos presos para trás, vestindo top curto e shorts jeans, chinelo, roupa de casa. Os meninos estão sem camisa, de bermuda, chinelo, boné. As camisetas estão estendidas nos arbustos, tornados varais de casa. Olho para eles. O maior me devolve o olhar, aceno com a cabeça.

D. Zezé, que coleta latinhas, e a família de rua de Pingo, muito mais jovem, são perfis totalmente diferentes de moradores de rua para o serviço social e a polícia. Seguramente, porém, tanto ao observador externo como para eles mesmos, fazem parte de um mesmo tipo de gente, uma mesma comunidade, que reproduz na percepção geral ora problemas sociais, ora perigo para a cidade oficial.

Em São Paulo, esse tipo de gente também inclui outros marginais, como presidiários, prostitutas de rua, usuários de crack, andarilhos, favelados e trabalhadores informais em geral, além de muitos trabalhadores formais ou por diária, da construção civil, do trabalho doméstico, entre outros. Eles estão do mesmo lado do conflito urbano, porque são a principal força de trabalho dos mercados ilegais e se reconhecem hoje como uma gente distinta da minha, dos meus, dos meus filhos e amigos.

Essa fronteira diferencia as pessoas de modo tão forte que se torna difícil de transpor nos cotidianos. É difícil até mesmo puxar um assunto entre nós. Como falar com eles? Pode ser perigoso, pode ser complicado. Há certa desconfiança de parte a parte e jeitos muito repetitivos de interagir: um pedido de esmola, uma história triste contada, os desvios para não cruzar os olhares, a ausência de cumprimentos, os sorrisos raros, o fechamento de saída — enfim, as relações instrumentalizadas entre marginais e pessoas ditas de bem, na metrópole.

Perdido em pensamentos sobre isso tudo, me volto para o chão quando dois dos meninos passam correndo por mim, apressados, com uma mochila preta na mão, *dando fuga*. Imagino imediatamente que a tinham roubado de alguém. Se corriam, era por isso. Olho imediatamente para trás, para ver de onde vinham. Por que fugiam bem pelo meio da praça, não por outra rota? São crianças, pensei. Mas são crianças de rua, malandros, também pensei. São? Será que estou vacilando? E a minha mochila? Não estou com ela, eu a tinha deixado no carro. Confiro então meus bolsos, meu celular segue ali, não fui roubado.

Uma viatura da Polícia Militar passa por dentro do largo, no encalço dos pequenos. Os dois policiais olham para todos à volta com ar entediado. Rotina. Logo depois aparece Pingo, o mais novinho, andando lentamente, mas agora vestindo uma blusa de frio cinza-escuro, sem camiseta por baixo. Eu tinha reparado nele minutos antes; por que trocara de roupa? Para "se disfarçar", claro. Ele levanta o capuz enquanto eu me dava conta disso. A blusa é muitos números maior que o seu, como o boné. Ele caminha como um menino, mas de rua, imita o andar mais malandro, braços estendidos e nariz para o alto, dos seus colegas mais velhos. Mas, como deram fuga, Pingo está só; não é mais que uma criança que perdeu sua referência, porém finge estar tranquilo.

    Ele se aproxima de mim, e eu o acolho com o olhar, talvez apenas com o movimento das sobrancelhas para o alto. Pingo recosta-se no banco onde estou, olhando para os lados. Fica a um metro de mim, e eu lhe pergunto: "E seus parceirinhos? Passaram rápido aqui hein?". Ele me olha e seu rosto de criança assustada me marca, sinto muita compaixão. Desconfiado, o menino tem medo, mas sabe que não pode demonstrá-lo. Sua sobrancelha esquerda, sob o boné grande de aba reta, têm estética bem cuidada: risquinhos raspados, *estilo favela*. Seu corpinho de criança é, ao mesmo tempo, de músculos definidos, exercitados no dia a dia de rua, corpo menos infantil que sua idade.

    É uma criança, sete anos, ou será mais? Expressa no corpo as marcas do conflito em que se inscreve. Suas palavras são tão objetivas como as de qualquer outra criança. Mas as preocupações substantivas que expressam, não: "Por onde eles foram?", me pergunta; "Viraram ali à esquerda, perto da entrada do metrô, não vi mais eles". Ele precisa saber, está só: "Atravessaram a rua?". "Não sei, cara" (eu o trato como se fosse mais velho, sem perceber — muitos o fazem). Prossigo: "Foi por causa daquela mochila que eles estavam levando?". Não. "Não é roubada, não", ele me diz. Ele e eu compartilhávamos esse sentido do mundo — o de que eles, e não eu, eram potencialmente ladrõezinhos. Era preciso justificar que não eram, eu nunca tive de fazê-lo. Haviam recolhido suas roupas rapidamente do varal, e as levavam na mochila, ao avistarem a polícia. Eu continuo: "Que que aconteceu, os *homi* tavam na bota deles, né? Vocês conhecem esses polícia?". Ele acena positivamente com a cabeça. São conhecidos, fazem rondas de rotina por ali. Pingo me conta que os policiais estavam ali porque eles haviam atacado os entregadores de panfleto.

Vejo um sujeito com camisa amarela a cem metros de nós, imagino ser aquele. Ainda em dúvida, pergunto outra vez, para me certificar: "Que cara é esse, o de camisa amarela?". O menino, já meio cansado da minha falta de percepção, insiste: "O do outro lado lá, que mexe com coisa de diabo". "Diabo?", pergunto. "É, do diabo, fi!", ele me reafirma, muito convicto, já conformado com minha demora em entender, meio desinteressado por isso mesmo, e observando tudo à volta muito atentamente, tenso, querendo encontrar seus parceiros. Vendo que eu prosseguia perguntando, me diz: "Foi esse mesmo que tentou agredir meu irmão". O verbo agredir mostra que ele me reconhecia como um interlocutor do mundo oficial. Finalmente vejo o homem-placa do outro lado da rua. Não a camisa, mas a placa que portava nas costas, sobre a cabeça, anunciando seus serviços, era amarela. Continuo a conversa com Pingo: "Vocês três são irmãos?". Não, só o menor era seu irmão.

"Olha lá os meninos!", digo, contente ao vê-los. Os dois, que haviam fugido deixando-o para trás, já estavam de volta para buscá-lo. Acenando para o meu interlocutor desde o outro lado da rua, interrompem nossa conversa. Ele vai encontrá-los de imediato, muito animado e já conversando aos gritos com eles desde longe. Só então eu fico sabendo como a confusão na praça tinha começado. E só a partir dela vamos entender o que significa a capilaridade da atuação do PCC entre os grupos marginais.

Pingo e seus dois companheiros, de nove e onze anos, armados com lâmpadas fluorescentes compridas e um cabo de vassoura, haviam atacado um homem-placa que distribuía panfletos oferecendo serviços de leitura de sorte, tarô, no largo. Tinham-no botado para correr, e por isso a polícia aparecera. O conflito foi traduzido por Pingo em termos religiosos, pentecostais: "Tarô, coisa do diabo". Em sua idade, de seu ponto de vista, ele lutava contra o demônio nas ruas de São Paulo. E o demônio agia de modo concreto — tentando atear fogo neles enquanto dormiam, chamando a polícia para pegá-los. Na primeira ofensiva, os rapazes se percebem vitoriosos. O entregador de panfletos recuara, sumira. Mas a polícia tinha vindo por sua causa, e obrigara os garotos a fugir.

O entregador de panfletos que chamara a polícia talvez não soubesse, entretanto, que os dois lados da contenda têm a quem recorrer em busca de justiça na São Paulo contemporânea. E os meninos de rua também buscaram reforços. Eles imediatamente chamaram à cena os *disciplinas* do tráfico de drogas local, muito pouco ou nada visíveis aos passantes não iniciados. Por isso deram fuga para aquela direção, descendo dois quarteirões. Argumentaram, então, junto aos rapazes que conhecem que o entregador de panfletos os agredira e ameaçara atear-lhes fogo. Quando voltaram à praça depois de fugir da polícia, o irmão e o amigo de Pingo não estavam sós.

Junto com eles, Dionísio, de dezessete anos, viera averiguar o que tinha acontecido. Também de boné, bermuda e camiseta, pele escura, calçando um tênis Nike, tatuagens no antebraço, o rapaz tinha o perfil imediato do jovem encarcerado de São Paulo; porém jamais poderia ser confundido, pelos acessórios e pela postura, com um morador de rua. Bia, que os acompanhava e havia igualmente desaparecido nesse ínterim, retorna também. Mais um minuto, e aparece um segundo rapaz, Orelha, de vinte anos, ainda mais bem-vestido que Dionísio, também calçando tênis Nike.

Ao chegar, Orelha cumprimenta os três meninos um a um, olhando nos olhos, com muita consideração. Nesse ato corriqueiro, ritualiza-se o ideal de igualdade entre os pares, mesmo que ocupem posições muito distintas. Todos juntos, e sem que ninguém pare para prestar atenção, inicia-se uma resenha rápida dos acontecimentos, sob uma das árvores do largo — "*as ideias*", o debate, para *sumariar*, como dizem, a situação ocorrida. O que aconteceu? Como todos se portaram? Quais as reações de cada um? Quem está certo, quem está errado? Eu chego a poucos metros para acompanhar a discussão, muito interessado.

São tantos os transeuntes que os meninos não notam minha presença próxima, num primeiro momento. Em seguida, Dionísio e Orelha, os dois disciplinas, jovens com postura de homens, dirigem-se imediatamente ao entregador de panfleto, acompanhado de mais um colega, também portando uma placa; argumentam por um minuto com ele. Tentam convencê-los a não incomodar os meninos. Não obtendo sucesso, entretanto, uma nova cena de conflito se estabelece. O tom sobe, e, observando o ocorrido, Bia, Pingo e seu irmão correm imediatamente até lá.

Quando argumentos não bastam, a força aparece. Gritaria, ameaças e, na confusão, vejo Pingo avançar por detrás dos demais, pequenininho, postura bélica, portando seu cabo de vassoura, destemido; os rapazes todos — três adultos e três crianças — correm atrás dos entregadores de panfleto, que são novamente forçados a recuar, fugir do lugar. Os meninos haviam vencido outra batalha. Pingo retornava ao largo, onde eu os observava atentamente, com seu cabo de vassoura partido ao meio.

Os meninos se reuniram novamente embaixo de uma das árvores do largo, agora sorridentes, excitados pelo enfrentamento, na adrenalina. Quando me aproximo estão comentando a cena, revisitando as falas da contenda: "Vai tacar fogo em quem, maluco? Cê é loko?". Dão risadas, satisfeitos. Reparo, nesse momento, que um menino bem jovem, Arrelia, magro, com o rosto maquiado como palhaço e uma peruca de cabelos azuis enrolados, chapéu por cima, entra na praça. Ele, que vinha para trabalhar com malabares no semáforo, também estava acompanhando o desenrolar do conflito em meio aos passantes, e vem em nossa direção.

Arrelia também se junta ao grupo, feliz e falando muita gíria. A chuva começava. Era esperado que alguns se abrigassem sob a árvore. Ainda assim, Dionísio alerta aos demais, falando baixo, referindo-se à minha presença, desconfiado; todos me olham em seguida. Pingo diz imediatamente que já tinha falado comigo. Percebendo a situação, falo com eles demonstrando ter entendido o que acontecera, participando da brincadeira de todos com Pingo, o mascotinho que voltara da batalha com seu cabo de vassoura quebrado. Eles olham para mim, sorrimos uns aos outros. Concedem que eu fique, com o olhar.

Arrelia se posiciona demonstrando estar do mesmo lado — ele é novo, tem uns catorze anos, bem branquinho, com cara de estudante de ensino público. Quando abre a boca só sai gíria. Eu acho engraçado e dou risada, os demais também. Rimos todos da maneira como ele, figura aparentemente tão frágil, falava como homem-feito: "É! Ameaçou, ameaçou, e aí? E pra fazer? É homem pra ameaçar tacar fogo nos moleques, mas não pra fazer? Aí rapa, a rua é a rua!".

Todos sorriem. Os meninos tinham um palhaço malandro e um tiozinho que os haviam assistido e compreendido, que naquele momento estavam com eles. A rua tem momentos engraçados, de felicidade, é preciso aproveitar. Todos sabiam que a polícia voltaria à carga em pouco tempo. Mas os comerciantes, a polícia e os entregadores de panfleto também sabiam que os meninos, que haviam chegado uns seis meses antes, não sairiam dali tão facilmente. Dionísio e Orelha, que foram chamados, estão satisfeitos, dão retaguarda aos pequenos, estão no centro da roda, cercados pelos meninos e por Bia, que sorri feliz para eles. Assim se reforçam laços: Dionísio e Orelha trabalham na *biqueira* mais próxima, os meninos fazem pequenos *corres* para eles (levar um dinheiro, uma trouxinha, um pino, pegar uma cerveja). Todos percebem essa relação não como comércio, um trabalho, mas uma comunidade de pares. Todos se ajudam na necessidade.

É assim que esses meninos crescem, já há bastante tempo. Ninguém precisa dizer de que lado está a polícia e de que lado está o crime. Eles têm nos responsáveis pelo tráfico seus protetores; a polícia os ameaça. Assim seus percursos se desenrolam. Muitos desses meninos vão brevemente parar na Fundação Casa, em clínicas ou unidades de internação de adolescentes. As cadeias são repletas de histórias de vida assim.

Vidas que se desenvolvem, que viram relacionamentos amorosos, que reproduzem essa forma de ser: Orelha e Bia já estavam lado a lado, era nítido que tinham afeição, intimidade. Do mesmo modo, famílias se constituem na rua, entre as ruas e as prisões, entres as prisões e as favelas, entre as favelas e o trabalho informal, precário, por vezes ilegal. Orelha se mostrava para Bia; havia sido chamado, ele e seus parceiros se comportaram como homens, disciplinaram o homem-placa do diabo, o puseram para correr. Assim se tecem masculinidades, ideais de conduta baseados na aliança interna entre os parceiros, para fazer guerra contra o sistema. "Macumbeiro do caralho! Vai vender essas porra na casa do chapéu agora!"

Todos davam risada. A praça era deles, nesse momento. Olho para eles sob a árvore, uma luz bonita da tarde antes da chuva chegando iluminava os rostos de cada um. Bia comenta que a chuva estava apertando: "Agora tá molhando!". Eu repito a mesma frase, levantando. A cena se desfaz, contingente. Arrelia se despede rápido, no seu estilo engraçado: "Falô, rapa! Falô, malocada! Falô geral! Eu fui!". Corro até um dos bares populares do largo e me junto a dois amigos, que já estavam por lá, também se protegendo da chuva. Olho para trás e já não vejo os meninos sob a árvore, nem em nenhuma outra parte. Não sei como desapareceram tão depressa.

TRABALHADORES, PATRÕES; POLICIAIS, CAMELÔS

Mas onde está o PCC no meio disso tudo? Em primeiro lugar, na lógica de enfrentamento ao sistema que dá sentido à ação dos meninos de rua. Eles não se devem curvar àqueles que os oprimem.

> *Se eu fosse aquele cara que se humilha no sinal*
> *Por menos de um real, minha chance era pouca*
> *Mas se eu fosse aquele moleque de touca*
> *Que engatilha e enfia o cano dentro da sua boca...*
> (Racionais MC's, "Capítulo 4, Versículo 3")

Mas o PCC também está presente reforçando, para todos os grupos marginalizados, a lógica de que os conflitos que se tornarem mais intensos não devem ser resolvidos de qualquer maneira, mas com inteligência. Em primeiro lugar, deve-se tentar um acordo. Não sendo possível, pode ser usada a força. Caso não funcionar, cabe a mediação pelo mundo do crime. Os disciplinas de cada quebrada devem ser chamados, eles estão na retaguarda.

> *Liga eu, liga nóis, onde preciso for*
> *No paraíso ou no dia do juízo, pastor*
> *E liga eu e os irmão, é o ponto que eu peço*
> *Favela, Fundão, imortal nos meus versos.*
> (Racionais MC's, "Vida loka I", grifo meu)

Se ainda assim o conflito não for resolvido, deve-se ter resistência cotidiana, um dia após o outro dia. É verdade que a polícia vai vir, e não dá para enfrentá-la. Mas a polícia vem e vai. Os meninos estão na praça o tempo todo. No dia a dia é que se vencem as batalhas, uma a uma. Um dos *guerreiros* pode até ser preso e torturado, mas muitos outros vão brotar em seu lugar — os postos de trabalho gerados pela lucratividade do negócio criminal garantem essa possibilidade. Há bases materiais para a ideologia.

A cena prossegue. Tomo uma coca-cola no bar. A chuva arrefece. Lá vêm eles. Dois policiais a pé atravessam o largo pelo caminho que os meninos fizeram em seus ataques e suas fugas. Em seguida, permanecem postados, de braços cruzados, exatamente no local em que os homens-placa panfletavam. Não há dúvida: haviam sido chamados para uma ronda por causa dos enfrentamentos. O movimento de pedestres retoma seu vigor. Mais cinco minutos e a dupla de policiais refaz o caminho, agora no sentido contrário, desaparecendo perto do terminal de ônibus.

Em seguida, é hora dos homens-placa, os entregadores de panfletos, retomarem suas atividades exatamente no mesmo ponto, anunciando a leitura de tarô, agora mais próximos um do outro. Se os meninos tinham ido buscar reforços, os homens-placa, por sua vez, haviam relatado o ocorrido aos patrões, que solicitaram apoio policial. Os patrões, inclusive, apareceram pessoalmente logo em seguida: um casal de jovens empresários brancos, de classe média, moradores de um dos sobrados da região, mesmo local em que atendem seus clientes para a leitura da sorte.

Ao vê-los conversando com os policiais, perto do terminal de ônibus, aproximei-me. Peguei um dos panfletos que distribuíam, parei e li, interessado, enquanto escutava a conversa entre eles, antes de puxar um assunto para ter mais detalhes de sua versão. O jovem patrão tentava acalmar seus diaristas: "Olha, tranquilo, já conversei com o responsável da polícia, ele já está sabendo; vai intensificar as rondas bem aqui. Falou que teve assaltos na região, que são esses meninos, que são trombadinhas, que eles já estão de olho".

Eu estava literalmente ao lado deles, escutando a conversa, mas o fluxo de gente era tamanho que nem sequer me notaram. Os empregadores tentavam fazer com que seus funcionários não desanimassem do trabalho. Colocavam-se em condição de dar o suporte mínimo para que prosseguissem sua panfletagem, a porta de entrada para sua atividade econômica. O homem que mais enfrentara os meninos estava nitidamente contrariado. Olhava para os patrões dizendo: "Se continuar assim, eu quero meu dinheiro e vou embora". Negro, ele dizia querer uma relação de trabalho justa: "Desse jeito não tem condições".

Funcionário pobre, não queria ser acossado pelos meninos, tampouco acreditava no patrão, segundo o qual a polícia ajudaria. Não estava nem em um polo da disputa, nem em outro. Retornou ao seu posto de cara feia e seguiu seu trabalho. Conversou então com o colega, seu parceiro de panfletagem, demonstrando descrença na resolução do conflito. O patrão jovem se afasta, os meninos de rua não aparecem mais, e os policiais de fato passam mais intensamente nas horas que seguem.

Por algum tempo, portanto, a ordem local — que incluía o trabalho informal — estava garantida pela presença policial. Os meninos desapareceram do largo nas semanas seguintes. Os homens-placa estavam por lá em todas as vezes que estive no local. A biqueira na qual Dionísio e Orelha trabalhavam seguiu funcionando a duas quadras, no entanto. Os meninos perderam por algumas semanas seu posto avançado no largo dos Jasmins, no final de 2015. Mas retornaram no final do ano, aproveitando o décimo terceiro de muita gente, quando a poeira já estava mais baixa. Estavam em maior número, e alguns eram mais velhos. Acamparam no largo e, apesar de outros conflitos como esse, conseguiram manter-se ali. De batalha em batalha se vive a vida. Os meninos de rua — não consegui encontrar Pingo, mas Bia, sim — seguiam no largo, fazendo seu dinheiro e suas histórias em 2018. A despeito de todas as tentativas para retirá-los dali, com um pouco mais de dinheiro podiam agora inclusive pagar os policiais pela proteção à sua permanência.

Não sei se o patrão responsável pelo ponto de venda de drogas no largo dos Jasmins, no qual Orelha e Dionísio atuam como gerentes e onde Bia era vapor, na companhia dos meninos de rua que faziam o papel de olheiros, é um irmão batizado do PCC. Mas não resta dúvida: pelo movimento, trata-se de um ponto de tráfico cadastrado pelo Comando, e seu funcionamento obedece aos códigos usuais de procedimento do PCC. Ainda que o patrão seja batizado, nada do fluxo de dinheiro que passa por ali — exceto se houver alguma droga do Comando a ser vendida — será revertido a um caixa da sociedade secreta. O que importa é que o modo de trabalhar seja regrado, que o uso de armas esteja sob controle, que os preços praticados sejam os corretos, os justos.

Bia receberá três reais a cada pino de dez reais vendido. Ela define o quanto paga por dia para cada um de seus olheiros, seus campanas. Para a maconha, a comissão é ainda maior. Uma pedra de crack custa cinco reais, e ela ganha 40%. Há também as pedras de dez reais. As comissões são altas, e a lógica de proteção entre os parceiros é estrita, cotidianamente vivida. O Comando ganha respeito porque lhes dá proteção. A partir desses enfrentamentos corriqueiros, desses conflitos na base da hierarquia social, vão emergindo na cena pública da cidade, tanto aos olhares internos como aos externos, marginais que não se curvam mais como antigamente.

O conflito cotidiano é sentido de modo mais intenso. As fronteiras sociais que separam os que devem ser protegidos e aqueles que devem ser reprimidos se intensificam, portanto. Essa fronteira divide os pobres que valem a pena para a boa sociedade (os entregadores de panfleto, aqueles que aceitam uma diária de oitenta reais sem causar problemas) e os que desarranjam a ordem pública (Pingo, Bia e seus parceiros). A moral do trabalho, da família e da ordem se opõe a eles.

Mas esses valores de submissão, de conformar-se, são exatamente o oposto do que Pingo aprende nas ruas. Para a boa sociedade,

Dionísio, que para ele é proteção, representa o perigo e o crime. Se para Pingo a polícia é a ameaça, para a boa sociedade é proteção. Bia, sua mãe de rua, é então uma ameaça às boas famílias?

Pingo, aos sete anos, não pertence, portanto, à mesma comunidade e ao mesmo mundo dos meus filhos ou de tantas outras crianças que passam pelo largo com suas mochilas, no conforto de carros com os vidros fechados e ar-condicionado ligado. Não há democracia, direitos ou mesmo valores que os posicionem do mesmo lado da fronteira. Ele está do lado de lá, aos sete anos; por isso, a Ronda Escolar vai se fixar nele e em seus parceiros, para proteger a ordem; Bia não é uma trabalhadora, não terá emprego formal, embora esteja envolvida em atividades mercantis que geram renda para muita gente.

Bia, mesmo ganhando muito mais do que numa faxina, talvez ainda mais do que na prostituição de rua, os únicos mercados abertos para ela, não será considerada uma jovem empreendedora de sucesso. Não será exemplo de autonomia para as meninas que lutam por igualdade de gênero. Dionísio, embora proteja seus pares, será criminalizado como Bia. Eles estão na mira dos policiais há tempos, e devem pagá-los se quiserem continuar trabalhando na biqueira por mais algum tempo. Quando não conseguir evitar, será mais um jovem preto das prisões brasileiras, e conhecerá ainda melhor o funcionamento do Primeiro Comando da Capital.

O entregador de panfletos conhece os códigos da vida desses rapazes. Pelas suas tatuagens, por um momento fiquei até pensando que já teria passado pela cadeia. Mas pelo seu jeito de lidar com a situação, chamando a polícia para os meninos, não me pareceu, e não consegui falar suficientemente com ele para confirmar. Na nossa conversa, só ficou claro que ele quer distância do corre, quer ser um trabalhador, quer melhorar de vida e sente que está começando por baixo. Embora entregue panfletos de tarô, é evangélico.

Os patrões são de um mundo bem distante do dele. Pagam

uma miséria, segundo ele, por um dia todo lidando com esses conflitos. Oitenta reais. Ele não está na guerra, quer se integrar. Mas Dionísio, Orelha, Bia, Pingo e seus irmãos estão, e há bastante tempo. A polícia persegue meninos de nove e onze anos desde que são ainda mais novos. Enquanto isso, os rapazes do corre os cumprimentam com consideração, os protegem. Eles veem no corre, no crime, no PCC, o que lhes interessa — um caminho para sair daquela condição, talvez o único disponível. Talvez não, mas outro ainda não apareceu nas suas vidas.

Grupos muito marginalizados de São Paulo — e não só de São Paulo — erigem assim, no dia a dia, a guerra ao sistema como o modo mais legítimo e mais moral de se conduzir. A performance de cada sujeito, tendo por base essa matriz de valores, define as reputações para mais ou para menos. Pingo demonstra coragem, com seu cabo de vassoura, já aos sete anos. Dionísio demonstra respeito a Orelha, ambos tentam primeiro dialogar antes de usar da força. Moralidades, códigos de conduta alternativos aos dominantes se forjam nesses cotidianos, com ou sem PCC.

A avaliação dessas performances, nesse universo normativo que é o cotidiano do mundo do crime, independe do dinheiro que um ou outro possuem: trata-se de saber argumentar, desenrolar, debater, sempre procurando evitar os desfechos violentos, que no entanto estão sempre à espreita. A norma é *correr pelo certo*. Bater de frente com o sistema não é a única referência para a ação observável desses atores, até porque é sabido que, no limite, a correlação de forças lhes é muito desfavorável. Os meninos da praça podem enfrentar o entregador de panfletos, mas fogem da polícia. Ganham algum dinheiro, mas não podem concorrer com os bancos que estão ao lado. Para permanecerem ali, apostam taticamente em vencer pelo cansaço e, no limite, pagando propinas altas para os policiais que aceitarem suborno. Da mesma forma, é evidente que o PCC tampouco teria poderio bélico para enfrentar a polícia paulista, com efetivo de 120 mil policiais, sendo cerca de 30 mil agentes civis, em 2018.

A resultante desse confronto, entretanto e como vimos, é mercantil. A capacidade bélica das polícias tenta minimizar a expansão do mundo crime levando para a cadeia Dionísios, Orelhas, Bias. Daqui a alguns anos, Pingos. Mas o efeito tem sido o contrário do esperado também porque seus postos de trabalho permanecem vagos, sendo ocupados em seguida por outros. A lógica econômica em que suas atividades se inscrevem está em franca expansão, trazendo outros para os negócios.

A expansão econômica favorece pequenos e grandes patrões, negócios legais e ilegais, porque não há regulação desses mercados. Moralmente pode-se repreender quem trabalha no tráfico, ou quem vive nas ruas usando crack desde os doze anos, mas em termos econômicos é difícil ouvir outro discurso público que não seja o do empreendedorismo, hoje conhecido por cada um desses meninos de rua. Todos querem dinheiro: quanto mais você tem, tanto mais você quer.

A cena aparentemente irrelevante dos meninos de rua se enfrentando com entregadores de panfleto é, por isso mesmo, muito mais relevante do que parece. Nesses rituais cotidianos de recurso à força e posterior justificação, o que está em questão é nada menos do que a construção dos critérios de plausibilidade da ordem social — além de mercantil — e dos atores que vão se desenvolver a partir daí.

É plausível que a polícia seja a responsável por lidar com uma criança de sete anos? Sabemos que não, no nosso mundo, mas Pingo sabe que sim, no mundo dele. Para o entregador de panfletos e seus patrões, é também plausível — ele chama a polícia e vê em Pingo uma ameaça potencial. Todos sabem que não deveria ser assim — trabalhadores, patrões, policiais, camelôs. Mas é assim que a coisa funciona. De outro lado, é evidente que, se aquele não fosse um ponto comercial importante, o conflito não aconteceria. Não se trata apenas de um problema moral — os meninos que traficam, que podem roubar, os panfletos que seriam do diabo. Trata-se, também e talvez sobretudo, de um conflito por posições no mercado informal-ilegal que se territorializava no largo dos Jasmins em 2015.

Três anos depois, para quem passa por lá, é nítido que os meninos venceram as batalhas, e têm vencido a guerra. Resistem habitando o largo, como há 25 anos os usuários de crack sobrevivem a inúmeras intervenções policiais e seguem habitando a região da Luz, no centro de São Paulo. A política cotidiana funciona bem contra os arroubos ordenadores, que sempre passam. Há várias barracas de meninos de rua no largo dos Jasmins em 2018. O ponto comercial de drogas já está consolidado e oferece mais recursos para a vida de pequenos marginais como Pingo. Ele já está mais crescido. Já compreende melhor o sistema e como as coisas mudam, um dia após o outro dia. Já está virando ladrão.

MACARRÃO E GRAVATAS

O mesmo proceder que se espera de Marcola se esperaria de Pingo depois que ele crescesse e aprendesse como funciona o crime. "O que está embaixo é como o que está no alto", já disse Jorge Ben Jor, parafraseando a filosofia hermetista, conhecida através da música nas cadeias e periferias.

Macarrão foi batizado no PCC em 1998 na penitenciária de Aparecidinha, a P2 de Sorocaba, interior de São Paulo. Anos mais tarde, esse homem branco, forte, com cabelos raspados a zero, se tornaria um dos criadores da Sintonia dos Gravatas, em 2006, instância que desde então administra a atuação dos advogados contratados pela facção. Condenado por roubos, porte ilegal de arma e formação de quadrilha, Macarrão obteve muita consideração de seus colegas pela coragem demonstrada em rebeliões nos diferentes presídios por que passou, chegando mesmo a participar, depois de alguns anos, da Sintonia Geral Final. Foi excluído do Comando e decretado — jurado de morte — em 2010; sua esposa foi assassinada em seguida.

Macarrão ocupava, na Sintonia dos Gravatas, uma posição de imensa responsabilidade. Ter advogados e coordenar suas ações é fundamental para o PCC. Como os advogados podem ter um acesso aos seus clientes vedado a quaisquer outras pessoas, eles são dos poucos sujeitos que podem circular entre as prisões com alguma desenvoltura. A conversa entre advogados e clientes não pode ser legalmente gravada, e portanto eles se tornam figuras-chave aos presos e à facção.

Embora a função legal do advogado seja garantir o funcionamento rotineiro da Justiça, defendendo seus clientes individualmente — e cada um dos integrantes do PCC tem muitos boletins de ocorrência, tendo em geral vários advogados —, há muitas outras funções que os presos esperam conseguir dos advogados, como levar recados a outras penitenciárias, bilhetes com salves para seus contatos, dinheiro e celulares para os presídios, mas, sobretudo, negociar a partir dos repertórios legais ou ilegais as progressões de pena, as liberações e os acertos financeiros com policiais, promotores, delegados e mesmo juízes, em nome do preso ou da facção. Em depoimento oficial, Macarrão declarou:

> Sempre o interesse maior nessas contratações [de advogados] era pela luta e pela defesa dos interesses do crime organizado.
> Eles são os legais. E através desse artifício é aonde se perpetua um monte de outras coisas.
> Para denominar corretamente essa função, se chama Correio da Selva. Onde a penitenciária não tem um telefone celular, tá com dificuldade de visita, quem age é os advogados.

Houve na história do PCC milhares de advogados prestando serviços para irmãos, ou para quem corre com os irmãos. Muitos se corromperam e fizeram funções ilegais, por medo, por dinheiro ou por ideologia; outros jamais se propuseram, mesmo por ofertas milionárias, a extrapolar suas funções profissionais. Esses foram afastados, demitidos, mas não é nada comum que tenham sofrido represálias ou mesmo atentados.

Foi exatamente isso o que teria acontecido com o advogado Marlon Teixeira Marçal, executado aos trinta anos de idade, no dia 12 de agosto de 2009, em Osasco, na zona oeste da região metropolitana de São Paulo. Há diferentes versões que circulam sobre os motivos dessa morte, encomendada por integrantes da Sintonia Final Geral do PCC. Na versão de Macarrão, que estava no RDD no momento, Marlon havia se recusado a ser portador de uma grande quantia em dinheiro a ser movimentada pela facção. Por essa recusa, considerada uma traição, e pela possibilidade de delatar os presos envolvidos, ele teria arrumado problemas com alguns irmãos.

Pela ética do PCC, não se pode decretar uma morte preventiva. Não se pode queimar arquivo ou assassinar alguém sem que essa pessoa tenha traído a disciplina do Comando de forma comprovada. A avaliação da justeza ou não dos comportamentos é feita sempre a posteriori, e, para qualquer cobrança, há que ter havido um vacilo. Segundo Macarrão, em seus depoimentos oficiais à Justiça, integrantes da facção teriam por isso construído uma outra versão para justificar o assassinato. Circularam boatos pelos presídios dando conta de que o advogado teria roubado dinheiro da facção, que relatava situações internas do presídio para policiais e até que havia talaricado um irmão — ou seja, tido relações com uma cunhada, como são conhecidas as mulheres dos batizados no PCC. Essas, sim, seriam faltas graves, consideradas traições que poderiam ser cobradas com a morte.

Macarrão, no RDD, recebeu a notícia desses rumores. O dr. Marlon *viajaria a Miami*, código para indicar que seria morto. Como era um dos fundadores da Sintonia dos Gravatas, o preso conhecia bem o advogado e não acreditou nas denúncias. Sua voz era importante no tema, em sua visão, e ele não concordou com a ideia de assassinar o dr. Marlon sem ter a total convicção de uma traição. Pediu para que aguardassem a sua progressão de pena para o regime normal, quando poderia avaliar melhor o ocorrido, que não o matassem sem essa avaliação — mas não foi ouvido:

> [Me trouxeram] o recado do assassinato do dr. Marlon. Eu não concordei com aquilo, e pedi para que me esperassem sair para o sistema comum, para mim entender melhor o que estava acontecendo. Após esse recado, passando quatro meses, assassinaram o dr. Marlon. Aquilo me deixou transtornado.

Macarrão não gostou. Passou a demonstrar seu descontentamento com a forma como as coisas estavam sendo tocadas na facção. Outras situações vividas no período o abalariam ainda mais, e estremeceram definitivamente sua relação com o Comando. Sua filha o visitou, e na conversa ele percebeu que seu envolvimento com o PCC impactava de forma direta a vida da menina; a expunha, como ele disse, a situações que tiravam a pureza e a ingenuidade da criança. A facção não deixou de lhe solicitar apoio, entretanto. Era um teste, em sua visão:

> Chegando em Avaré eu recebi uma ordem direta de um quadro da [Sintonia] Final, que era para mim organizar a porta de entrada.
> A porta de entrada são todos os CDP [centros de detenção provisória, para onde vão os presos que aguardam julgamento], onde a gente, [...] eu estou falando por mim, recrutava matéria-prima, pessoas que chegavam no CDP, para engrossar as fileiras da facção.

Que lá estava tendo problemas, as pessoas que estavam nesse quadro não estavam sabendo administrar e tal, e precisava de umas pessoas maduras para o recrutamento.

Diante de tudo o que estava acontecendo comigo, eu tinha quase praticamente nove pessoas da minha família presas também... e eu não aceitei. E eu comecei a demonstrar um descontentamento explícito, e em cima disso daí, as pessoas perceberam.

Agora era Macarrão quem descumpria com uma das premissas da facção: a do compromisso com o crime na disciplina do Comando. Se a Sintonia Final Geral lhe solicitava uma missão em prol da facção, ele não poderia negar. Sua situação se tornou cada vez mais tensa.

Eu fiz uma carta, doutora [seu depoimento se dirige a uma advogada, que o interroga], entreguei para um afilhado meu [no PCC] realmente levantar o que tinha acontecido, o porquê da morte do dr. Marlon. E essa carta foi parar na mão de outras lideranças.

Isso deflagrou uma situação que eu não tinha como sustentar. Eu sabia que eu iria morrer lá, porque eles me avisaram. Eu tava em Bernardes, a liderança que era junto comigo [...] me avisou.

"Olha, fulano vai ser mandado pra Miami." [...] Ou seja, [vai ser] assassinado. Eu falei, "não, espera, tudo bem". O que que acontece? Dentro dessa questão eu achei melhor sair para mim não morrer, porque eu sei que é isso que ia acontecer.

Macarrão não apenas havia discordado do que tinha sido considerado certo, numa decisão que envolvera debates em posições altas da facção, como também negara ocupar um posto e, ainda pior, tentara conduzir uma investigação paralela sobre o caso de Marlon. Sua situação era grave. A tensão chegou a níveis insuportáveis.

Dentro da penitenciária cada preso fica sozinho. Logo que eu cheguei na Unidade Prisional, já me deram um telefone celular para mim fazer as funções que eram da facção. [...] Já em cima do que tava acontecendo, do meu descontentamento.
Eu saí para fazer uma física. Eu não sou, doutora, uma pessoa que sou usuário de droga. Mas nessa época eu usei. [...] No pátio, eu usei uma mínima porção de cocaína. [...] A minha cabeça não foi feita para usar droga. Eu fico de uma forma... usando isso... não funciona. Minha cabeça não funciona com droga.

E eu não usei muita droga, só que dentro dessa pressão que eu tava vivendo ali, [...] eu prevendo que a questão ia se tornar a minha morte, eu fiz uma ligação. E pedi para ser retirado da Penitenciária.

Macarrão estava decretado, não suportou a pressão, usou cocaína e pediu seguro. Pediu para ser retirado do convívio com outros presos, para ser transferido e protegido pela Secretaria de Segurança Pública. Ligou 190 do celular do Comando e solicitou que o Grupo de Intervenção Rápida o tirasse do presídio antes que fosse morto. Macarrão havia virado coisa, verme, para eles. Sob essa proteção policial, entretanto, não era possível aos integrantes do Comando alcançá-lo para eventuais cobranças. Sua esposa, entretanto, estava vulnerável. Reportagens do período afirmam que escutas telefônicas envolvendo a Sintonia Geral Final apontaram para uma cobrança de tipo radical.

Maria Jucineia da Silva, a Neia, esposa de Macarrão, foi executada em frente à sua casa em São José dos Campos, no dia 7 de setembro de 2009, aos 41 anos. O marido jurou vingança, e outras esposas de presos do PCC passaram a andar com segurança privada, carros blindados e escolta por algum tempo.

3. A economia e o PCC

MONOPÓLIO DO TRÁFICO DE DROGAS?

O porteiro de um prédio em Pinheiros, seu Waldomiro, sempre tem eletrônicos para vender. Está lá há quinze anos, é um homem trabalhador. A irmã dele, auxiliar de enfermagem desempregada, tem ido quase toda semana ao Paraguai. Normalmente traz celulares e decodificadores, tudo com nota fiscal. Os aparelhos abrem o sinal da TV paga; até os do pay-per-view do futebol, os pornôs, todos. É possível atualizar o aparelho na internet mesmo, caso o sinal caia, com apenas três toques no controle remoto. Não é mais como antigamente, tem funcionado muito bem. Bom negócio, ele diz, apontando para a televisão pequena em sua bancada, ligada num jogo do São Paulo.

As senhoras do prédio não sabem, mas, depois das onze da noite, seu Waldomiro fuma religiosamente um baseado na casinha onde ficam escondidos os botijões do gás encanado do prédio, ao lado da guarita. Para pensar melhor. Chegando da festa, a molecada que cresceu no condomínio, e hoje já está na faculdade, por vezes compartilha do ritual. Com a fumaça no peito, eles conversam com o porteiro sobre o preço da maconha em São Paulo, cinco para um! Cinco reais cada grama, e o cara queria seis, *cê é loko*!

O porteiro — nomes e lugares aqui são fictícios, as situações e os lugares obtidos em pesquisa — sorri, solta a fumaça e diz que é como celular, decodificador, tudo. No Paraguai é bem mais barato. Ele não sabe o preço, mas deve ser no máximo três para um. Com o preço de uma paranga aqui, você compra duas por lá. A irmã de seu Waldomiro vai para lá toda hora. Mas é sem chance com ela; não traz, é evangélica. Não pode nem ouvir falar. Tem que ir buscar, ou saber quem traz. Seu Waldomiro é gente boa, conhece os meninos faz tempo. A molecada vai dormir, seu Waldomiro retoma o serviço.

O assunto é relembrado na mesma roda, na madrugada do sábado seguinte. Os meninos perguntam se ele não conhece mais alguém que vai ao Paraguai. O porteiro diz que vai assuntar, quem sabe aparece alguma coisa. Na verdade, seu Waldomiro tem o contato faz tempo, só não quer abrir, é parte do jogo. Sua irmã não traz mesmo, mas seu cunhado sim; o porteiro pega seu baseado com ele há uns dois anos, mais ou menos.

Dois dias depois, quando um dos meninos está entrando no prédio sozinho com roupa de ginástica, seu Waldomiro o chama na guarita. "Te falar, aquela parada lá, que a gente conversou, parece que vai dar certo, viu?" Conta que conseguiu o canal de um rapaz que traz do Paraguai direto, é três para um mesmo, boa qualidade. O menino fica contente, agradece, repassa o dinheiro antecipado no dia seguinte. Eles não têm mais do que trezentos reais, cem de cada. Tudo certo. "Vamos ver se na semana que vem já aparece por aqui", diz seu Waldomiro. Pode demorar um pouco mais, mas chega.

Em Foz do Iguaçu, o mesmo rapaz que fornece os decodificadores também vende perfumes, chuteiras da Nike e maconha, mas o mínimo de um quilo e estritamente para conhecidos. Em uma churrascaria da cidade, o cunhado de seu Waldomiro recebe as caixas de decodificadores em uma mochila grande, vinte unidades bem arrumadas. Duas delas têm meio quilo de maconha cada. O cunhado traz um ou dois quilos por mês, no máximo; nunca rodou, mas já viu vários serem presos no bairro, no ônibus que estaciona próximo à fronteira. Tem medo de chamar atenção, pegar uma blitz com cachorros farejadores. Complicado. Está pensando em parar. Comprou o quilo por 150 reais e repassou dessa vez a seu Waldomiro por trezentos, já que ele é da família.

Os meninos pagaram trezentos reais por cem gramas, três para um, barato! Seu Waldomiro fica com um tijolo de novecentos gramas, e tira cem gramas para si, para fumar em dois meses, de leve. O resto, vai repassar aos moradores mais velhos do prédio, inclusive o pai de um dos rapazes. Para esse senhor, pai de família, mais estruturado na vida, o preço é cinco para um.

Reportagens e entrevistas sobre o PCC afirmam que a facção monopoliza o tráfico de drogas em São Paulo, no atacado e também no varejo, a depender da ênfase do entrevistado. Com uma visão geral de como funciona a facção, e de como funciona o tráfico de drogas, é fácil perceber os furos nessas afirmações. Seu Waldomiro é porteiro. Os oitocentos gramas de maconha para revender vão lhe render 4 mil reais, um complemento para o seu salário por dois meses, até que venha uma nova remessa.

Com essa taxa de lucro na diferença de preço, de mais de 500%, bem como a facilidade para empreender um micronegócio assim (sobretudo para iniciantes bem relacionados, no entanto ainda não mapeados por policiais ou pelas facções), não é de espantar que existam milhares e milhares de pequenos traficantes — microempreendedores como o cunhado de seu Waldomiro

— comprando maconha no atacado em Foz do Iguaçu ou em muitos outros pontos da fronteira com o Paraguai, ou ainda em muitos pontos de produção no Nordeste brasileiro, para revenda no varejo em outras regiões.

Esses milhares e milhares de microtraficantes podem desempenhar essa atividade sem muito alarde ou risco por algum tempo — caso não tentem ganhar muito dinheiro com isso, o que é sempre uma tentação. Nesse caso, são rapidamente mapeados e têm que começar a pagar subornos para policiais, ou caem na prisão. Nesse momento, muitos desses microempreendedores deixam o ofício. Outros se especializam mais. Cada um no seu corre.

O tráfico de drogas, ou as demais ações criminais, é um mercado vasto, amplo, diversificado, com o qual muitos *aventureiros*, nome que costuma se dar aos microtraficantes, flertam durante parte de sua juventude para abandoná-lo mais tarde. Nessa fase inicial, muitos desses pequenos traficantes são fundamentais para a capilaridade do negócio. É assim que o baseado chega a rapazes de vinte anos como os que vivem no prédio em Pinheiros — eles não querem se expor comprando de estranhos. É comum que esses micro e pequenos traficantes, como seu Waldomiro, nem sequer conheçam como funciona a operação de empresários maiores da droga, como os ligados ao Primeiro Comando da Capital e outras facções. Eles não sabem, nem querem saber de crime, de PCC, de nada disso.

Evidentemente, ocupar posições estratégicas no atacado interessa aos grandes empresários ligados ao PCC. Mas o fato de um irmão ser também um grande empresário não significa que o PCC, como instituição, controle, domine ou monopolize esse ramo da economia. Os megaempresários da droga não são muito numerosos, e boa parte deles, na América Latina, não é vinculada ao PCC, a não ser em termos comerciais. Muitos carregamentos significativos, que chegam até os microtraficantes dispersos no tecido urbano, não passam por empresários irmãos.

Ainda que passassem, a conduta desses microempreendedores, economicamente subordinados, não está sob nenhum tipo de controle político-administrativo da facção, porque eles ainda não estão mapeados. Se um desses aventureiros decidir vender por outro preço em redes não reguladas pelo PCC — e isso acontece muito nas elites e classes médias, como no exemplo —, não há nenhum tipo de controle do Comando. Demonstra-se, por isso mesmo, como não há monopólio do PCC no tráfico de drogas.

O fluxo de dinheiro arrecadado pelos megaempresários, ligados ou não ao PCC, é monstruoso. Se o valor de um quilo de cocaína vendida no varejo em Berlim, por exemplo, chega a 100 mil euros, imagine-se o valor transportado por cada helicóptero que carrega quatrocentos quilos da substância, como os que têm sido apreendidos no Brasil entre 2015 e 2018, levando a droga de Pedro Juan Caballero para o interior de São Paulo, o sul da Bahia ou mesmo o Ceará. São potencialmente 40 milhões de euros, quase 180 milhões de reais, sendo trasladados *em cada* aeronave. Dinheiro suficiente para comprar políticos, fiscais de portos e aeroportos, agentes da ordem, prostitutas de luxo, mansões em condomínios e garantir, ainda, comissões generosas para cada vendedor.

As redes de tráfico nessa escala são vastas. O progresso material dos irmãos é um dos objetivos claros do PCC, e trabalhando nessa escala, sobretudo na última década, a facção tem produzido novos membros da elite econômica no Brasil e em países vizinhos. Acentua-se sempre por isso, nos salves da facção, que dinheiro é um *meio* para fortalecer a causa de Paz, Justiça, Liberdade, Igualdade e União, não a *finalidade* da irmandade. Esses megaempresários podem, como dissemos, nem mesmo ocupar posições político-administrativas de relevância central no PCC. Podem, entretanto, ser sintonias de uma região, ou mesmo de um país todo: Bolívia, Paraguai ou Colômbia, por exemplo. A fraternidade tem clareza sobre o que é a pessoa, o que é sua caminhada, o que são as posições de poder no PCC ou no crime, e o que são os negócios de cada irmão.

A facção é uma sociedade secreta, criminal. Do ponto de vista dos negócios, sejam legais ou ilegais, contar com uma fraternidade de apoio facilita as transações. Trocam-se informações importantes, ativam-se pontes que sem sua ação não se ativariam. A informação flui de forma mais confiável. Alguns custos podem ser partilhados entre irmãos, e, se as responsabilidades não forem muitas, vai compensar seguir na associação. Sendo o PCC uma sociedade secreta, que mantém em sigilo as informações acerca de seus integrantes e não abre para o público os modos como se relacionam, tanto mais condição de negociar existe.

Por isso empresários PCC têm mais chances, em princípio, de prosperar nos negócios ilegais do que os que estão em outras facções: comparativamente, eles competem no mercado dispondo de mais recursos, sobretudo informação e confiança, a cada nova expansão da rede do PCC. E essa rede vem se expandindo de maneira acelerada nas últimas duas décadas, sem no entanto monopolizar os mercados ilegais.

Qualquer empresário, de qualquer ramo da economia, faz negócios com muita gente. É sabido que há fraternidades como a maçonaria, o Rotary Club, comunidades étnicas como a coreana ou a chinesa ou outras, que agregam diferentes empresários. Imaginemos um empresário do ramo de calçados que é maçom. Ele faz negócios com fornecedores, designers, funcionários, empresas de marketing, sistemas de gestão, logística, promotores de eventos etc. Mesmo se alguns forem maçons, nem de longe o conjunto de suas relações mercantis se limita ao interior da maçonaria. Assim também no caso de irmãos do PCC.

Se um fornecedor é maçom, ótimo. Mas, se outro que não é também oferecer boas condições para negociar, qual é o problema? Para monopolizar os sapatos ou as drogas no mercado transnacional, seria preciso ser capaz de ocupar os nichos de mercado estabelecidos há décadas por outras pessoas e empresas; os conflitos gerados nesse esforço, inevitáveis, muito provavelmente não valeriam a pena. Para fazer parte desse mercado e beneficiar seus partícipes, entretanto, as fraternidades agem de outra maneira. O esforço é simplesmente o de regular partes desses mercados, ainda que pequenas, estabelecendo confiança entre os operadores, os irmãos. A ideia é otimizar a vida mercantil dos operadores já estabelecidos, oferecendo-lhes redes de confiança, para que se tornem mais competitivos. Na tentativa de monopolizar, estabelece-se uma guerra. Na tentativa de regular, todos ganham.

Uma irmandade como o PCC, dessa forma, estabiliza as relações mercantis entre empresários criminais oferecendo-lhes algo não mercantil: a confiança, a segurança. Todos os comerciantes buscam laços mais estáveis de fornecimento, distribuição e relacionamento. Como em qualquer forma de comércio, portanto, também os empresários da droga do PCC negociam para muito além das associações, sociedades e fraternidades de que fazem parte.

Digamos claramente, portanto: ao contrário do que a maioria das reportagens e pesquisas tem dito nos últimos anos, o PCC *não* monopoliza economicamente nem o comércio de drogas, nem os mercados de carros, desmanches, autopeças ou roubos e assaltos especializados em São Paulo, menos ainda no Brasil. Ainda assim, trata-se de um ator muito relevante nesses mercados. Há muitos outros empresários criminais nesses ramos, como o cunhado de seu Waldomiro, para muito além do PCC.

DINHEIRO? CADA UM NO SEU CORRE

Ganhar dinheiro, claramente o objetivo de ações ou empresas criminais, não é o objetivo da facção como um todo. Não poderíamos afirmar que o objetivo da maçonaria, uma sociedade secreta em que há muitos empresários, seja o de faturar. Não é. Ganhar muito dinheiro deve ser *um meio*. Os fins das atividades do Primeiro Comando da Capital são outros, na perspectiva de seus integrantes: a paz entre os ladrões, a justiça social, a liberdade para os presos, a igualdade entre os irmãos e a união do mundo do crime. Não são apenas objetivos retóricos, é preciso dizer. Do ponto de vista interno, para os irmãos, são finalidades reais.

As cadeias do PCC, e evidentemente aquelas nas quais as sintonias do Comando se estabelecem — já que em geral estão dentro dos presídios —, têm se tornado cada vez mais formadoras de lideranças para ocupação de posições elevadas no Comando. Os irmãos mais ricos da irmandade, porém, não estão necessariamente nessas posições. Fora da cadeia, e sobretudo lidando com mercados no atacado, é mais fácil enriquecer. Imaginemos dois empresários, ambos maçons. Um é dono de uma empresa de telecomunicações. Outro é dono de uma rede de supermercados. Ambos investem no mercado financeiro. Quem é o patrão deles? Ninguém. Alguém diria que a maçonaria os domina, que o grão-mestre os subordina? Não. Eles querem obter lucros com seus negócios, claro. Mas não são obrigados a dividir seus lucros entre si, ou a oferecerem porcentagem do que ganham para a maçonaria. A relação entre a associação e os empresários não passa por esses compromissos. Cada um tem sua empresa, tem seus lucros, e eles se tornam irmãos ao fazerem parte da irmandade, que tem seus valores.

Eles a auxiliam segundo os seus graus de proximidade, de participação, de engajamento, tanto material como simbolicamente. Auxiliam seus irmãos, como a irmandade, o quanto possível, priorizando-os em seus negócios ou ajudando-os de forma pontual, sempre que podem. Mas não estão submetidos, controlados ou subjugados pela irmandade. Nem por nenhum de seus "líderes". O mesmo vale para o PCC.

Cada um de seus integrantes, que podem ser pequenos, médios, grandes ou enormes empreendedores da economia criminal, tem autonomia para tocar seus negócios ilegais, ou mesmo suas empresas legais, e extrair daí seu lucro. Há também um compromisso de auxiliar a fraternidade, seja financeiramente, seja promovendo seus princípios em cada uma de suas ações.

Um irmão pode ter, como no caso de vários grandes traficantes, fazendas para cultivo de maconha e lojas de autopeças, ou uma revenda de carros, um hotel, postos de gasolina, entre muitos outros negócios. Ao mesmo tempo, pode participar de uma quadrilha de roubos a banco e tentar a sorte por milhões de reais. Esses empresários criminais não estão submetidos a um grande líder do PCC, embora evidentemente a disciplina e os modos de funcionar da facção lhes sejam conhecidos. Todos têm voz na irmandade, podem expor seus pontos de vista sobre fatos acontecidos ou analisar a adequação das condutas de seus pares. Mas não precisam dividir com eles seus lucros individuais.

Não há, no PCC, uma porcentagem do lucro, ou dos negócios, a dividir com a fraternidade. Se outras facções funcionam assim, no PCC a lógica econômica dos negócios de cada irmão é autônoma em relação à organização política e à economia interna. É por isso, fundamentalmente, que seu poder de crescimento é tamanho. Desse modo o PCC se expande numa velocidade tão maior que outras organizações criminais. Se para o Comando Vermelho ou a Família do Norte crescerem é preciso dominar territorialmente um lugar e expulsar todos os outros empresários criminais rivais, para o PCC basta negociar com cada um deles uma ação conjunta. Não se pede um centavo para o empresário local, apenas se muda a lógica de operação do mundo do crime, garantindo-lhe segurança aos negócios. Cada um no seu corre, mas com princípios comuns de atuação.

Essa mesma lógica se manifestaria das pequenas às grandes ações criminais. Suponhamos que, no planejamento para uma operação criminal como a que resultou na morte de Jorge Rafaat, o irmão X tenha decidido utilizar-se de uma metralhadora calibre .50. Essa não é uma arma fácil de conseguir, que se encontra em cada esquina. O primeiro passo é localizá-la, portanto, e as redes do PCC auxiliam na tarefa. Não há um almoxarifado centralizado da facção. As armas encontram-se concentradas, sob a responsabilidade de irmãos, em muitos e muitos pontos das cidades em que atuam. O irmão X aciona suas redes na facção e é informado sobre onde conseguir uma arma desse porte. Numa primeira hipótese, pode comprá-la de um dos traficantes de armamentos conhecidos nas redes do Comando. Numa segunda hipótese, pode ter a informação de que há uma arma comprada com um dos muitos caixas da facção, que está na *responsa* do irmão Z, na quebrada W; ele entrará em contato com Z para obtê-la, poder utilizá-la, e evidentemente assumirá a responsabilidade de devolvê-la intacta, arcando com qualquer eventual prejuízo. Numa terceira hipótese, pode ser informado de que Jair tem a arma, de sua propriedade pessoal. Mas Jair não é irmão. Não importa, desde que se possa confiar nele e que X assuma junto a Jair, da mesma forma, a responsabilidade pela sua utilização.

Da mesma forma, podem ser solicitadas instruções, ou mesmo cursos, sobre como utilizar um armamento dessa dimensão. São favores que se trocam entre irmãos. Em troca desse empréstimo, estabelecem-se (ou não) relações de confiança. Vai da forma de proceder de cada um, e as reputações se produzem assim. A fraternidade é estamental, baseada na honra. Em todos os casos, o Comando poderá cobrar qualquer falha ou desvio no relacionamento do irmão com seus pares, ou mesmo com quem não é irmão. O PCC, como as demais fraternidades, funciona então como um fiador das relações entre irmãos, ou internas ao mundo do crime.

Conversando com interlocutores a respeito, eles me disseram que funciona como em uma família. Por exemplo, você pega emprestado o carro da sua irmã mais velha, que é mais novo e mais seguro que o seu, no caso de precisar fazer uma viagem longa. Sabe-se que é um empréstimo, e que qualquer problema ficará por sua conta. Mas, sendo uma família, não se tratará um irmão como se ele fosse um desconhecido. O certo é o certo, e é necessário ser elegante em cada atitude.

Armamento pesado, helicópteros, aviões, pessoal qualificado para utilizá-los etc. A facção facilita o acesso a esses equipamentos, bens e serviços que dessa forma podem ser contratados, comprados, alugados, negociados com grupos especializados a partir das redes hoje transnacionais do PCC, ou seja, as redes de contatos de seus irmãos. Cada acordo é de responsabilidade dos ladrões envolvidos, e regulado pelas políticas da facção como um todo. É a um irmão específico, ou a um prestador de serviços autônomo acionado naquele momento, que se deve ressarcir o dinheiro, o material ou a tecnologia empregada. Às vezes, é a um caixa da facção que se deve recorrer. Mas a política é sempre a mesma: deve haver predisposição em apoiar o irmão em suas atividades (inclusive econômicas), amarrada pelo laço de responsabilização diante dos pares.

Entretanto, se um helicóptero não volta quando emprestado a um outro irmão, não é o dono que deverá recobrá-lo, sozinho. Ele deve comunicar à facção o que ocorreu, e no debate, mediado por outros irmãos, será aferido quem está correto, quem ficou no prejuízo e como se pode produzir justiça e reparação do dano, a partir da apuração dos fatos.

Ninguém é obrigado a dividir seus lucros particulares, de negócios legais ou ilegais, com o Comando. Há, evidentemente, caixas coletivos na facção, usados para fins coletivos. Há droga do Comando a ser vendida, para fazer dinheiro para a organização como um todo. Há uma contribuição mensal para os iniciados

— conhecida como "cebola" — com a finalidade de manter as atividades da própria facção. Irmãos batizados do PCC "fecham" com o PCC. Por isso, contribuem com mensalidades que circulam ao redor do valor de um salário mínimo, e por vezes comprometem-se a vender rifas, drogas ou a participar de atividades beneficentes, produzindo caixas específicos.

No entanto, esses caixas da irmandade, ou institucionais, estão longe de ser comparáveis, em volume de recursos movimentados, à soma dos ganhos de cada um dos empresários, dos irmãos que compõem a facção. Em outras palavras, o caixa da "cebola" é usado para financiar visitas de mães e esposas às cadeias, compra de equipamentos muito específicos e atividades de uso comum, mas é infinitamente menor do que a soma do faturamento dos empresários do tráfico, do roubo de veículos e cargas, dos grandes assaltantes de banco ou de transportadoras de valores batizados no PCC. Os caixas institucionais de uma irmandade como a maçonaria, seguramente, também são muito menores do que a soma dos patrimônios das empresas que seus integrantes têm pelo mundo.

A DIMENSÃO DO PCC

Se há uma questão radicalmente incompreendida nos meios de comunicação, e mesmo entre especialistas, ela se refere ao tamanho e à abrangência do PCC. Essa incompreensão tem a ver, de novo, com a forma dominante de pensar a facção como uma empresa ou um comando militar. Modificando essa metáfora, entretanto, fica mais fácil compreender o fato de uma cadeia com cerca de quarenta irmãos batizados, numa população total de mil presos, poder ser considerada inteira "do PCC". Isso acontece em São Paulo em vários casos. Nessa cadeia não é o mando de alguns, mas, como se diz, o *ritmo* da cadeia que é PCC. Na prática, isso quer dizer que os demais presos, não batizados, *correm com o Comando*, são "companheiros" — ou seja, não se opõem aos princípios da facção e praticam esses princípios em seu cotidiano.

Se não há monopólio econômico no mercado ilegal, o PCC tem a hegemonia política nas cadeias e no mundo do crime das quebradas de São Paulo. Uma hegemonia, como nos ensinou a teoria política, não se produz apenas quando um grupo político tem adesão total da população a seu projeto de poder. Isso nunca é possível, em nenhum governo, em nenhuma época. A hegemonia se dá a partir da soma entre a luta ideológica e cultural pelo consentimento ativo de partes significativas da população a esse governo, aliada à coerção das parcelas que lhe fazem oposição sistemática. Hegemonia, numa fórmula simples, é consentimento ativo + coerção.

Uma cadeia "do PCC" é uma prisão na qual as políticas da facção são respeitadas pela ampla maioria da população e, por isso, regulam a ordem local. Isso explica, da mesma forma, o fato de membros batizados serem franca minoria no mundo do crime em um bairro, e ainda assim a quebrada ser toda considerada PCC. Nas periferias de São Paulo há centenas ou milhares de pontos de venda de drogas conduzidos por pessoas que não são batizadas no PCC, ainda que a hegemonia política do território seja da facção.

Certa vez, no ano de 2008, conversei com um rapaz que roubava carros na Zona Leste de São Paulo, e ele me disse assim: "Eu puxo carro aqui na Leste há oito anos; não sei nem quem é o irmão aqui na favela!". Uma frase assim jamais seria possível numa favela carioca porque, além de saber quem é o chefe da facção local, ele também deveria oferecer parte de seus rendimentos para ele. Em São Paulo, não é assim que funciona, na lógica PCC.

A quebrada toda em que estávamos, quando ouvi essa frase, era considerada "PCC". Mas é claro que nem todos os ladrões dali eram batizados no Partido, iniciados na facção. Ladrões como esse rapaz tampouco serão incomodados por nenhum irmão, podendo fazer seus negócios em paz. No entanto, esses criminosos, por estarem em área "do PCC", sabem que se faltarem com o proceder que se espera de um *ladrão*, ou seja, se vacilarem quanto a alguma política do mundo do crime, vai haver consequência.

Embora não saiba nem sequer quem é o irmão da quebrada, mesmo estando numa área "do PCC", esse rapaz, ladrão há anos, sabe muito bem que não pode delatar um parceiro após uma abordagem policial, porque se o fizer os irmãos serão acionados e ele os conhecerá da pior forma. Sabe muito bem, ainda, que se trouxer polícia para a quebrada, se roubar alguém dali, se matar sem pedir aval do Comando, se deixar de pagar seus compromissos, se talaricar (cobiçar ou ficar com a mulher de outro) ou cometer qualquer outra falta será avaliado pelos irmãos, chamado para "as ideias", para o "debate". Da mesma forma, ele sabe muito bem que se seguir sua caminhada corretamente, para os critérios do crime, ninguém o vai molestar ou cobrar nada. "Cada um no seu corre."

Se mesmo ali, onde há realmente uma hegemonia da facção na regulação da conduta interna ao mundo do crime, há muitos e talvez uma maioria dos operadores de mercados ilegais que não são ligados ao PCC, imagine-se em outros territórios. O fato de traficantes do PCC estarem no Paraguai, na Colômbia, no Líbano ou na Alemanha, e de lidarem com grandes cargas de drogas, obviamente não quer dizer que o Comando domine essas regiões. Nesses países nem sequer há uma hegemonia relevante do PCC no mundo do crime. Ainda assim, o PCC está por ali e sua atuação tem crescido nos últimos anos.

Da mesma forma que há muitos empresários que não são do PCC, mesmo em territórios hegemonizados pela facção, há outros que são do Comando em territórios que não têm a hegemonia da facção. Sendo assim, quando se diz que 90% das cadeias de São Paulo "são PCC", ou que a enorme maioria das quebradas do estado de São Paulo "é PCC", não se está dizendo que todos os presos da cadeia, ou todos os moradores daquela favela ou região, sejam batizados no Comando ou mesmo que façam parte de suas redes. Muito menos que esses territórios sejam dominados ou controlados pela facção. É possível dizer, entretanto, que por ali se acatam, aceitam, concordam ou ao menos se toleram as políticas do PCC. O que se afirma sem margem de dúvida é que não há oposição aberta às políticas do Comando, que se tornam, por isso mesmo, hegemônicas. Um território PCC é, portanto, um local politicamente hegemonizado pela facção. As áreas de negócio do PCC são o mundo todo.

Ainda assim, resta saber o tamanho do Primeiro Comando da Capital. Estimativas do Ministério Público Federal e da Polícia Federal afirmam haver cerca de 30 mil integrantes batizados na facção, vivendo em todos os estados brasileiros. É muito difícil confirmar esses dados, considerando que pode haver presos citados nos relatórios apreendidos que não são irmãos (mas estavam em planilhas de negócios de irmãos), da mesma forma que pode haver muitos irmãos que, não estando ativos naquele momento, podem não ter sido citados pelos colegas em planilhas ou relatórios parciais. Ainda assim, é preciso considerar esse número como uma ordem de grandeza.

Mas, como vimos, numa cadeia com quarenta integrantes batizados, pode haver mil detentos que se consideram correndo com o PCC em suas atividades criminais e reproduzem sua lógica. Esses 30 mil irmãos, em todos os estados brasileiros e em muitos outros países, podem significar na prática 750 mil ou mais pessoas atuando no mundo do crime no ritmo PCC. É muita gente. Se considerarmos que há quase 250 mil detentos apenas no estado de São Paulo, e mais de 1 milhão de ex-presidiários no estado, todos conhecedores da lógica do PCC, teremos a dimensão do que o mundo do crime, sob o ritmo da facção, pode representar no Brasil.

Favelados adolescentes de São Paulo, que nunca saíram do perímetro de seu bairro mas correm com o Comando, já sabem como comprar uma arma do Paraguai pela internet. A comissão que recebem de seu gerente, cujo patrão viaja regularmente à Bolívia, é suficiente. Em Pedro Juan Caballero, onde morreu Rafaat em 2016, helicópteros brasileiros são carregados com 400 quilos de cocaína regularmente; paga-se em torno de 90 mil a 100 mil reais por viagem para o piloto do helicóptero — que não é batizado no Comando — descarregar direto em Fortaleza, ou no interior de São Paulo.

Se os intermediários forem suprimidos, talvez ele possa receber até 600 mil reais em um único voo. No Ceará, integrantes do PCC em guerra contra a facção local Guardiões do Estado procuram garantir influência e contatos nos portos e aeroportos; assim o escoamento de mercadorias para a Europa teria caminho mais curto. Há dificuldades para isso, e as taxas de homicídio subiram muito no processo.

Pelas esquinas do Gorlïtzer Park, em Berlim, imigrantes africanos — que tampouco são do PCC — me perguntam sobre a facção ao saberem que sou brasileiro; eles vendem heroína, maconha e drogas sintéticas, mas também cocaína vinda do Brasil. Nos nightclubs da mesma cidade, entretanto, a maioria dos que traficam o pó são europeus e desconhecem de onde vem a droga que vendem. No caminho que liga Beirute a Baalbek, no Líbano, traficantes brasileiros e libaneses associados compram cocaína diretamente da fronteira entre Brasil e Paraguai e vivem em mansões nas quais suas famílias se instalaram nas duas últimas décadas. Em Foz do Iguaçu, libaneses vivem em mansões obtidas com o dinheiro do comércio de roupas e eletrônicos, de restaurantes, de hotéis, de concessionárias de carros, de cigarros, de maconha, de cocaína.

O tráfico de cocaína é global, e há empresários do PCC em muitas partes, embora, como já vimos, o PCC como instituição seja muito mais um regulador das formas como ele ocorre do que um extrator dos lucros obtido por empresários — batizados ou não, grandes ou pequenos, regulares ou eventuais. O PCC é, portanto, parte dessa rede econômica através de uma dupla inserção: os empreendedores batizados na facção, empresários propriamente ditos, negociam a droga em escala transnacional; em algumas regiões, entretanto, além dessas negociações de seus integrantes a facção também consegue regular os mercados.

Apenas nesses casos o Comando pode estabelecer as regras aceitáveis para as trocas e, em algumas situações como na fronteira com o Paraguai ou no estado de São Paulo, ser mesmo responsável por uma terceira forma de regulação: o estabelecimento dos preços a serem praticados pelo conjunto dos traficantes, um tabelamento. O estado de São Paulo é o território por excelência em que essas três características — presença de integrantes atuando comercialmente, regulação político-moral dos mercados e estabelecimento de preços comuns — ocorrem desde o início dos anos 2000. Para o PCC, seria ideal que todos os territórios fossem assim. Não sendo possível, basta atuar comercialmente.

O dinheiro que se ganha numa guarita de Pinheiros, numa favela da Zona Sul da capital ou em Fortaleza, no Líbano ou na Alemanha é parte de uma economia criminal hoje completamente globalizada, interconectada. Fazer com que esse dinheiro circule, entretanto, não é nada simples.

Há muitos pontos de parada, fronteiras e controles a atravessar, contornar, burlar. A desigualdade — que faz com que muita gente aceite correr os riscos desses empreendimentos, como o cunhado de seu Waldomiro ou ele mesmo — é, por isso, uma dimensão fundamental desses negócios. Se o porteiro for preso, pode ser encarcerado por mais de cinco anos. Caso não precisasse complementar sua renda, se limitaria a comprar o seu baseado de alguém, como fazem os seus clientes, em segurança.

Parte dos mercados ilegais emprega pessoas em situação extremamente precária, que vivem em palafitas sobre córregos fétidos na América do Sul, na África ou no Oriente Médio, almoçando marmitas frias e olhando para os lados com medo da polícia; outra parte compra relógios, joias ou objetos de arte que custam centenas de milhares de dólares nos aeroportos e shopping centers de metrópoles globais. Hotéis, fazendas, concessionárias de carros e motos, bitcoins ou o mercado financeiro são apenas algumas de suas posses, de suas formas de lavar tanto dinheiro.

Transportar ou lavar dinheiro criminal globalmente é cada vez mais simples, embora seja inviável sem uma rede de contatos relevante. Bastam uma conta em um banco on-line europeu, aberta pela internet, um cartão internacional, e o dinheiro estará sendo usado em todos os bares e restaurantes por onde seu dono circular. Um relógio de marca comprado por 300 mil dólares em Londres pode ser devolvido quatro dias depois na loja de mesma marca na Colômbia mediante pagamento de uma taxa de 5%, bem mais baixa do que os impostos de transferência do dinheiro.

Na outra ponta dessa rede — que evidentemente não é apenas ilegal — há uma mulher negra que dorme nas calçadas do centro de São Paulo e que, viciada em crack, compra pedras em troca de sexo e vende suas lascas como tragadas por um real. Meninos de rua ou favelados adolescentes que vendem drogas no varejo em São Paulo tomam tapas na cara de policiais com alguma regularidade. Ainda assim, não usam armas, não precisam enfrentar a presença policial nos territórios em que atuam. Também utilizam-se de outras estratégias, para além de ficarem parados na esquina, claro. WhatsApp, Facebook e Instagram são meios ágeis para receber encomendas e combinar entregas em domicílio. No Rio de Janeiro, a maior parte dos homicídios é cometida em torno do mercado de drogas. Em São Paulo, em torno do mercado de veículos.

O universo do crime hoje não é apenas pobre ou violento. Na maior parte das negociações de atacado, por exemplo, não há envolvimento de violência, e as polícias não estão por perto. Nas classes médias, no prédio em Pinheiros, tampouco. Também não há nenhum confronto no varejo no mercado de drogas na Europa. Pode haver investigação, e raras prisões, mas não violência.

Há drogas ilegais tanto na Europa como em São Paulo. Não é a ilegalidade em si o que produz a violência, como se afirma em alguns congressos especializados. O que produz a violência estatal contra o tráfico de drogas é a ideia de que não é praticado por seu Waldomiro, um porteiro, um trabalhador, mas por sujeitos incivis, que nos ameaçam e devem ser privados do convívio social. Sujeitos que bloqueiam, pela recusa em se submeterem às regras comuns, nosso projeto de modernização. Pessoas que atravancam o caminho para uma sociedade correta, de todos.

No entanto, há ladrões, traficantes e golpistas brancos, pardos e pretos, ricos e pobres, de todos os estratos sociais. Há entre eles os que se dizem evangélicos, católicos, espíritas e de outras religiões. Homens e mulheres, jovens e adultos. Há empresários que viajam o mundo inteiro atrás de oportunidades de fazer dinheiro com mercados criminais — drogas, armas, veículos, extorsões, autopeças, madeira, minérios, pedras preciosas, animais selvagens, marfim, além de todo tipo de golpes pela internet, furtos e assaltos. O que produz a violência dos traficantes, ladrões e criminosos é a disputa pelos lucros em torno desses mercados. A internet facilitou e acelerou muito as transações ilegais pelo planeta, que no entanto já existiam bem antes disso. Tornou mais ágil a acumulação e, portanto, mais recorrentes os conflitos.

Mercados ilegais transnacionais têm grandes nós, lugares onde muita coisa, e sobretudo muita informação, circula. Esses locais são como satélites transnacionais importantes. Portos, aeroportos e fronteiras são exemplos disso. O PCC se interessa muito em ter seus próprios satélites, suas próprias operadoras desses sinais, embora não seja nem de longe hegemônico nessa escala de mercados. Desses pontos, e nas conversas internas da sociedade secreta, retransmite-se a informação de como fazer mercadorias ilegais circular até países ou continentes estrangeiros.

É preciso, claro, que esse sinal chegue a antenas de retransmissão locais, tocadas por operadoras nacionais ou estaduais. Para essa função são criadas as sintonias do PCC. São grandes operadoras que repassam o sinal das suas antenas para cidades e bairros, para cada região ou cada quebrada. Para estar conectado ao crime na chave PCC, de fato há aqueles que fazem o papel de roteadores em cada casa, cada ponto comercial, que oferecem o sinal da rede mundial para um território pequeno. A depender da região, da estrutura de cada local, dos recursos disponíveis para investir, esse roteador tem uma configuração, e o sinal é mais ou menos forte. Há pequenos pontos de venda de droga, pequenos desmanches de veículos, pequenas quadrilhas de ladrões que se sintonizam a ele. Os roteadores — por exemplo, os disciplinas locais em uma favela de São Paulo ou Assunção no Paraguai — têm tipos específicos de informação a disponibilizar. No Rio, o crime funciona de uma maneira; em Fortaleza, de outra. No PCC, é assim.

Todos traficam drogas e passam adiante informação sobre como a mercadoria pode circular, seus preços, os modos de fazer ou não fazer acertos com policiais. Mas quem faz parte da mesma frequência, da mesma sintonia, consegue ter diferenciais de mercado relevantes. A dimensão do segredo é fundamental, como em qualquer negócio, para que as coisas aconteçam de modo mais simples, com menos repressão. Não se sabe bem quanto custa a matéria-prima, quanto cada um está ganhando na rede, para além dos preços da transação específica em que se está inscrito. O segredo são as senhas. Conhecendo-as, é fácil aceder à rede.

Além disso, para que as mercadorias, e sobretudo o dinheiro, circulem entre esses operadores, é preciso que muitas pessoas de carne e osso, em territórios físicos, se engajem em fazê-los circular. A esse engajamento chamamos trabalho, quando as mercadorias são legais, e crime, quando são ilegais. Nas favelas em que fiz pesquisa, presenciei famílias inteiras trabalhando à noite, depois do expediente, montando lapiseiras em domicílio com peças chinesas, para serem distribuídas no Brasil. Sacos de peças soltas se tornavam sacos de lapiseiras montadas, como em uma indústria, após alguns dias. Os que transformam as peças em produtos finais são vistos como trabalhadores.

Nas mesmas favelas, e às vezes nas mesmas famílias, presenciei mulheres embalando cocaína vinda da Bolívia para ser revendida no país. Tijolos da droga eram transformados em centenas de milhares de pinos de dez ou vinte reais. Se fossem pegas nesse trabalho, essas mulheres não seriam consideradas trabalhadoras, mas criminosas. O tráfico de drogas tem penas equivalentes às de um crime hediondo, ademais.

Quanto mais perto se está das mercadorias ilegais, maior o risco de ser criminalizado. O que é global, e virtual, ganha contornos muito concretos quando uma pessoa é capturada pela polícia e, à força, levada a uma delegacia. Como os estudos sobre globalização já nos ensinaram, não existe comunicação global sem ação concreta, muitas vezes violenta, no plano local. Os que sintonizam essa operação à distância, conectando grandes empreendedores com o trabalho dos que dependem desse dinheiro para sobreviver, podem fazê-lo de dentro de um presídio, do fundo de uma favela, ou no interior de uma mansão em condomínio fechado.

FMS E ROTEADORES: ECONOMIA MORAL

A ideia de sintonia, palavra utilizada pelo PCC para pensar os postos políticos em sua própria organização, diz muito sobre suas fronteiras, sobre onde começa e onde termina a área de influência do Comando. As sintonias ajustam o sinal, regulam a emissão das FMS, nome que os irmãos dão aos pontos no território que condensam os negócios criminais. As biqueiras de cada quebrada não são apenas pontos de venda de drogas, mas também de escoamento de produtos roubados e de resolução de conflitos em cada território. Os disciplinas de cada quebrada devem, por isso, conhecer todas as biqueiras locais.

Se há uma fronteira do mundo do crime na era PCC, esta não é física, mas vinculada à intensidade do sinal emitido por cada ator criminal — o irmão, o disciplina, o sintonia — de cada região. Gegê do Mangue, um dos traficantes mais importantes do PCC nesta década, assassinado junto com um parceiro próximo a Fortaleza, em 2018, nascera em uma quebrada pequena e pobre cravada em um bairro boêmio de classe média em São Paulo, a Vila Madalena. Ninguém considera a Vila Madalena um território do PCC, entretanto, porque seus moradores de classe média podem sintonizar outros canais — podem chamar a polícia, por exemplo, caso tenham suas casas invadidas, sem sofrer nenhuma represália do crime. Por outro lado, quem fez negócios ilegais por lá com regularidade deverá chamar o irmão, o disciplina, caso o mesmo aconteça com ele, da mesma forma como quem está numa favela do Comando na periferia.

A mesma área que é considerada pelos integrantes do crime como *sendo* PCC, como uma cadeia ou favela de São Paulo, pode também ser ocupada por pastores e padres, professores, agentes de saúde ou comerciantes, e até policiais, que às vezes não sabem, às vezes não querem nem saber e às vezes dialogam diretamente com o irmão do PCC na região. Da mesma forma como ocorre com a internet, diferentes pontos de conexão à rede podem ser utilizados na mesma área, sem que um prejudique o sinal do outro.

Redes de poder e influência estão disponíveis em cada região. Cada um pode procurar, em seus dispositivos, a que melhor lhe convier. Basta que se conheça a senha, ou seja, os códigos sociais internos ao pertencimento e conduta adequados à cada rede, para acessar seus recursos. Se for preciso solucionar um problema ligado à segurança, a polícia, a imprensa ou o mundo do crime podem ser instâncias a acionar. Para fazer negócios, idem. Para uma questão de saúde, será outro o ator a quem recorrer, e assim por diante. O mundo do crime, como o mundo do trabalho ou da religião, tem suas fronteiras demarcadas por essas zonas de influência, que coexistem em termos territoriais. Em muitas regiões do Brasil, as redes do crime funcionam sob a operação do PCC.

Quando nos distanciamos do roteador, ou seja, do operador criminal, o sinal fica mais fraco, até que deixe de funcionar. Nessa zona em que o crime não é tão influente, há gente que conhece a senha mas não recorre a esse sinal: os que conhecem o crime, mas têm modos de ganhar a vida mais tranquilos, com menor risco. A influência do irmão, do roteador, deixa então de ser perceptível, de produzir efeitos. A pessoa toca a vida como se não houvesse crime na região — ainda que saiba que exista. Assim vivem muitos trabalhadores em áreas consideradas "do PCC". Assim atuam pastores, padres, educadores, agentes de mercado, imprensa e políticos locais. Da mesma forma, irradiam seus sinais, suas zonas de influência, suas áreas de cobertura.

Se um determinado sujeito está na sintonia do crime, para ele o irmão do FCC e a rede criminal vão ser de muito maior influência em sua vida cotidiana do que a rede do vereador, do professor ou da associação comunitária. Caso precise de uma arma, nessa rede vai obter a informação de quem pode alugá-la ou vendê-la. Se

quiser fazer uma faculdade, vai conversar com outras pessoas —
associações, vizinhos, parentes universitários. Quando seu parceiro morre assassinado, e ele sentir que pode ser o próximo, talvez a
rede da igreja lhe sirva mais do que a do crime. Já quando tem
uma doença curável, procura se aproximar dos estabelecimentos
de saúde para tratamento. Todas as redes de poder são também
espaços de obtenção de recursos para tocar a vida. As redes do
crime não são diferentes nesse sentido.

Aqueles que decidem fazer parte dessa rede de forma voluntária devem conhecer suas senhas e, se as utilizarem corretamente,
terão os recursos que ali circulam à sua disposição, mediante acordos a serem travados caso a caso. No entanto, se não agirem como
se deve em relação a esses acordos e às políticas dessa rede de poder, a cobrança virá a galope. É uma questão de sintonia.

Nas favelas e periferias de todo o país, gostemos ou não da
ideia, há ao menos três redes de influência muito poderosas. Essas
redes são tão amplas e significativas que se tornaram mundos
próprios, e pode-se viver nesses mundos praticamente sem perceber que há muitos outros possíveis para se experimentar.

O mundo do crime, o mundo estatal e o mundo religioso
funcionam, na perspectiva de quem os vive cotidianamente, como
se fossem totalidades. Cada um tenta preencher por completo os
modos de vida de seus integrantes, como se os outros não existissem, como se outras formas de viver não estivessem também presentes. Eles se apresentam como independentes dos demais, embora na prática não o sejam, e no seu centro se tornam regimes
normativos. Espraiam um "dever ser", um ideal de conduta esperado para a vida de todos.

O Estado espera que, nas periferias, todos sejam trabalhadores disciplinados e cumpram suas leis, por isso combate os fora da
lei. O mundo do crime espera que, nas periferias, todos estejam
em paz entre si, mas em guerra contra o sistema estatal. O mundo

religioso espera que todos aceitem Jesus e atuem segundo seus mandamentos, mas faz alianças tácitas com os outros poderes, instrumentalizando-os sempre que possível para crescer.

Cada um deles, portanto, tem um centro irradiador de suas ideias, um roteador nos territórios — o irmão, o pastor ou o padre, o policial ou o professor — para tentar se fazer mais influente. Mas nenhum desses mundos é um universo fechado. Nos cotidianos de uma cidade como São Paulo, há lideranças de todos os três retransmitindo esses sinais há bastante tempo. Quem vive muito perto do irmão do PCC, e está integralmente inscrito nas atividades criminais, faz do mundo do crime a quase totalidade de seu universo. Vai se mostrar ao mundo como um bandido 100%. Aquele que só vive na igreja, ou na militância política, e faz delas seu mundo, se mostra como um crente ou um militante 100% do tempo.

A grande maioria das pessoas, entretanto, vive esses mundos parcialmente, de modo menos intenso. A maioria não está engajada por completo em nenhum deles. Mesmo os que se mostram muito engajados em dada situação em algum momento da vida refletem se essa foi a melhor escolha, e às vezes refazem seus caminhos. O fato é que os sinais dessas redes, emitidos por esses roteadores, espalhando suas normas ideais de conduta, coexistem nos cotidianos da cidade. Os sinais estão ali ao mesmo tempo, chegando para as pessoas de modo simultâneo. Não há uma só lei no mundo social, o que permite que o funk possa cantar, no Rio de Janeiro: "não somos fora da lei, porque a lei quem faz é nóis".

Não há, portanto, somente uma norma da vida cotidiana, não há só uma possibilidade de ordem, embora cada um desses atores aposte na superioridade da sua. Muitas pessoas transitam entre elas, experimentam seus recursos, o que cada uma dessas alternativas lhes produziria de resultado concreto. Conectam-se a uma dessas redes durante um tempo, passando para outra depois. Há ainda os que sabem circular por essas fronteiras sem grande dificuldade — pessoas com várias senhas, portanto com muito repertório e habilidade sociais. Pessoas que, como se diz nas periferias, sabem chegar e sair de qualquer lugar.

Há outros que, permanecendo muito tempo logados a uma dessas redes, sintonizados apenas em uma dessas possibilidades, incorporam, às vezes literalmente, os seus modos de vida. Produzem inclusive marcas no seu corpo que atestam de onde vêm: corte de cabelo, gestual, tatuagens, cicatrizes etc. O mesmo vale para os modos de falar, se vestir e caminhar, que se tornam típicos do crente, do policial, do professor ou do integrante do mundo do crime. Nem todos os que participam desses mundos são típicos, mas alguns, sim. Muitas outras atividades e nichos profissionais produzem o mesmo fenômeno — músicos, artistas e políticos podem também ser muito típicos.

Nas periferias urbanas, porém, as igrejas, as instituições estatais e o mundo do crime são os regimes mais influentes. Fazer parte desses mundos é pertencer a uma lógica específica de ver a vida. Mesmo a economia do PCC é, portanto, uma economia moral, específica, marcada por esse modo de ver a vida e por códigos próprios de conduta. De outro lado, o dinheiro que passa pelos irmãos sintonizados nessas ondas também vai alimentar outros mercados, muito maiores, transnacionais, tocados por grupos alheios a esse modo de ver a vida. O dinheiro, nessa escala ampliada, já não é tão marcado socialmente. Uma coisa é dinheiro; outra é muito dinheiro.

4. Mercados (i)legais

MAIS UMA HILUX

    Uma outra Toyota, similar à usada no atentado que matou Rafaat, o Rei da Fronteira, diminui o ritmo até parar, no meio de um quarteirão, dando seta para estacionar. Estamos longe da fronteira, agora na entrada de Nova Iguaçu, região metropolitana do Rio de Janeiro. Dia 30 de março de 2018, final de tarde. Duas motos, com dois jovens em cada, aproximam-se rapidamente. Cada motocicleta segue por um lado da caminhonete, até que ambas param bruscamente ao lado e à frente do veículo. Os condutores, de capacete, permanecem montados. Os dois garupas saltam rapidamente, apontando revólveres para o motorista da Toyota Hilux, obrigando-o a sair do carro.
    Constatada a cena de assalto, outros carros da rua tentam evitar o local, fogem em marcha a ré. O escalador — aquele ladrão que primeiro faz a abordagem — chega a disparar para o chão na direção deles, demonstrando que não devem se aproximar. A forma desajeitada de manejar a arma explicita o quanto são amado-

res, o que torna a interação ainda mais perigosa. A abordagem se fez no meio de rua movimentada, cheia de testemunhas; sua postura com a arma é atrapalhada, e o disparo não segue nenhum protocolo de segurança, nem aqueles que se aprende nas primeiras aulas de tiro.

Ainda assim, o roubo é bem-sucedido. O motorista abre a porta, desce com as mãos para o alto e é revistado por um dos rapazes, que novamente não sabe bem como agir e logo o libera. Outro, de bermuda, tênis e boné com a aba virada para trás, entra na caminhonete. Só então os quatro jovens dão fuga, agora com as duas motos nas quais chegaram e uma caminhonete Hilux branca, que vale cerca de 200 mil reais.

O motorista roubado fica na rua, a pé, recuperando-se do susto. Ele recebe ajuda de uma das testemunhas, pálido e assustado, como seria de esperar. A ação durou quarenta segundos e, o que não se comenta, colocará muito dinheiro no mercado legal e ilegal de veículos, às custas da violência empregada. Entre as vítimas de ações desse tipo, a sensação de invasão e impotência, de injustiça e insegurança, permanece viva por semanas ou meses a fio. Às vezes se torna trauma.

Nas falas posteriores sobre o ocorrido, os vídeos e as manchetes de programas policiais constroem um imaginário, uma representação coletiva da violência urbana que reorganiza a vida cotidiana. Imagens como essas passam pela cabeça, um assaltante potencialmente invadirá nossa casa, nos encontrará num semáforo ou caminhando pela rua. O desgaste da experiência subjetiva de viver situações violentas gera transtornos de ansiedade e depressão, faz as pessoas se mudarem de casa, de bairro, de cidade. Familiares de vítimas de latrocínio, de policiais mortos, de mães de adolescentes mortos pelo crime ou pela polícia sentem a dor atroz, a impotência e a sensação de injustiça.

Essa violência, no entanto, que perpassa todas as vidas que lidam com o crime, está longe de ser apenas negativa, em termos tanto sociais como individuais. Esse é um dos principais problemas: há quem ganhe com isso. A violência não é desprovida de consequências econômicas, sociais e políticas para alguns atores, como veremos. Nem mesmo subjetivas, a começar pelo outro lado da história.

Numa conversa em 2005, Pedro, meu interlocutor há muitos anos, conta como uma cena de roubo de carro, como a que vimos acima, funciona na perspectiva de um adolescente, do mesmo perfil daqueles que roubaram a Hilux em Nova Iguaçu.

Eu peguei amizade com um maluquinho, que vivia lá em casa.

E ele falou: "Pedro, sabia que eu sei dirigir carro?". E eu: "Quê? Sabe nada!". Outro dia: "Vamos lá que o meu tio tá com a chave de um carro". Ele acabou mesmo pegando a chave do carro do tio dele, e o tio dele deu uma surra nele. A gente queria mais era saber de zoeira...

[...]

Bom, a gente estava com uma arma de plástico, brincando de polícia e ladrão pra lá e pra cá. Aí, um moleque chegou para mim: "Ô Pedro, tem coragem de pegar e roubar um carro?". Eu olhei para a cara dele, assim: "Não, não tenho coragem não!". E ele: "Vamos, vamos lá! Você vai ganhar dinheiro! Meu irmão me deu 50 conto, quase logo agora". E ele mostrou o dinheiro para mim.

Aí, o irmão dele chegou com uma sanfona. Tinha acabado de roubar um carro e tinha uma sanfona, um monte de coisas. Daí meu irmão disse que ia tentar vender pro meu tio. E ele disse pra gente ficar com a sanfona e tentar vender. Eu ficava lá em casa, brincando com a sanfona. E o cara deu 50 conto pro meu irmão e o meu irmão conseguiu vender; ficou maior alegre e começou a se juntar com esses moleques.

Eu vi meu irmão se juntando, os moleques ficavam fumando maconha, tinha um neguinho que era folgado pra caramba; meu irmão ficava ali no meio: "Pega uma cerveja!" [...] E meu irmão ia, ganhava um real, ou mais. Aí eu vi meu irmão se juntando e eu tentei afastar ele. Arrumei um bico pra entregar folheto e chamei o meu irmão. Aí meu irmão fez uma sacanagem lá e eu fui embora e ele acabou ficando. Beleza, voltei. E o moleque: "Aí, quando você vai ter coragem?". E eu falei: "Não, pra isso eu acho que não tenho coragem, não!". E ele: "Vamos tentar um dia". E eu: "Um dia a gente tenta".

O amigo pega emprestado o carro do tio. A sanfona encontrada em um carro roubado entra no circuito do pequeno comércio informal entre amigos e parentes, e os adolescentes ganham 50 reais por ela. As relações entre parentes e amigos também alimentam as pequenas redes de sustento e circulação de produtos roubados. Mais uma imagem: "eu vi meu irmão se juntando". A ponte entre casa e crime se estreita um pouco mais. A ponto de, sem mesmo entrar no crime, elementos típicos do cenário criminal já serem visíveis de mais perto: "moleques fumando maconha", "neguinho folgado", "pega uma cerveja". A fronteira está logo ali. Mais um real no bolso, a história prossegue:

Daí eu fui ficando com mais raiva. Teve um dia que eu fiquei sem comer, sem nada. Meu pai estava há quatro dias sem comer, bêbado, morrendo, em casa... Ele chegava no bar e bebia à vontade. [...] Eu comecei a sentir ódio, a sentir falta da minha mãe, e eu tinha ódio dentro de mim, e não sabia como soltar. Aí eu peguei a arma e falei: "Vamos lá então! Vamos tentar!".
Chegou na metade do caminho e eu vi um carro da polícia passando, fiquei com o coração acelerado. E os moleques [que acompanhavam]: "Normal, normal!". Eles também nunca tinham roubado.

Eles disseram: "Vai ser nossa primeira e vai ser maior bom!". Aí eu vejo uma senhora com o carro cheio de compras: "Vai você primeiro!". "Não, não vou não." A gente deixou passar o carro. Aí eu vi um tiozinho. Estava com celular, contando um dinheiro, e ele foi entrando no carro, e eu também não tive coragem, não! Aí passei [a arma] para o moleque: Vai você. E ele: "Não, não vou não!".

Aí me deu uma raiva! Vi um carro. O cara tinha acabado de entrar. Aí eu peguei a arma: "É um assalto, vai, vai, vai, vai". Aí o cara ficou olhando pra minha cara e, quando ele olhou, eu dei uma coronhada no queixo dele, buf!, com a arma. Aí ele me deu a chave, saiu a mulher dele com a filha dele e nós pegamos, entramos no carro e fomos acelerando.

E tinha logo um farol [semáforo], um caminhão logo na frente, a luz [interna do carro] estava ligada e nós nem vimos. E meu colega deu um soco e apagou a luz, e nós quase batemos no caminhão. Aí, na primeira vez deu certo. Pegamos uns 150 para cada um. Eu comprei um monte de coisas pra casa.

E os caras: "Aonde vocês cataram?". E eu disse: "Assim, assim". Os caras ficaram olhando pra minha cara: "Você é legal! Você rouba mesmo?". E eu: "Ah, roubar eu não roubo, acabei fazendo".

Do ponto de vista do assaltante jovem, o receio e a insegurança que rondam os preparativos da operação são substituídos, em seguida, pela sensação de potência, de sucesso, marcada por dinheiro, status e laços de parceria. Enquanto a situação obriga a vítima a lidar com a impotência e a injustiça, o ladrão iniciante revela poder, capacidade e força entre os pares. Ao longo do tempo, isso vai mudar bastante, e as trajetórias típicas desses jovens passam depois por outras fases, todas menos virtuosas. Seguindo no crime, vão repetidas vezes se tornar mapeados pelos policiais e se encontrar, em diferentes situações, com a violência policial, a restrição formal de liberdade e todas as consequências pessoais e sociais do aprisionamento. Naquele momento, entretanto, a fita tinha dado certo, eles ganharam 150 reais por ela.

Cenas violentas como a que Pedro narra, que envolvem inclusive uma criança, ou a de Nova Iguaçu, que deixou a vítima desnorteada, são hoje em dia gravadas por câmeras de segurança em São Paulo, Rio de Janeiro, Teresina ou Cuiabá, e podem ser vistas pelo YouTube. Não dão muito ibope, exceto quando terminam com assaltantes baleados e mortos, na reação de condutores ou passantes armados. Essas últimas são difundidas pelos grupos de WhatsApp de policiais, de bairros e de famílias, inclusive sendo largamente comentadas, ora em tom político — que destaca a necessidade de votar em populistas penais — ou em tom jocoso, como se não fossem casos reais, mas video games.

Infelizmente, entretanto, cenas como essas podem também ser vistas sem intermédio de nenhuma tela, e sem robôs geradores de comentários, em todas as grandes cidades brasileiras, com alguma frequência. Pedro ganhou 150 reais com a sua fita, na virada para os anos 2000. Ele me contou a história em 2005. Atualmente, por uma Toyota Hilux roubada um receptador pagaria 4,5 mil reais — ou seja, cada um dos rapazes envolvidos na fita, se fosse em São Paulo, ganharia novecentos reais. Em Nova Iguaçu, muito provavelmente cada um recebeu menos que isso.

O que nos interessa, a este ponto, é que essa violência, que tem consequências sociais das mais desagregadoras, ao mesmo tempo faz girar a máquina de circulação monetária. A pujança dos mercados ilegais no Brasil, na América Latina e no mundo se nutre, de um lado, da enorme oferta de armas de fogo e mão de obra adolescente para realizar roubos como esse, ou a centenas de outros estabelecimentos comerciais como farmácias, lotéricas, postos de gasolina, lojas e pedestres, quando não residências e condomínios. De outro lado, essa pujança econômica se alimenta da conexão entre mercados legais e ilegais, ou seja, da lucratividade que as atividades ilegais oferecem para empresários legais, que, portanto, não têm interesse imediato em diminuí-las.

O TAMANHO DO NEGÓCIO

Quem ganha dinheiro com caminhonetes, carros e motos da Toyota, da GM, da Ford, da Volkswagen e de todas as muitas outras marcas, roubados e furtados todos os dias, portando ou não armas de fogo, produzindo ou não violências desse tipo? Atualmente no Brasil há cerca de 85 mil caminhonetes seguradas do modelo Toyota Hilux, como a que foi roubada em Nova Iguaçu. Em 2017, mais de mil delas — 1149, para ser preciso — foram roubadas em território nacional. Somadas a todos os outros carros, motos e caminhões furtados ou roubados no país, chegamos ao número impressionante de meio milhão de veículos, de uma frota de 97 milhões, notificados como subtraídos de seus proprietários todos os anos.

As seguradoras estimam que 20% dessas notificações sejam fraudes, pois os valores de indenização costumam ser mais altos do que os praticados no mercado de usados. Dados dessas mesmas seguradoras indicam, entretanto, que 80% dos veículos roubados e furtados tenham seguro, ou seja: chegaríamos a uma estimativa de cerca de 425 mil veículos de fato roubados ou furtados no país a cada ano, em taxa relativamente constante nos últimos anos. Quase a metade desses crimes acontece no estado de São Paulo, o principal centro do mercado ilegal de veículos no Brasil.

Mas o que acontece com um veículo quando roubado, ou mesmo quando apenas se diz que foi roubado, fraudando a seguradora? Esses veículos saem rapidamente da mão de quem os roubou ou furtou e se tornam mercadoria. Acionam de forma direta ou indireta, e essa diferença é importante, a rota que os leva a três grandes mercados: o de desmontagem para venda de autopeças, o de revenda de veículos usados e o de tráfico de drogas e armas. Suponhamos que os rapazes que roubaram a Hilux em Nova Iguaçu, em 2018, tenham recebido 4,5 mil reais para entregá-la a um receptador — o dono ou um operador de um pátio de desmontagem, de uma oficina mecânica, de um ferro-velho, de uma loja de autopeças. Quantas dessas há nas cidades brasileiras, a cada esquina?

A lógica fundamental de funcionamento desses mercados, ainda que não a única, é a de fazer dinheiro, gerar lucro aos seus empresários e salários aos seus trabalhadores. Nada vai bem se os negócios vão mal, como diz o ditado. Há evidentemente muitas trocas simbólicas também em jogo — masculinidade é uma delas —, mas por ora podemos nos concentrar só no dinheiro.

O caminho *direto* para esses mercados é acionado pelos próprios grupos implicados nos roubos e furtos, que os entregam a receptadores. Metade dos veículos roubados e furtados no estado de São Paulo desaparece por completo dos radares, rastreadores, policiais ou seguradoras, indo parar na mão deles. Em geral pessoas conhecidas pelos ladrões e policiais, esses receptadores podem contratar rapazes para *puxar* carros ou motos de que necessitam, ou receber veículos roubados ou furtados de forma eventual, sem encomenda. Há, portanto, os veículos encomendados para desmanchar, para remontar e revender ou para enviar às fronteiras com a Bolívia ou o Paraguai, e há a iniciativa própria dos ladrões de se apropriarem de tal ou tal carro, por gosto, preço ou oportunidade. Nesses casos, as seguradoras perdem o valor da indenização por inteiro, menos o valor pago ao seguro. Se o seguro da Hilux roubada em Nova Iguaçu custasse 4 mil reais, a seguradora perderia 196 mil reais com o roubo, caso esse carro jamais fosse encontrado.

Mas há uma outra metade que é encontrada. O caminho indireto para esses mercados acontece, então, quando os ladrões

— e em especial os inexperientes, como Pedro naquele momento, ou como os meninos de Nova Iguaçu — usam os carros apenas para se divertir em finais de semana, para ficar com o que encontrarem dentro, para se aventurar pelas ruas da cidade ou, ainda, para seu uso cotidiano. Experientes ou não, um outro uso imediato para veículos roubados é o de *dar fuga* após problemas com a polícia ou, depois de procedimentos rápidos como uma troca de placas, utilizá-lo para outras ações criminais.

A Toyota Fortuner usada no assassinato de Rafaat, furtada na Argentina no ano anterior, é só um exemplo. Todas essas alternativas já foram encontradas muitas e muitas vezes em pesquisa de campo, não apenas em São Paulo. Quando os mercados de desmanche são mais fortes ou as fronteiras mais próximas, as taxas de recuperação de veículos são menores. Nos demais casos, o veículo é rapidamente utilizado e abandonado em seguida. Esses carros, motos ou mesmo pequenos aviões e helicópteros são então encontrados pela polícia. Em alguns estados do Brasil, para os quais carros roubados em São Paulo são levados, a recuperação de veículos é bem alta e pode superar os 100% (porque eles são roubados em outros estados e recuperados ali). Apenas 20% retornam aos donos, quando não há seguro; 80% deles, esgotado o prazo para pagamento da indenização, como é muito comum, passam a ser propriedade das seguradoras.

As seguradoras, então, têm algumas opções para fazer dinheiro com esses veículos, minimizando seus gastos com o pagamento da indenização. A primeira delas é leiloá-los. Há uma lei que permite que eles sejam leiloados, e essa lei é muito estrita na definição de quem pode ser um leiloeiro.

O preço no leilão do veículo roubado costuma variar entre 70% e 90% do preço de tabela. A indenização da Hilux roubada em Nova Iguaçu custaria de fato para a seguradora, portanto, de 10% a 30% do valor indenizado. Se for vendida por 160 mil reais no leilão, a empresa terá perdido a diferença menos o preço pago pelo seguro, ou seja 36 mil reais — e não 196 mil reais — com essa caminhonete. Considerando os custos com o leiloeiro e outros, como guincho ou papelada, os gastos podem chegar a 50 mil reais. Recuperar os carros roubados e furtados é, portanto, um grande negócio para as seguradoras, que investem pesado em tecnologia, rastreadores, equipes de caçadores, gestão e relações com as polícias com esse fim.

Mas há outras formas de não apenas minimizar as perdas mas, ao contrário, ganhar dinheiro com veículos recuperados após roubo e furto. Uma delas é a própria seguradora conduzir seus leilões — contratando leiloeiros privados, o que é obrigatório — ou destinar o veículo recuperado para seus próprios desmanches e revendas. As principais seguradoras ou têm ou estudam ter seus desmanches próprios há alguns anos no país. Seu esforço legislativo na área foi igualmente intenso. Nesse caso, as peças revendidas resultam aproximadamente em três vezes o preço de revenda do veículo, em média. Se a Hilux custou 196 mil reais para a seguradora, a caminhonete pode render até 584 mil reais se recuperada e suas principais peças revendidas.

Quanto mais desmontado o veículo, ademais, maior o valor de cada uma das peças. Um carro inteiro custa muito menos do que suas partes somadas, assim como um motor novo custa bem menos do que a soma de suas peças adquiridas individualmente. Apenas o motor de um carro como a Hilux, no mercado oficial, pode custar o equivalente a dois carros populares. O preço praticado por esses revendedores é sempre sigiloso, ou porque há sempre incertezas sobre o estado de conservação, a procedência e a garantia, o que requer muita experiência aos negociantes, ou porque se trata de mercado extremamente competitivo, de enorme concorrência. Nesses mercados, informação é fundamental, e o sigilo desempenha um papel relevante.

No caso do agenciamento de leilões, outro mercado bilionário, fortemente regulado e pouquíssimo conhecido, as seguradoras ou os governos devem contratar leiloeiros particulares. A partir dos leilões, é preciso dizer, muitos e muitos outros agentes desses mercados fazem suas vidas. Compradores particulares ou comerciais utilizam-se do deságio produzido pelo roubo ou furto para ganhar por volta de 2% a 5% do valor de cada carro negociado. Além disso, podem ainda trabalhar em parceria com revendedoras mais estruturadas de veículos, otimizando seus ganhos a partir da venda a crédito, com parcelas a perder de vista e juros elevados. A financeirização, evidentemente, faz parte desse mercado, e atores relacionados ao crédito também extraem daí os seus lucros.

O dono de uma revendedora de carros, portanto, vai lucrar com a Toyota Hilux comprada no leilão ao menos 10 mil reais, podendo obter muito mais de acordo com a condição de venda. O leiloeiro vai receber também em torno de 5% do valor do veículo e, nesse caso, cerca de 10 mil reais. Donos de revendedoras e leiloeiros, portanto, ganham cada um deles mais do que o dobro do que foi pago para os quatro assaltantes jovens que roubaram violentamente essa Toyota. O veículo foi roubado em quarenta segundos, e eu vi uma Hilux igual àquela ser vendida, em um leilão paulista, em trinta segundos. O leiloeiro, nesse tempo, faturou mais de dez vezes o que cada assaltante ganhou. O revendedor que a comprou também vai ganhar mais de dez vezes o que o menino desajeitado, com uma arma na mão, conseguiu para ele. O crime do garoto que quer ser bandido não compensa nem para ele — que será mais cedo ou mais tarde preso e terá sua vida arruinada se prosseguir no ramo —, nem para a ordem urbana, muito menos para a vítima e seus familiares. No entanto, para todos os outros atores que ganharam bastante dinheiro com o carro que os rapazes roubaram, agindo dentro da lei, o crime compensou muito.

A desmontagem e a revenda de veículos, assim como os seguros e os leilões, são portanto mercados regulares, regulamentados por leis, muito lucrativos. E também trabalham com carros legalmente adquiridos, claro. Na verdade, apenas uma parcela minoritária de seus negócios é proveniente de roubo ou furto. Seguradoras, leiloeiros, revendedoras de carros e desmontes poderiam sobreviver sem veículos roubados, como ocorre em alguns outros países — trata-se de um mercado global —, mas aqui no Brasil, considerando que há 425 mil veículos por ano para adentrar suas redes vindos do roubo e do furto, por que não? Empresários das classes altas, das classes médias e das classes trabalhadoras se interessam por esses mercados.

Isso também vale para os empresários do PCC, que nesse caso levam vantagem, de um lado, pelas redes de contatos com meninos que podem trazer-lhes carros por preços baixos. De outro, eles já acessam há muito tempo a máquina corrupta das polícias, podendo comprar segurança para suas transações. Esses mercados hoje produzem, então, demanda para assaltantes, pequenos ladrões e donos de desmanches ou revendedores clandestinos, legais ou ilegais. Eles fazem com que o roubo seja rentável, economicamente atrativo como negócio. Estão sem dúvida na base das economias criminais que contratam adolescentes e jovens das periferias para roubar carros, motos ou acessórios nas ruas das cidades.

Quando se apreende maconha ou cocaína, a carga é destruída, evitando sua revenda. Em outros países, após roubo ou furto de veículos ou armas, os bens recuperados são destruídos, evitando a conformação desses mercados. No Brasil, veículos e armas apreendidos alimentam mercados muito importantes economicamente, mas que se transformam numa máquina de produção de desigualdade. Basta comparar os lucros dos agentes de topo e os de base da cadeia mercantil para verificar o fenômeno. O leiloeiro ganha 10 mil reais com a Hilux, e vende cem carros por dia. O policial que troca tiros com o ladrão ganha entre 3 mil e 4 mil reais por mês. O ladrão rouba um ou dois carros por semana e ganha novecentos reais em cada carro, muitas vezes complementando a renda que obtém do tráfico de drogas e trabalhos informais. O trabalhador com a mesma qualificação do ladrão que rouba Hilux trabalha o mês todo por novecentos reais.

Essa máquina de produção de desigualdade é também uma máquina de produção de violência urbana, o que é ainda mais grave. Violência entendida como o uso da força, sobretudo da força armada, toda ela concentrada na interação entre ladrões, vítimas e policiais, que paradoxalmente estão do mesmo lado — o mais fraco — nessa cadeia de negócios da China. A violência associada a esses mercados não chega, ou atinge apenas em doses mínimas, a leiloeiros, revendedores de automóveis ou fabricantes da indústria automotiva, que vendem novos carros comprados com indenizações de seguros. Entre as vítimas de homicídio em São Paulo, entretanto, os dados são claros: 59% dos mortos pelas polícias estavam envolvidos em roubos e furtos de veículos. Seu perfil já nos é conhecido: homens, jovens, negros, moradores das periferias, inscritos em mercados ilegais na sua ponta mais perigosa em São Paulo — o roubo de carros e motos.

CARROS-ARMAS-DROGAS-SEGUROS-LEILÕES

Há ainda um outro mercado para o qual se destinam carros e motos roubados em grandes cidades, sobretudo em São Paulo e estados fronteiriços. Para esse mercado são prioritários os carros maiores, mais altos, por vezes com tração nas quatro rodas e movidos a diesel. Veículos roubados que se destinam às fronteiras do Brasil com a Bolívia e o Paraguai, onde estive fazendo pesquisa de campo com colegas, são muitos. Nesses locais, carros, caminhões e motos roubados ou furtados no lado brasileiro não são apenas revendidos, mas principalmente *trocados* por produtos a ser importados por contrabando, sobretudo drogas e armas. Mas também são, e com muita intensidade, utilizados no contrabando de cigarros. O comércio de armas e cigarros para o Brasil não tem sido objeto de estudo sistemático, embora sua relevância econômica seja indiscutível. Sabe-se, entretanto, que armas quase sempre andam junto com drogas e que sua origem fundamental, no caso brasileiro, são o Paraguai e os Estados Unidos. Sobre os cigarros, há muitas ações das empresas e das polícias para inibir redes de contrabandistas, sem muito sucesso.

Mas continuemos a trilhar os percursos da Toyota Hilux 2016, que vale 200 mil reais no mercado oficial, roubada em Nova Iguaçu em 2018. Veículos assim são trocados por algo entre cinco e sete quilos de pasta-base de cocaína na fronteira com a Bolívia. A troca de uma moto nova normalmente se faz por um quilo, e a de um automóvel de passeio, por um a três quilos do produto. Cada quilo é vendido por algo em torno de 2600 dólares. Em 2018, isso significaria pouco mais de 10 mil reais; uma caminhonete Hilux, em dinheiro, valeria portanto menos de 60 mil reais na fronteira. Péssimo negócio para o vendedor comum. Para um vendedor que a conseguiu via roubo, entretanto, e pagou apenas 4,5 mil reais para os ladrões — mais 5 mil ou 10 mil reais para alguém levá-la à fronteira — é um ótimo negócio. Ainda assim, não se trata de um esquema tão bom quanto poderia ser, caso houvesse mais contatos e habilidades criminais para isso.

O negócio se torna de fato atrativo quando esse vendedor também conhece o funcionamento do tráfico de drogas no varejo em sua região. Evidentemente, facções como o PCC favorecem muito que esse conhecimento se reproduza nas suas redes. Em pesquisa de campo nas favelas de São Paulo, que recebem via de regra cocaína vinda da Bolívia, meus interlocutores explicaram que um quilo de pasta-base, no varejo, renderia em torno de 50 mil a 60 mil reais. Em dinheiro, portanto, um investimento de 10 mil reais pode render 60 mil reais em pouco tempo, sem descontar as comissões altas pagas aos vendedores. Ainda assim, não é nada ruim para quem, no mercado de trabalho, concorreria a um salário mínimo.

Quando se consegue, entretanto, trocar um carro roubado por quilos de pasta-base, ou mesmo de cocaína pura, o investimento inicial se reduz muito, e o ganho é muitíssimo maior. A Toyota roubada que significou um investimento de 10 mil a 15 mil reais pode se tornar seis quilos de pasta-base de cocaína que, depois de preparada e misturada a muitas outras coisas e vendida no varejo, poderiam render até 360 mil reais. É muito dinheiro, e por isso há tantos roubos de carro e tanto tráfico de drogas.

Que outro negócio, ou que outro investimento, seria tão lucrativo? Exportar essa droga, por exemplo. No porto de Santos, há relatos de interlocutores dando conta de que um quilo de cocaína vale os mesmos 60 mil reais, algo em torno de 13 mil euros. Porém nesse caso não é necessário nenhum preparo, nem pagamento de comissões a vapores e gerentes, os traficantes do varejo. Essas comissões são altas no tráfico paulista, variando entre 20% e 50% do valor total. Sem isso, pagando apenas pelo transporte da droga — de helicóptero, de avião, de caminhão, de caminhonete, de carro —, o lucro do traficante aumenta bastante. Em muitos outros portos e aeroportos do país, funcionários são pagos por traficantes para facilitar a passagem de drogas em bagagens de mão, malas despachadas e encomendas. Conhecer esses funcionários, saber como eles operam, quais as dificuldades e potencialidades para o negócio, é algo que se discute no interior da sociedade secreta criminal, da facção, seja ela o PCC ou qualquer outra. Mas só o PCC não condiciona essas redes de apoio mútuo à apropriação de parte do lucro de cada um, como vimos. Daí sua força expansiva.

De Santos, a droga vai viajar para a África, para a Europa, para o Oriente Médio e sabe-se lá para onde mais. No varejo, vai render de 70 mil a 100 mil euros, ou seja, uma média de 380 mil reais *por quilo*. Aquela caminhonete pela qual adolescentes armados receberam novecentos cada um para roubar, e que virou seis quilos de pasta-base na fronteira, pode portanto acionar uma cadeia de trocas que movimenta até 2 milhões de reais. Se o valor de mercado da Toyota Hilux no Brasil já era muito alto, 200 mil reais, associando esse veículo ao roubo de carros e ao tráfico internacional de drogas, vai render dez vezes mais. Como vimos, apenas em 2017 foram roubadas 1149 Toyotas Hilux em território nacional. Isso considerando apenas um modelo, entre todos os outros.

Seria possível ganhar ainda mais dinheiro com essa caminhonete? Claro que sim, sempre. Basta associar à circulação do produto alguma importação ou exportação de armas — como pistolas automáticas, fuzis ou metralhadoras —, adquiridas no mercado paraguaio legal ou ilegalmente e contrabandeadas ao Brasil. Perto de quem trabalha nessa escala, os meninos que roubaram a Toyota em Nova Iguaçu não são ladrões, nem malandros. São apenas a porta de entrada de uma máquina de produção de dinheiro assustadoramente grande e, em 2018, conectada em escala internacional.

A troca desses veículos por drogas e armas nas fronteiras do Brasil com o Paraguai e a Bolívia é combatida por políticos, agentes de fiscalização e quaisquer pessoas que estejam interessadas em segurança. Na prática, entretanto, a rentabilidade dessas transações é, como vimos, ainda muito mais alta do que a obtida nos desmanches ou nas revendas de carros roubados ou furtados. E muito maior do que a obtida apenas pelo tráfico de drogas. Sem formas de regulação, pode ser direcionada toda a repressão do mundo aos operadores de baixa escala que, ainda assim, haverá agentes interessados em operá-los. É por isso que a defesa de mais cadeia e mais polícia para os moleques de periferia inscritos no mundo do crime pode soar como uma boa política, mas não é. Melhor seria regular esses mercados, retirando-os da ilegalidade que ao menos em parte os faz ser tão lucrativos e tão violentos.

DIMENSÃO INCALCULÁVEL

Todas as estimativas que circulam pela imprensa tentando dimensionar o tamanho do tráfico de drogas no mundo são um chute. Via de regra, esses números se baseiam em apreensões realizadas por atividade policial. Se uma tonelada de drogas é apreendida, quanto passou por aquele posto de fiscalização sem ter sido notado? Nunca saberemos. Estimativas baseadas no tamanho de áreas de plantio de folha de coca ou de maconha talvez sejam melhores, porém mais raras no debate e ainda assim genéricas demais para que tenhamos qualquer ideia relativamente válida do tamanho desse mercado ilegal.

Há desde microtraficantes que conseguem fazer dinheiro vendendo maconha para seus amigos a megatraficantes que operam com preços muito mais baixos. Da mesma forma, um farol de uma GM Cruze pode custar doze reais, vendido por um particular pela internet — certamente retirado de um carro roubado —, ou 530 reais numa concessionária. Uma pessoa pode obter complementação de renda desmontando um carro a cada dois meses, e outra pode ser dona de um desmanche que recebe cinco carros por dia.

Pelo fato de ser possível ter muito mais precisão acerca de quantos foram os veículos roubados em determinado período, o mercado ilegal de veículos é muito mais facilmente quantificável do que o de drogas. Considerando apenas o estado de São Paulo, no ano de 2014, quando 221 532 foram subtraídos, estima-se nas grandes seguradoras do ramo que 60% tenham alimentado desmanches, 30% tenham sido revendidos e 10%, ou seja, ao menos 22 mil automóveis e motocicletas, tenham sido destinados aos pontos fronteiriços.

Se todos esses veículos fossem pequenos e trocados por apenas um quilo de pasta-base, que seria em seguida preparada e revendida no varejo, rendendo 50 mil reais, teríamos um mercado de 1,1 bilhão de reais. Se todos fossem grandes, como é mais comum nas fronteiras, e rendessem 350 mil reais depois de trocados por drogas vendidas no varejo, seriam 7,7 bilhões de reais movimentados apenas nesse mercado fronteiriço. Se considerarmos a conta anterior pensando em exportações, esses valores seriam astronômicos — chegando a 44 bilhões de reais por ano. Isso sem falar em armas, cigarros e outros contrabandos, também mercados poderosos.

Sem falar em desmanches clandestinos, que abastecem lojas que vendem autopeças ilegais; em revendas de carros roubados, igualmente mercados enormes tanto em São Paulo como no Brasil e em muitos outros países; em drogas compradas sem veículos envolvidos, o que também é muito comum, corriqueiro e lucrativo; em seguros de automóveis — um mercado de cerca de 30 bilhões de reais por ano —, e em leilões, cujo faturamento é enorme; sobretudo no aporte no mercado financeiro que valores dessas somas propiciam; e, por fim, nos investimentos que se fazem para lavar esse dinheiro e movimentam a economia formal. Controlar as cadeias ilegais de valorização, aqui vistas apenas na interface entre veículos e drogas, é, portanto, um grande negócio. Por isso esses negócios são tão disputados seja na base, por jovens armados imersos na ideologia do crime, seja no topo, por elites que, conseguindo dinheiro de modo legal ou ilegal, conhecem os caminhos para lavá-lo. Entre essas elites, no Brasil, encontram-se vários dos empresários da droga, dos grandes assaltos, do contrabando, parte deles ligada ao PCC.

No estado de São Paulo, as apreensões de armas e drogas mudaram de escala na última década. Se nos anos 1990 o tráfico no estado ainda engatinhava, perto do que já se vivia no Rio de Janeiro, atualmente não é incomum que se verifiquem apreensões de centenas de quilos. Em 2015, foi apreendida 1,6 tonelada de cocaína no Vale do Paraíba, além de armamento pesado, que incluía fuzis AK-47 e uma metralhadora calibre .50. O negócio, claro, era coordenado por um irmão do Primeiro Comando da Capital, conhecido como Capuava.

Imaginemos um irmão do PCC que está empenhado em exportar cocaína pelo porto de Santos, lidando com grandes ambições e muito dinheiro; como esperar que se dedique a resolver brigas de marido e mulher na favela de onde veio? Nas periferias, a última década é cheia de relatos de que o PCC está mais frouxo, a quebrada largada. A tarefa antes prioritária de justiça local teria sido terceirizada a sujeitos inexperientes, molecada. Os grandes estariam jogando noutra escala, mesmo que todo irmão deva seguir a mesma disciplina. O PCC passou a se esforçar, sobretudo dentro das cadeias, para sintonizar a comunicação entre esses níveis de atuação do Comando, mas não se trata de tarefa simples.

Os principais atores da chamada "Lei do Desmonte", regulamentada em plano estadual em São Paulo, depois em nível federal no início desta década, são governos, empresários do setor automotivo e seguradoras, com interesse nesse mercado por diversas razões. De outro lado, agentes menores, como os da chamada "máfia do ferro-velho", operada por funcionários de seguradoras e policiais civis, fariam retornar às ruas cerca de 90 mil veículos avariados gravemente por ano apenas no estado de São Paulo. Carros que deveriam se tornar sucata eram, através de fraude nos leilões e na documentação, devolvidos para revenda, recuperando valor próximo ao de mercado.

Gigantes internacionais do setor automotivo também se preocupam com os mercados ilegais no Brasil. Um de meus interlocutores de pesquisa, funcionário de uma grande marca de veículos sueca, trabalhou durante anos no setor de caminhões. Sua atuação no Brasil consistia em circular de loja em loja, nas regiões conhecidas pelo comércio de autopeças ilegais na Zona Leste de São Paulo, para obter os preços efetivamente praticados de peças de caminhão. As planilhas que produzia eram enviadas à sede da companhia no Brasil, que as utilizava como parâmetro para os preços médios das peças originais. A existência de um mercado "original" e outro "paralelo" é fictícia, portanto. O mercado ilegal é parte fundamental da determinação do preço médio das autopeças.

Em 2015, apenas o segmento de seguro de automóveis arrecadou 32,5 bilhões de reais, tendo pagado cerca de 2 bilhões entre sinistros e custos operacionais — 30% dos sinistros foram relativos a colisões e apenas 1% a roubos. Para que tenhamos a ordem de grandeza desse mercado, a Petrobras, com receitas que correspondem a mais ou menos 4% do PIB nacional, faturou em 2017 283 bilhões de reais, equiparável à arrecadação do mercado de seguros gerais. O mercado de seguros cresce mesmo em tempos de recessão econômica, porque a insegurança também aumenta, e os investimentos são altos.

Em 2018, há relatos de enfrentamentos armados e movimentação financeira envolvendo o PCC em todos os estados da federação. Notícias dão conta de que a facção, espalhando-se pelo país, teria responsabilidade pelo aumento nos últimos anos de roubo de caixas eletrônicos no interior, mas também pelos assaltos cinematográficos a bancos, condomínios de luxo e empresas de valor nas capitais. Em 2016, um prédio de luxo foi roubado por ladrões que se faziam passar por policiais federais cumprindo mandado da Operação Lava Jato. Em 2017, um dos maiores assaltos a banco da história do Paraguai teria a marca do PCC: armamento muito pesado e know-how desenvolvido ao longo de décadas de especialização criminal.

Em diversos países da América Latina, incluindo Bolívia, Colômbia e México, territórios fundamentais para o tráfico transnacional de cocaína, as notícias que nos chegam falam de homicídios envolvendo traficantes e contrabandistas. Homens do PCC atuariam na África, na Europa e no Oriente Médio. Jornais conjecturam sobre as relações entre a facção paulista e as organizações mafiosas da Itália, o Hezbollah no Líbano, as Farc colombianas, os cartéis mexicanos e alguns grupos armados africanos.

Escutas telefônicas da Polícia Federal, da Interpol e de outros órgãos internacionais da política de guerra às drogas e ao terrorismo, sobretudo norte-americanas, parecem confirmar as informações. Em viagens à Europa, à Colômbia, às fronteiras do Brasil e ao Líbano, eu mesmo pude conversar com diversos interlocutores que me informaram, com diferentes níveis de detalhamento, a respeito da pujança do tráfico de cocaína — vinda da América do Sul e, em grande medida, passando pelo Brasil — em seus respectivos países. Se empresários do PCC são relevantes nessa movimentação, seria mesmo de esperar, como se constata com tranquilidade, que esses traficantes tenham negócios regulares em cada uma dessas regiões. Mas como foi possível que, passo a passo, a facção atingisse essa dimensão em seus negócios?

A capacidade de regular diferentes pontos dos mercados ilegais, a especialização e profissionalização de grandes assaltos, somadas à forte internacionalização de seus negócios, produziram capacidade de ampliação agressiva da lucratividade na economia criminal em São Paulo a partir dos anos 2000. Essa ampliação de escala tem, sem dúvida, nos agentes do PCC um fator importante. A expansão de escala nos negócios seguramente esteve na base da disseminação da ideologia do crime nas periferias urbanas nas últimas décadas.

Além disso, e ao contrário do que costumamos supor, quando a economia toda cresce, os mercados ilegais também prosperam.

Com mais dinheiro na mão compram-se mais fogões e geladeiras, mais carros e motos, e também mais drogas e armas. Com mais potencial para empregar, o empresário de drogas e armas, como o de cigarros ou automóveis, de geladeiras ou serviços, vai empregar mais. Já verificamos inclusive que o volume de dinheiro injetado no mercado por automóveis roubados trocado por drogas, somado ao segmento de seguros de automóveis, representa alguns dígitos do PIB nacional.

Drogas, carros, armas, seguros, leilões. Esses mercados, poderosos como são, interessam a muitos atores, e sua regulação é resultante da competição mercantil — muitas vezes violenta — entre empresários de perfis distintos. Parte da violência urbana sem dúvida se nutre disso, sobretudo se considerarmos a guerra policial à criminalidade como a tentativa de controle de mercados por grupos empresariais, representados em governos, contra grupos empresariais criminais, sem presença em âmbito estatal.

Muitos jovens são assassinados após roubos de carros e motos em São Paulo, ou traficando drogas, como é mais comum em outros estados da federação e em vários outros países. Os integrantes do Primeiro Comando da Capital, que não importa onde atue adota como política a paz entre os atores do crime envolvidos em mercados ilegais, são no plano econômico reguladores relevantes dessa economia criminal. Em situações de mais intenso fluxo de capitais, na escala de portos e fronteiras, a chegada da regulação PCC também tem, por conta disso, se feito notar de modo mais claro nos últimos anos. No âmbito econômico, conforme citado, os *integrantes* do PCC podem ser empresários, mas *a facção*, sua sociedade secreta, é um agente de regulação mercantil, assim como diversas outras associações.

Em 2007 no Paraguai e em 2011 na Bolívia instituíram-se leis nacionais — extremamente polêmicas e muito combatidas pelas confederações patronais de seguros no Brasil — que ofereceram anistia a veículos sem documentos nos territórios de seus países. Essa guerra por regulação fez com que, em 2013, os países vizinhos tivessem que voltar atrás. De tempos em tempos, entretanto, ambos realizam regularizações de carros brasileiros rodando em territórios paraguaio e boliviano. Cada país defende sua economia como pode. A disputa em torno da lei é, portanto, relevante para compreender as balizas na circulação de dinheiro e sua apropriação, inclusive nos mercados ilegais. Articulados, esses negócios rendem mais. Produzem elites empresariais, produzem elites criminais.

PARTE DOIS
A POLÍTICA DE EXPANSÃO

5. Antes do PCC

RESIGNAÇÃO, LAMENTO, FÚRIA

A cidade de São Paulo cresceu brutalmente no século passado. A região metropolitana tinha 2,6 milhões de habitantes em 1950; saltou para 8,1 milhões em 1970, e 15,4 milhões em 1991. Esse crescimento não foi desordenado ou caótico, como se diz. Havia uma lógica explícita nessa aparente desordem, e por isso as cidades brasileiras cresceram quase todas da mesma forma — ou seja, expandindo de modo concêntrico suas periferias informais pelo território. A lógica da desordem era econômica: os baixos salários dos migrantes, atraídos pela enorme oferta de emprego do "milagre brasileiro" do período, só lhes permitiam viver longe do centro, colonizando terras rurais e construindo nelas suas casas e seus bairros, com seus próprios braços.

Na outra ponta, essa lógica produzia riqueza. O trabalho dos pobres para construir a cidade permitia, em seguida, que os proprietários das terras compradas por hectare as revendessem por metro quadrado. Assim, esses especuladores faziam fortuna. A ordem por detrás da explosão das periferias da cidade é uma máquina de fazer dinheiro e desigualdade, que trabalhou em força máxima entre 1950 e 1990 em São Paulo. Diminuiu sua potência em seguida, mas segue operando em todo o país.

Do ponto de vista do migrante que chegava, ainda assim compensava. A vida no campo, no sertão, não lhe permitia pensar em melhorar, em crescer. Ninguém migra se não apostar na melhoria de vida no lugar de destino, se não vir outros migrantes ascendendo, crescendo. Se a ideia era crescer junto com a cidade, que prosperava a olhos vistos, era momento de apostar. A aposta foi mais ou menos frustrante, em princípio, para todos os migrantes. Mas de formas muito diferentes.

Os brancos pobres que estavam em São Paulo na virada para a década de 1950 eram majoritariamente filhos e filhas de trabalhadores do campo na primeira metade do século. Composto por descendentes de espanhóis, italianos e portugueses, mas também de sírios, libaneses e armênios, entre várias outras origens, esse grupo teve chance de subir de vida na metrópole. "Saudosa maloca", talvez a canção mais popular de Adoniran Barbosa, ele próprio um branco pobre filho de imigrantes italianos do final do século XIX, conta a história da demolição da casa em que vivia com outros dois trabalhadores urbanos pobres no bairro do Bixiga.

Corria a década de 1950. O barraco era feito de tábuas e instalado em terreno onde havia um palacete provavelmente abandonado por membros da elite econômica da cidade, que já tinha deixado o centro da capital rumo à região dos Jardins, próximo da avenida Paulista. Foi ali no centro que ele, Adoniran, junto a milhares de outros imigrantes pobres, além de Mato Grosso e Joca, construíram suas malocas.

Mas um dia, nós nem pode se alembrar
Veio os homi c'as ferramentas

> O dono mandô derrubar
> Peguemos todas nossas coisas
> E fumos pro meio da rua
> Apreciar a demolição
> Que tristeza que nós sentia
> Cada tauba que caía
> Doía no coração

Sentia-se a dor do despejo injusto, da remoção, da destruição da casa onde viviam. A mesma música de Adoniran cita que esses terrenos se tornavam prédios altos em seguida. A cidade se transformava, os pobres precisariam deixar o centro, começava o movimento de periferização. Seu amigo migrante, Mato Grosso, não conseguiu conter a indignação:

> Mato Grosso quis gritar
> Mas em cima eu falei:
> Os homi tá c'a razão
> Nós arranja outro lugar
> Só se conformemo quando o Joca falou:
> "Deus dá o frio conforme o cobertor"
> E hoje nós pega paia nas gramas do jardim
> E pra esquecer, nós cantemos assim:
> Saudosa maloca, maloca querida
> Dim-dim donde nós passemos
> Os dias feliz de nossa vida
> (Adoniran Barbosa, "Saudosa maloca")

A religiosidade católica é traço fundamental da visão de mundo, e de futuro, das famílias brancas que viviam, mesmo na pobreza, o ideal de integração social na metrópole. A marca do projeto de melhoria, na teologia católica, é o longo prazo — o sacrifício resignado de agora é a chave para a redenção no futuro, talvez apenas após a morte. Mas, como o sujeito da migração é familiar, comunitário, o sacrifício de um ajuda o outro, mesmo que apenas na próxima geração. Deus sabe o que faz, Mato Grosso, os homens estão com a razão.

A resignação é um traço marcante do conflito urbano, quando encarado pelos brancos pobres daquele período. As famílias em melhor situação controlavam a possibilidade de revolta dos menos integráveis. Nós arranjaremos outro lugar. É muito comum que os brancos pobres dos anos 1950 tenham melhorado de vida e deixado os cortiços e as favelas do centro, indo morar em Jaçanã, na Zona Norte, ou Ermelino Matarazzo, na periferia leste da metrópole, como narram muitas outras canções célebres de Adoniran. A expansão das periferias teve como primeiros habitantes muitos brancos pobres.

A branquitude, no Brasil, foi durante o século xx extremamente inclusiva, se comparada a outras partes do mundo. Cabem entre os brancos, para nós, os árabes, os judeus e os japoneses, bem como todos os europeus do sul (italianos, portugueses e espanhóis), além dos mestiços que tivessem posição social razoável. Em muitos países do mundo, na Alemanha e nos Estados Unidos por exemplo, nenhum desses grupos foi historicamente considerado branco. Por aqui, entretanto, todos esses sujeitos tiveram algum apoio estatal (financiamentos habitacionais, acesso a boas escolas públicas, crédito para investir e direitos associados ao trabalho formal) para melhorar de vida.

Quando progrediam na vida, os brancos pobres foram também mais bem-aceitos entre as classes médias do que quaisquer outros habitantes das periferias nas últimas décadas. Nas malocas, nos cortiços e nas favelas, por isso, foram restando principalmente os migrantes chegados depois, menos brancos, na sua maioria nordestinos pardos e pretos. Ainda que o passado tenha sido duro, esses trabalhadores de pele branca (ou parda, ou mesmo preta, mas que por sua conduta passaram a ser vistos socialmente como brancos, portanto integráveis e desracializados, como somos os brancos no Brasil) não precisam hoje se colocar contra o sistema. O mundo do crime jamais seria alternativa de melhoria de vida para eles, muito pelo contrário.

Já os nordestinos pobres que chegaram a São Paulo em meados do século XX têm mais a lamentar. Ao contrário dos imigrantes brancos, se aproximaram do trabalho assalariado e do Estado moderno apenas ao chegar à cidade. A trajetória de Luiz Gonzaga, maior ícone do Nordeste do Brasil, é exemplar das agruras do nordestino na migração, no caso dele com final feliz. Ele nos conta, em ritmo de baião, que fugiu de casa com dezoito anos incompletos, em 1930, depois de ter tentado sem sucesso casar-se com uma moça *melhor de vida* em Exu, Pernambuco. Foi para as Forças Armadas, onde colaborou na reação de Getúlio Vargas à eleição de Júlio Prestes, que nem sequer assumiu o governo federal. Era tempo de guerras e revoluções de unificação territorial em torno da autoridade central, sediada no Rio de Janeiro. Muito conflito entre os estados, entre as províncias. Luiz Gonzaga integrou essas lutas pelo governo federal, mesmo sendo nordestino. Quase uma década se passou, e ele não melhorava de vida. Não passou de corneteiro. Até que resolveu migrar definitivamente, como conta em depoimento inserido na execução da canção "Respeita Januário":

> Quando me deram baixa, eu vim para o Rio de Janeiro. Para esta cidade maravilhosa. Comprei uma sanfoninha, comecei a tentar a vida aqui pelos bares, como todo nordestino artista. Sempre começa por baixo. Foi... Até que comecei a gravar na RCA. Naquele tempo era RCA Victor. Hoje ainda é Victor, ainda. 1941. Comecei a agradar. Vendendo disco como o diabo. Aí me lembrei do Velho Januário.

É... Agora sou artista, vou ver o meu pai. Dezesseis anos que eu não vejo o velho.

Quando, e somente quando, Luiz Gonzaga conseguiu melhorar de vida; quando tinha algum dinheiro a levar para o pai, mostrando que se tornou um homem, ele resolveu voltar. A família recebeu Luiz com intimidade e alegria, mesmo sem vê-lo por dezesseis anos. O projeto de migração tinha dado certo. O bom filho à casa torna. Muito raramente foi assim. Os nordestinos chegaram às periferias de São Paulo sobretudo entre as décadas de 1950 a 1980. Muitos nem sequer traziam documentos consigo.

Tiveram muito menor acesso ao ensino público, bem como menor estabilidade no emprego formal, se comparados aos trabalhadores brancos. Com isso, praticamente não tiveram proteção social, como financiamento público de moradia, educação, aposentadoria, pensões e direitos, então restritos aos que tinham carteira assinada.

Foram racializados por sua origem. *Baiano* era a palavra depreciativa para se referir a qualquer nordestino pobre, tido como preguiçoso, ignorante e bruto. *Paraíba* era como se referiam a esses migrantes no Rio de Janeiro, com a mesma carga depreciativa. A vida na cidade era precária. Os vizinhos, assim que chegavam, levantavam seus barracos em terrenos vagos. Famílias se ajudavam e havia muita comunicação horizontal entre eles, os mesmos interesses. A religião também era compartilhada e funcionava como laço comunitário.

Não havia água encanada nos bairros, o esgoto era a céu aberto, a iluminação se fazia por fogareiros e velas. Barracos e malocas ofertavam abrigo, e os próprios moradores, com o tempo, construiriam casas de alvenaria, cavariam com seus braços as redes de esgoto, fariam as ligações elétricas, bem como escreveriam — com a ajuda de padres e freiras, sindicalistas ou vereadores, porque o analfabetismo era enorme — os abaixo-assinados para terem guias-sarjeta, nomes de ruas, iluminação e, mais tarde, asfalto nos bairros.

Ao contrário dos trabalhadores brancos, que compraram casas em loteamentos legalizados, grande parte das casas dos migrantes mais recentes ainda hoje não tem escrituras definitivas. As gerações mais novas têm melhor escolaridade e vivem em casas reformadas, que receberam melhorias muitas vezes ao longo das décadas. Ainda que com igual ou maior sacrifício de seus membros, em comparação com o grupo branco e pobre, essas famílias não melhoraram tanto de vida. A falta de acesso aos financiamentos públicos e à seguridade social foi um fator decisivo. Em vários casos, vive-se hoje uma vida mais confortável do que no passado. Em outros, não houve mudança significativa.

Os descendentes de nordestinos são a grande maioria dos residentes, ainda hoje, das periferias de São Paulo. Em torno de 65% das famílias têm ascendência em estados do Nordeste, e cerca de 8% vêm de estados do Norte do país. Há muitos filhos e netos de famílias do perfil de migrantes pouco qualificados do Nordeste que atuam hoje em serviços manuais ou como auxiliares, na construção civil, na mecânica automotiva e no emprego doméstico; são também balconistas, seguranças e manobristas em lojas e shopping centers, que procuram complementar sua renda com a venda de cosméticos em domicílio ou no comércio eletrônico, entre outras atividades.

Muitos de seus descendentes são trabalhadores do telemarketing, do atendimento direto nos balcões do comércio, subcontratados de empresas, terceirizados, precarizados, fazem cursos de formação em empreendedorismo para tentar sair dessa situação. Parte dos que atuavam nas linhas de montagem de grandes ou pequenas fábricas nos anos 1970 e 1980 no ABC paulista, após a crise econômica e a reestruturação produtiva da virada para os anos 1990, passou a trabalhar em empregos temporários, terceirizados, mal pagos, além de recorrer ao mercado informal para enfrentar o desemprego. Curtem em família o samba, do samba raiz ao samba de enredo, do samba de roda ao pagode, e com os amigos o rap nacional, quando mais velhos, e o funk, quando mais novos.

A violência que explodiu a partir dos anos 1990 ameaça essas famílias, hoje já não nordestinas, mas famílias das quebradas. Diversas investidas nos mercados informais, liminares entre o mundo legal e ilegal, são oportunidades que aparecem de tempos em tempos, embora normalmente sejam evitadas porque se reconhecem seus riscos. Às vezes, recorre-se pontualmente a elas: o tráfico de drogas, a receptação de mercadorias, a troca de sexo — direto ou virtual — por dinheiro, entre outras possibilidades que se apresentem aos menos estruturados. O risco de queda social existe. Uma doença no provedor da casa, um acidente que inviabilize o trabalho por algum tempo ou, o que é ainda mais grave, um filho perdido nas drogas, envolvido com a criminalidade, faz a dinâmica familiar balançar.

Há uma revolta, portanto, que ronda essas famílias. Revolta pela injustiça de trabalhar tanto e ver a casa em ruínas, revolta por sofrer tanto e ver o filho naquela situação; revolta pelo sentimento de impotência. Revolta como a de Mato Grosso, silenciada logo em seguida. Trabalha-se para rebatê-la com apego a uma crença, algo muito comum nas periferias, uma devoção que funcione como autoajuda e consolação, que evite a depressão em que vários dos pares caíram.

As Igrejas católicas ou evangélicas modulam de jeitos diferentes essa crítica, essa revolta dos que não encontram caminhos de melhorar de vida. Os católicos preconizam suportar o sacrifício, pelo paraíso depois da morte. No caso neopentecostal, em franca expansão nas últimas décadas, os problemas que enfrentamos são compreendidos como diretamente ligados à ação do diabo. Jesus quer seus seguidores prósperos, em paz, mas o diabo e suas tentações os levam para o mau caminho. Aceitar Jesus é agir em seu nome na Terra. A recompensa vem aqui mesmo.

Quando a revolta é muita, entretanto, é capturada por uma narrativa que preconiza não apenas resistir, mas *bater de frente* com o sistema. Para o miserável que não melhora de vida, o mundo do crime diz coisas inteligíveis: que já não há em quem confiar, que o progresso só pode ser obtido pela força, que a polícia está contra eles, que as autoridades instituídas estão ganhando muito dinheiro às custas do pobre. É na ideologia do crime que uma parcela muito minoritária entre os jovens de periferia, mas que faz muito barulho, encontra categorias para compreender sua condição social. É com os parceirinhos do crime que se encontra força, e aliados, para reforçar esse sentimento de revolta ao mesmo tempo que se ganha dinheiro. O mundo do crime se torna um caminho lateral às tentativas de integração social. É 100% veneno.

Os negros pobres que chegaram a São Paulo na segunda metade do século xx e não melhoraram de vida, frequentemente os mais pobres entre os pobres, convivem com esse veneno de perto. Não é à toa que há mais negros nas cadeias e favelas do estado de São Paulo em relação a outros locais de moradia. As famílias negras — nordestinas ou não — são as que tinham menor qualificação para ingressar em posições promissoras no mundo do trabalho na cidade, e as que menos suporte estatal receberam para progredir na vida. Foram sempre as mais mal pagas, ocuparam as profissões mais arriscadas, mais desqualificadas.

Na melhor das hipóteses, as mulheres negras conseguiam trabalho como empregadas domésticas ou faxineiras, e os homens, como jardineiros ou auxiliares de construção. Uma ínfima parte era contratada formalmente até os anos 1980. A imensa maioria era informal, com cargas de trabalho enormes e remuneração paupérrima. Diaristas eventuais ou por temporada, carregadores, entregadores de panfletos, vendedores de comércio ambulante, guardadores de carros, quando não catadores de material reciclável ou chapas, os trabalhadores pobres e negros, com migração mais recente, ocuparam e ainda ocupam os postos de trabalho menos reconhecidos.

Esses homens e mulheres por vezes emprestam seus nomes para ser "laranjas" em financiamentos fraudados, arranjos suspeitos de documentação de autoescolas, despachantes ou seguradoras. Por vezes, acabam criminalizados por isso. Há situações ainda piores às quais têm de se submeter, das mais diversas. É o caso de Danuza, moradora da Zona Leste de São Paulo, que passou a se prostituir depois de se separar do marido:

> Ainda consegui arrumar um servicinho pra trabalhar, mas a minha ex-sogra começava a beber e entrava lá pra bater nos meus filhos. Aí eu tive que sair de lá e trocar de casa. Não deu certo, porque o meu mais velho naquela época começou a aprontar, a se envolver com droga, o segundo começou a roubar... Eu tive que sair daqui, vender meu barraquinho lá e fui pra outro bairro, vizinho aqui. Fui pagar aluguel lá embaixo. Mas como o aluguel tava muito caro lá, não deu, aí voltei pra favela. A situação tava muito difícil... Toda vez que eu conto essa história, eu choro.
>
> [Choro longo, ao menos três minutos.]
>
> Aí eu comecei a vender o meu corpo pra não deixar meus filhos morrerem de fome [voz embargada].
>
> Eu enganei eles. Falava que eu trabalhava num motel de arrumadeira pra não deixar eles passar fome. Pelo lado da família dele, ninguém queria me ajudar. Porque a mãe do meu ex-marido, a mãe dele queria mais os papéis, pra ela ter o direito do dinheiro dele. Eu convivi com ele dezoito anos. Eu fiquei dois anos fazendo isso daí. Eu não tava fazendo aquilo ali por safadeza, era pra não deixar meus filhos morrerem de fome. Eu sofri pra caramba.

Para essas trabalhadoras e trabalhadores em condição de miséria, a troca de sexo por dinheiro, em suas mais diversas formas, os bicos em casas de jogos, bares e operação de caça-níqueis, o jogo do bicho ou os serviços em casas noturnas se articulam ao pequeno comércio de drogas e uma ou outra ação criminal, não violenta, como um furto ou um golpe, enquanto não encontram um trabalho melhor, como auxiliares de escritório, quem sabe motoboys quando estiverem mais estruturados, ou trabalhando em obras públicas de construção civil.

Os patrões não os entendem. Por que não poupam, por que não se organizam melhor, por que não vão estudar? Vivendo em um cômodo com outras seis pessoas, sem nenhuma escolaridade, tendo sido criados com fome, comendo fubá e pirão de cabeça de peixe ganhada na feira, violentados pela polícia, pelos parentes e pelos pares desde a mais tenra idade, esses grupos se enxergam como pessoas muito diferentes dos patrões. Não querem, não gostam e nem teriam como se comportar como eles. Sentem que o caminho de ascensão social e de melhoria de vida está bloqueado, e em certa medida estão corretos. Isso significa que devem buscar sua identificação com o mundo por outros caminhos que não o do trabalho. Novamente a mesma percepção: se uma porta está fechada, há outras abertas, ainda que não nos padrões socialmente aceitos. No limite, já está evidente, é entre esse grupo que em geral o comércio de drogas e armas, roubo de veículos e celulares recruta seus trabalhadores.

Se bem-sucedidos, podem se tornar funcionários de revendedoras de autopeças ou desmanches irregulares, bem como de quadrilhas de furto de veículos, atingindo o máximo de renda que suas trajetórias laborais permitem. Roubar pela internet, ou ao vivo, é também caminho conhecido de geração de renda entre seus pares, ainda que muito raramente represente qualquer projeto de melhoria de vida. Se malsucedidos, esses operadores mais baixos de todos os mercados, inclusive os ilegais, podem acabar mortos, pela polícia ou pelos seus pares em tantas cidades brasileiras. Sujeitos com esse perfil social e familiar lotam os Centros de Detenção Provisória e presídios, clínicas de recuperação para usuários de drogas, unidades de internação, casas de baixa prostituição, e povoam as estatísticas de homicídios. Parte deles, a certa altura, sente não ter mais medo de nada, porque não há nada a perder.

Os ladrões de carro e celulares, às vezes de residências, são em geral: jovens, pardos e pretos, moradores de periferia, com antecedentes criminais. Esse é o perfil que encontra no PCC uma saída, um contexto que melhora suas vidas.

LONGE DE PEDRO JUAN

Joana vive na Zona Sul de São Paulo, numa favela cujo entorno se modifica muito rapidamente e há risco de remoção. Sua casa fica a mais de mil quilômetros de Pedro Juan Caballero, no Paraguai, mas o tráfico da cocaína vinda de lá está na sua esquina. Nasceu em 1975 e é a terceira filha de treze irmãos. Cinco não vingaram, oito cresceram, porém o mais velho morreu de aids nos anos 1980. Seu rosto não esconde a beleza da juventude, nem as marcas do sofrimento. Na sua história não há empresas, nem fazendas, nem caminhonetes de luxo. Tampouco há armamento pesado ou negócios transnacionais. Há uma Brasília velha, carregada de frutas e verduras, que ela levava para a quitanda que tocava com o marido numa porta de garagem na entrada da favela. O espaço se tornaria uma loja de motopeças usadas, do filho de seu marido, nos anos seguintes.

Em entrevista em 2009, Joana me descreveu seu pai com três palavras: bebida, bebida e bebida. Sua mãe brigava demais com ele e saiu de casa, deixando os filhos ainda crianças. Elas mantiveram contato, mas não tardou para que Joana também tentasse a sorte. Era inevitável.

Quando deu meus doze anos eu mesma pedi pra minha irmã mais velha para arrumar uma casa pra mim ficar. Porque eu já não aguentava mais passar fome, ter que passar necessidade. Querer poder vestir um chinelo, uma roupa e não poder.
Então eu imaginava assim, se eu consigo uma casa para morar, que seja atrás de alguém, eu vou ter as minhas coisas. Eu imaginei que ia ser feliz, que ia morar bem sozinha.
Mas a parte da minha vida que eu mais sofri foi essa parte, porque minha irmã me levou lá pra Santos, na casa da tia do marido dela. Lá eu fui muito judiada, muito humilhada. Eles se mudaram e fiquei cinco anos sem a minha família saber onde que eu estava.
Eu cuidava da casa, assim em termos, né? Já era mocinha, então eu servia pra lavar uma louça, servia para varrer o chão, servia para limpar o quintal, servia pra ir buscar alguma coisa no mercado. Tipo assim, eles me usavam nessa parte, então era útil para eles. Mas na parte que tinham que contribuir comigo, que era me dar em educação, amor... eu não tinha. Eu tinha desprezo não só dela, a patroa, como dos médicos, das filhas.
Salário? Nada. Só o prato de comida mesmo.
Nos meus dezesseis anos, eu fiquei sabendo que meu pai tinha tido um derrame, e ele já não andava mais, e nem falava direito. Aí eu decidi, no começo dos meus dezesseis anos, eu decidi ir embora.

Joana voltou para a casa do pai, alcoólatra, acamado. Perdoara as agressões da infância, era sua tarefa cuidar dele. Cabia a ela dar-lhe comida na boca, banho e remédios. Em contrapartida, a pensão que ele recebia garantia a sobrevivência. Não dava, entretanto, para uma cadeira de rodas. Joana carregava o pai no colo até a rua, e alguém a ajudava a transportá-lo sempre que precisava levá-lo ao médico. Nada de salário ainda, mas a vida ia seguindo. Quando ele morreu, alguns anos depois, Joana se recordou das palavras da mãe, que não vivia com ele havia tempos.

A gente estava no velório do meu pai e ela falou assim: "Que nenhum de vocês chorem, porque ele mereceu". Hoje eu tenho a cabeça toda marcada, minhas pernas todas marcadas; meu rosto é todo marcado, por causa dele.

Sua vida familiar havia sido "muito perturbada", segundo suas palavras. Sua irmã Rosana era seu único esteio. Mais velha, sempre foi sua referência. Unha e carne. Rosana já tinha duas crianças quando Joana engravidou de seu primeiro filho, ainda aos dezesseis, ainda em Itaquera. Elas se ajudaram, passaram a viver juntas. Mas o marido de Rosana era muito ciumento e se tornou agressivo, violento, assassino.

Ela não morreu, ela foi morta. Mataram ela, entendeu? Foi o marido dela que tirou a vida dela. Ele não aceitou, não aceitou o que vinha acontecendo do relacionamento dos dois [ela queria se separar]. E aí o que aconteceu, ele não fez com as próprias mãos dele, ele assistiu tudo.
Não pôs a mão em nada… mas ele assistiu. Na época ele deu uma televisão, um som e ainda quinhentos reais para duas pessoas tirarem a vida dela. [...]
É um lugar onde a gente foi criado, a gente viveu muitos anos. E é um lugar assim que a gente não pode estar passando, a gente não pode ficar indo, sabe? Que a gente fica meio angustiado. É difícil você ir num lugar, passar no lugar que você foi criado e você ver outras pessoas que tirou a própria vida da sua irmã. E você não poder fazer nada.

A morte da irmã foi um golpe duro para Joana. O corpo jamais foi encontrado. Oficialmente, trata-se de um desaparecimento. Mas Joana sabe exatamente como tudo ocorreu. O próprio filho do casal, criança de sete anos na época, assistiu à morte da mãe. A informação de que o corpo de Rosana teria sido lançado em uma lagoa, que correu o bairro em seguida, fez com que fossem tentadas buscas na região sul da metrópole. Mas oficialmente nada foi feito. Joana procurou pela polícia, percorrendo várias delegacias em busca de alguma que se interessasse por "fazer justiça". Não encontrou quem a ajudasse. O delegado afirmou que, se não há vítima, não há prova.

Joana tentou cuidar da sobrinha mais velha, que tinha doze anos, mas ela também desapareceu. Não suportando a situação, após o pai ter assassinado a mãe, a menina sumiu por algum tempo, tendo sido encontrada em Itaquaquecetuba, município da região metropolitana de São Paulo, anos mais tarde. Repetia-se a história de Joana, a menina trabalhava numa casa de família. Joana conseguiu, entretanto, adotar legalmente o sobrinho mais novo, Gabriel. Deu amor a ele, como ela diz. Casou-se, em seguida, com seu atual marido, Tenório, migrante recente do interior de Sergipe, que vinha com um filho, Anderson.

Mudou-se para o Jardim das Flores, nome fictício, na Zona Sul da cidade. Algo grave aconteceu em seguida, Joana não sabe precisar a data. Pela idade de seus filhos à época, corria o ano de 1999.

> Logo quando eu cheguei no Jardim das Flores, tinha pessoas que tinham maldade comigo e eu não imaginava. Eu fui abusada. Me tiraram de dentro da minha casa e a pessoa fez tudo o que tinha que fazer comigo. Ele me pegou era quatro horas da manhã. Não tinha me soltado até seis horas da manhã, e foi aquele negócio.
>
> Eu tinha ficado grávida, antes. Os médicos que me atendeu falaram para mim que eles tiraram meu filho, mas eu fiquei grávida. Então eu não sei até hoje se meu filho mais velho é fruto disso.

Foi quando eu entrei em depressão. Eu não queria saber mais do meu marido, não queria mais saber de nada, só queria tirar a minha própria vida.

Joana foi estuprada na favela, antes da era PCC. O homem que a havia violentado era conhecido da vizinhança e fazia parte do tráfico local. Ela foi à polícia, mas teve medo de denunciá-lo. Sua família toda poderia sofrer represálias. O Estado não lhe garantiria proteção, ela não deu prosseguimento ao caso. Tampouco a lei do crime, implacável com estupradores, tomou conta do caso. Uma canção dos Racionais da virada para os anos 2000 dizia que nas ruas de São Paulo, e ao contrário do que já acontecia nas cadeias, "até Jack [estuprador] tem quem passa um pano [o protege]". O estupro ficou por isso mesmo, Joana teve que sair do bairro.

Repetia-se a história de sua mãe, que agredida abandonou a casa, os filhos, foi embora. Joana também fugiu, e chegou a ser internada. Foram tempos difíceis. O marido não a abandonou, como muitos fazem. Ele e seus amigos da vizinhança não se conformaram com o que tinha ocorrido. O crime sexual nunca foi bem-visto em lugar nenhum, não era possível que isso passasse batido. Os vizinhos de Joana se mobilizaram para trazê-la de volta. Ela estava com muito medo, e também temia perder sua casa. O argumento dos vizinhos era que o principal traficante do bairro não sabia do caso. Se o estuprador também era do tráfico, ele haveria de fazer justiça. Dito e feito. A justiça estatal não havia funcionado, mas o chefe do comércio de drogas no local, instado pela comunidade a fazer justiça, expulsou dali o estuprador. Ele nunca mais foi visto.

Em 1999 não havia ainda PCC nessa favela. Mas os rumores de como os debates da facção operavam nas cadeias, e de como o mundo do crime preservava o que era o certo, já ecoavam em todas as favelas de São Paulo. A comunidade queria ordem. O PCC não inventa o certo, a lei da favela, das quebradas. O Comando faz o papel de institucionalizar, a partir do início dos anos 2000, um tipo de justiça que já ocorria nas periferias antes de sua existência.

A morte aos estupradores era uma política do crime, dispersamente aplicada antes da hegemonia PCC nas quebradas. Na era PCC, entretanto, a comunidade nem teria que ter tanto trabalho. Passou a ser uma política expressa do Comando regrar casos como esse, de modo implacável, exemplar. O mundo do crime é um universo social específico, embora guarde muito dos valores do mundão. As pessoas que estão no crime não são seres humanos diferentes das pessoas que não estão. Acontece que o crime sempre abre suas portas para os mais pobres entre os mais pobres, como Joana, como seus filhos, quando outras portas se fecham.

Um dos filhos de Joana se tornou um ladrão especializado em roubar motos, para desmanche e venda de autopeças. Aprendeu o ofício numa oficina em que trabalhou durante a adolescência. Persistindo no crime, foi preso, e segue preso. Ela se ressente muito dessa história. Mas está feliz por ele não ter sido morto pela polícia. Esses filhos das famílias negras, pobres e faveladas, que começam nessas atividades ganhando mais dinheiro do que conseguiriam no mercado legal, em poucos anos estão encarcerados ou mortos.

Não raro, seus irmãos podem estar, na hora em que os cadáveres forem encontrados, trabalhando no mercado formal, como seguranças ou pedreiros. Mesmo as franjas mais pobres do mundo urbano são hoje muito heterogêneas. Os parentes de um ladrão morto pela polícia podem estar fazendo faculdade privada, financiados por um programa público como o Fies ou o ProUni. Desigualdades persistentes, mercados ilegais pujantes, repressão focada nos pequenos operadores dos mercados ilegais — essa foi a fórmula mágica para a explosão de violência e homicídio que diversas capitais brasileiras experimentaram a partir dos anos 1990 e 2000, a depender do caso.

Depois de meio século da chegada dos migrantes a São Paulo, alguns melhoraram muito e hoje são integrantes das classes médias. Esses são quase todos brancos. Muitos outros melhoraram menos, mas estão remediados. São brancos, pardos, pretos, nordestinos na sua maioria. A migração diminuiu muito desde os anos 1990, porque as trajetórias ascendentes eram menos frequentes. Outros se mantiveram pobres, não conseguiram nada. Alguns permaneceram miseráveis, ou se tornaram miseráveis, tendo absolutamente frustrada sua tentativa de melhorar de vida. Parte deles, como Joana e seu filho, teve a vida marcada por violências e privações radicais.

Miséria e violência não têm ligação direta, ao contrário do que parece. Há muitos lugares miseráveis no mundo com pouquíssima violência. O Brasil mesmo já foi muito mais pobre, e menos violento, do que é em 2018. Há regiões muito pobres do interior do país, e nada violentas. A Bolívia é tão desigual quanto o Brasil, e muito mais pobre, porém menos violenta. Na Índia, igualmente pobre, as taxas de assaltos, roubos e homicídios são bem mais baixas que no Brasil. Os exemplos seriam muitos.

Miséria sozinha não causa violência, mas é, sem dúvida, explosiva quando a ela somam-se três fatores: desigualdade abissal e visível a olho nu; mercados ilegais pujantes e não regulados; encarceramento massivo dos pequenos operadores desses mercados, a serem profissionalizados nas cadeias. Eis mais uma fórmula mágica, a da revolta e da contraofensiva criminal dos miseráveis. O PCC surge de famílias miseráveis de São Paulo, como as de Joana, e teve origem exatamente da conexão entre esses três fatores.

A facção sabia do que esses sujeitos precisavam. Em cada situação, a dificuldade era uma: uma visita, um advogado, um remédio, material para a família construir uma casa, alguma proteção. Era necessário sumir com o estuprador, no caso de Joana. Era preciso dinheiro para negociar com a polícia, evitando a prisão, no caso de seu filho. A facção disseminou também, entre os mais pobres entre os pobres urbanos, a ideia de que eles existiam e tinham poder, de que o crime estava ali para fortalecê-los. Não por acaso, tanto o crime como os pentecostais, duas irmandades, se expandem nas periferias urbanas. O mundo do crime aposta numa narrativa ainda mais forte: não apenas a de resistir, mas de reagir agressivamente contra as opressões cotidianas. É dessa narrativa, nem sempre realista, que sobrevém a legitimidade do universo criminal, mas também o policial e o evangélico, nas periferias contemporâneas de São Paulo. Nesse ponto, elas não são tão diferentes quanto parecem. Na realidade, trabalhadores e bandidos convivem há décadas nas favelas e periferias urbanas.

A LÓGICA TERRITORIAL

O território para uma sociedade secreta é muito diferente do que é para uma empresa ou um comando militar. No PCC, a lógica territorial de atuar é totalmente distinta do que se imagina, tendo em mente o estereótipo dos morros armados cariocas. O PCC não domina territórios pela força de armas, não exibe suas armas nas fronteiras das quebradas, exceto em casos excepcionais, como em certos locais da Baixada Santista. No Rio de Janeiro, o território das facções é exclusivamente pensado com relação ao tráfico de drogas, embora traficantes também controlem outras atividades legais e ilegais.

Uma favela do Comando Vermelho, ou de outra facção do Rio de Janeiro, tem portanto limites territoriais claros, fronteiras guardadas por traficantes armados submetidos a um poder centralizado. Todos os pontos de venda de droga nesse território fazem o dinheiro fluir para um caixa único, comandado pelo líder local, que se torna também milionário: o "dono do morro". Para abrir um comércio em área de favela do CV, por exemplo, deve-se pedir permissão ao traficante da área, que tem poder personalizado e reconhecido. Deve-se, a partir daí, pagar uma porcentagem de seu faturamento para ele, como se fosse um imposto ao governante da região. A polícia não tem autonomia para adentrar esses territórios, exceto à força. Por isso há caveirões — veículos blindados da polícia — no Rio, e o número de mortos em enfrentamentos territoriais entre policiais e traficantes é tão elevado. As facções cariocas quase sempre têm modelo empresarial e militar, com estrutura piramidal e de mando, expandindo-se por instalação de franquias e domínio territorial militarizado.

Todos os moradores de um território considerado do CV, da Amigos dos Amigos (ADA) ou do Terceiro Comando Puro (TCP) devem obediência à facção, que tenta se legitimar também oferecendo alguns benefícios aos moradores. Entretanto, submetidos a muita violência ao longo dos anos, é comum que os moradores de uma favela do CV, da ADA ou do TCP sejam contrários ao jugo das facções no local. O domínio territorial se faz, assim, menos por consentimento ativo que por medo. É por temerem represálias, sobretudo, que os moradores não devem expor sua oposição ao mundo do crime sistematicamente naquele território.

Em São Paulo, justamente porque o PCC opera uma sociedade secreta, com chefia sem mando, a conformação territorial de suas atividades é bem distinta. Ninguém diria que a Vila Madalena, em São Paulo, é um território dominado pelo PCC. No entanto, uma das principais lideranças da facção, Gegê do Mangue, atuou diretamente no bairro por duas décadas. Por não haver controle territorial, em São Paulo a polícia não precisa, como no Rio, de caveirão ou blindado para entrar em territórios de favela, ou outros locais nos quais a hegemonia do crime se faça presente.

Pela própria estrutura da facção, a lógica territorial é outra: uma área é PCC na medida em que há hegemonia política do Comando no mundo do crime daquele território. A hegemonia diz respeito a quem é do crime, às suas ações. Pode-se recorrer ao governo local do crime — ou seja, o disciplina da quebrada — para pedir justiça em alguma região. Mas é possível recorrer também a outras formas de justiça (o Estado, a justiça divina etc.) caso se considere que elas podem ser efetivas.

A hegemonia da facção deve garantir a paz dos territórios, principalmente nas periferias. Mas a polícia não pode respeitá-la, claro, e não é bom para ninguém que haja tiroteios sem necessidade. Por isso, quando a polícia chega a uma quebrada em São Paulo, não é usualmente recebida a bala, como em outros estados. Uma área pacificada é boa para todos, inclusive para os negócios. A bandeira branca deve estar, simbolicamente, hasteada sempre que o PCC tem hegemonia no território. Fala-se desse modo, ainda que não haja uma bandeira física nos locais.

A polícia logo vai embora, entretanto, e é o PCC quem reivindica para si o monopólio da força nos territórios quando a força estatal não está presente. Ou seja, para cobrar alguém por qualquer deslize, é preciso antes debater com os irmãos e verificar se há aval para isso. Essa reivindicação de autoridade na justiça local não implica outros controles. Para abrir um comércio no território, ou para tocar a vida longe do crime tranquilamente, um morador não tem nenhuma obrigação de pedir autorização ao PCC. Não lhe é exigida nenhuma relação explícita com os irmãos para isso.

Não há fronteiras armadas nas favelas e periferias de São Paulo. Pode-se circular por elas durante muito tempo até que se veja uma arma, e muito provavelmente será na mão de um policial. Em momentos de "guerra", quando a bandeira branca é abaixada, as armas aparecem nas esquinas das quebradas. Foi assim em maio de 2006, em diferentes momentos de 2012 e em janeiro de 2018. No restante do tempo, uma norma de paz deve reger os "territórios do Comando", que representam a enorme maioria das regiões paulistas (quando observados do ponto de vista do mundo do crime).

Há exceções, mas que só confirmam a regra. Conheci uma quebrada pequena no ABC paulista, de poucos quarteirões, na qual não há nenhum irmão responsável, nenhum disciplina do PCC, e na qual não havia tráfico de drogas estabelecido. Ali, quem regula a ordem local é uma família de nordestinos, que há muitos anos atua como justiça local. Essa família se opôs à entrada do PCC na quebrada e foi vitoriosa. Em 2006, momento em que o Comando já possuía ampla hegemonia na cidade de São Paulo, houve algumas tentativas de fazer também daquele espaço um território no qual a disciplina da facção se estabelecesse. Não havendo acordo, houve confronto armado entre a família de nordestinos e integrantes do PCC. Depois de baixas significativas, decidiu-se a certa altura entre os integrantes do Comando envolvidos que não valia a pena dar seguimento à contenda. Aquela nunca foi uma "quebrada PCC", portanto, em pleno ABC paulista.

Na maioria dos casos, porém, o PCC venceu a guerra e eliminou as outras formas de conflito armado no território, como mostra uma entrevista concedida em 2017 por um morador da Zona Leste de São Paulo, Fred:

Comando chegou, tentou tomar uma quebrada, não conseguia.
Foi uma treta feroz lá. Até que montaram um time lá, mataram vários matadores, daí o Comando conseguiu o domínio. Só que

muitos deles ficaram quietinhos, não estavam de acordo com a disciplina do Comando mas também não se declaravam abertamente. Aí um moleque falou [pros caras do Comando]: "Fulano é matador, fulano é matador!".

Foram pras ideias lá, debate daqui e dali, não mataram os caras. Os caras se jogaram da quebrada [foram embora]. Mas os caras, eles faziam uma certa ronda para matar esse moleque aí, que entregou eles pro Comando, né?

Então esse moleque foi e se jogou da quebrada dele, e veio morar aqui na minha quebrada. Aí 2010, 2011, por aí.

Tô aqui na calçada trocando uma ideia com um parceiro, sentado, lua daora e tal, umas sete horas da noite. Esse moleque vinha descendo. Morava na minha rua. Vinha descendo e tal, um carro subindo. O carro subindo e ele descendo do lado da calçada que eu estava. Só escuto o tiro.

A bala passou a menos de um palmo da minha cabeça, mano. Bateu na parede, senti o zumbido, o concreto, o pó do concreto, quando a bala bateu na parede, pegou em mim.

As disputas ocorrem em cada território, e há algumas favelas que nunca foram PCC em Guarulhos ou no centro de São Paulo, por exemplo. Facções minoritárias, como o Comando Revolucionário Brasileiro Criminalidade (CRBC), podem também ter nesses espaços as suas bases. Em Santos e outros territórios da Baixada, há muitos territórios PCC em que o tráfico de drogas está permanentemente armado. Na grande maioria dos locais do estado de São Paulo, entretanto, a hegemonia político-administrativa no mundo do crime é do PCC, e não há armas sendo usadas de forma explícita para defender fronteiras territoriais.

MATADORES, ANJOS E IRMÃOS

As narrativas de vida dos mais pobres não cansam de ensinar que, na época do início da ocupação das periferias de São Paulo, não havia garantia de segurança para os moradores. Nem segurança alimentar, já que a fome gritava, nem segurança social — saúde, assistência e educação passavam longe das periferias —, nem mesmo segurança pública: os serviços policiais não conseguiam acompanhar o crescimento da cidade, e a violência já estava à espreita.

Se a comunidade não podia contar com a segurança proporcionada pelo Estado, é evidente que tinha que fazer sua própria segurança. Mães crecheiras, mutirões autogeridos, esgoto comunitário, lutas por taxa mínima de água e luz, por regularização fundiária, por escolas e postos de saúde, por alfabetização de jovens e adultos, por casas de parto e por hospitais pipocaram nas favelas e periferias de São Paulo, sobretudo durante as décadas de 1970 e 1980. Não foi diferente em outras cidades.

O tema da violência e da segurança, entretanto, era menos um assunto dos movimentos populares e mais dos comerciantes dos bairros. Menos um tema das favelas, sempre figuradas nos arredores como causa do problema, e mais dos grupos remediados do território: os donos das padarias, dos açougues, dos mercadinhos e do pequeno comércio. Era nas padarias, sobretudo, que os policiais encostavam a viatura para tomar um pingado, comer um pão na chapa, conversar sobre o que andava acontecendo. Foi da amizade entre comerciantes e policiais responsáveis pela ronda urbana, em cada território da cidade, que surgiu a história da oferta informal de segurança pública nas periferias de São Paulo.

Essa história se desenvolve e, desde os anos 1960, culmina no aparecimento do que se conheceu como esquadrões da morte, justiceiros ou *pés de pato* nas periferias da cidade. Esses sujeitos, muitas vezes policiais em folga, ou moradores que agiam em associação com agentes do Estado, eram matadores de aluguel. Recebiam dinheiro para, com informações desses comerciantes, expulsar, prevenir a presença ou exterminar criminosos — sobretudo ladrões, já que o tráfico ainda era incipiente — do local. Quem viveu a juventude nas periferias de São Paulo durante os anos 1980 sabe, como ninguém, que ao sair à noite nas ruas dos bairros sentia-se muito mais medo de um justiceiro o confundir com um bandido do que de ser roubado. A história é a mesma em muitos estados do país, e esses sistemas informais de segurança pública e justiça nas periferias sempre autorizaram a pena de morte.

A música de Jorge Ben, muito antes de ele se tornar Jorge Ben Jor, retratou esse período nas favelas cariocas. Entre outros investimentos poéticos, o compositor narrou em suas letras a trajetória de sujeitos que ele chamou de "anjos" nas favelas cariocas. Desde 1965, os textos musicados dele mais claramente dedicados a pensar esse anjo não o dissociam das temáticas cotidianas, como as relações familiares, raciais e afetivas, a sexualidade, a diversão e o futebol. O anjo é o protetor do povo negro e pobre das favelas. Ele surge justamente enfrentando o justiceiro, o matador de aluguel.

> *Lá vem o homem, que matou o homem,*
> *Que matou o homem mau*
> *Pois o homem que matou o homem mau*
> *Era mau também*
> *Um perigoso pistoleiro*
> *Não tinha pena de ninguém* [...]
> *Pistoleiro de aluguel*
> *Cobrava quinhentos dólares*
> *Pra mandar alguém pro beleléu*
> *E com ele não havia xerife que parasse em pé*

> *O xerife morria ou tinha que dar no pé.*
> *Mas um dia, para sorte de todos*
> *Um homem bom, corajoso e ligeiro no gatilho apareceu*
> *Foi aí que o homem mau tremeu*
> *Pois seu lado fraco era a filha do ferreiro*
> *A preferida do homem bom*
> *Marcaram o duelo às duas horas de uma terça-feira.*
> *E nesse dia todo o comércio fechou*
> *Só a funerária meia porta baixou*
> *E dois tiros se ouviram*
> *E no chão o homem mau ficou*
> *Dizem que ele morreu foi por amor*
> *E o homem bom com a recompensa que ganhou*
> *Está casado e é xerife do local*
> *E quando ele passa o murmúrio é geral*
> *Lá vai o homem que matou o homem*
> *Que matou o homem mau*
> (Jorge Ben, "O homem que matou o homem que matou o homem mau")

A vitória do homem bom num duelo justo, contra um pistoleiro reinante até então, sela a passagem de uma ordem armada externa à favela para outra, mais legítima entre os moradores. Essa passagem, na perspectiva de muitos de meus interlocutores de pesquisa em São Paulo, é muito parecida com a transição dos justiceiros para a era PCC nos anos 2000, que ocorreu de modo espraiado por todo o território estadual, vista décadas antes, no samba-rock, de modo tão positivo quanto será quarenta anos depois, no rap paulista. Ainda em 1969, Jorge Ben lançou outras duas canções que, lidas a partir dessa genealogia do anjo, sugerem uma associação imediata à ainda mais conhecida "Charles, Anjo 45", gravada também por Caetano Veloso e, em seguida, por Gal

Costa. Quando ouvidas na sequência interna em que aparecem no álbum, as canções permitem compreensão direta de um evento refletido desde diferentes perspectivas pelo compositor, a *prisão de seu amigo Charles, o anjo*.

Take it easy my brother Charles
Take it easy meu irmão de cor
Pois a rosa é uma flor
A rosa é uma cor
A rosa é um nome de mulher
Rosa é a flor da simpatia
Flor escolhida no dia
Do primeiro encontro do nosso dia
Com a vida querida
Com a vida mais garrida
Take it easy Charles
Depois que o primeiro homem
Maravilhosamente pisou na Lua
Eu me senti com direitos
Com princípios e dignidade de me libertar
Por isso sem preconceito eu canto
Eu canto a fantasia
Eu canto o amor
Eu canto a alegria
Eu canto a fé
Eu canto a paz
Eu canto a sugestão
Eu canto na madrugada
Take it easy my brother Charles
Pois eu canto até a minha amada
Esperada, desejada, adorada
Take it easy my brother Charles

[...]
Tenha calma, meu amigo.
(Jorge Ben, "Take It Easy my Brother Charles")

Jorge Ben envia essa carta musicada ao seu "irmão de cor": tenha calma, meu amigo, isso vai passar e vivemos novos tempos, cujo símbolo é o progresso científico. A mensagem de autocontrole e fé no futuro é muito recorrente em cartas à prisão. O ideal de conduta daquele que está em dificuldades é se controlar, blindar a mente, no termo que encontrei seguidas vezes em meu trabalho de pesquisa. Outras mudanças virão, o futuro será melhor. A vida ainda tem flores, cores, e os tempos abrirão caminho para uma era sem preconceito, na qual a paz, a alegria, a música, o amor e a liberdade estarão vivos. Novos tempos, novos jeitos diferentes de pensar: a rosa é uma cor, uma flor e um nome de mulher. Assim, você, visto como bandido pelo evento da prisão, será por mim chamado de amigo, *brother*, irmão de cor e, mais adiante, anjo.

Na sequência do álbum, Jorge Ben apresenta uma segunda perspectiva a respeito da prisão de Charles. Agora o eu lírico não é mais o amigo que lhe oferece suporte e esperança, mas o próprio Charles que, nesse evento, descobre sua condição de anjo. Descoberta, como a letra demonstra, que se assemelha a uma tomada de consciência:

Pois até um cego pode ver
Que eu não sou o que você diz
Por isso eu não vou mais
Curvar minha cabeça
E nem beijar os seus pés porque
Pois eu descobri que sou um anjo
Eu descobri que sou um anjo
Não, comigo não, comigo nunca mais

As coisas agora vão mudar
Mantenha distância quando eu voltar
Pois quando eu fui meu caminho
Era só pedras e espinhos
Mas na minha volta ele será
De estrelas e rosas porque
Hoje eu descobri que sou um anjo
Eu descobri que sou um anjo
Não, comigo não, comigo nunca mais
Mantenha distância quando eu voltar
Pois há muito tempo
Que meu amor por você acabou
Olhe, não chore, pois você chorando
Meu sentimento pode ficar
Com pena de você
E deixar até você gostar de mim
Por isso mantenha distância porque
Pois eu descobri que sou um anjo
Eu descobri que sou um anjo
(Jorge Ben, "Descobri que sou um anjo")

Charles demonstra tomar consciência, por meio da experiência prisional, dos mecanismos da opressão que chegam ao seu povo. "Até um cego pode ver/ que não sou o que você diz", um bandido. Aqueles que o acusam, o Estado, a lei, as elites, enfim, o sistema, não querem ver quem ele é de fato. Desvela-se, para Charles, a dissimulação daquele que incrimina; o homem se torna consciente de que é funcional para o "sistema" que homens como ele, um líder armado de um território onde vivem pobres e pretos, sejam afastados de seu poder local pela incriminação. A narrativa é muito parecida com a ideologia do PCC, que se instalaria muito mais tarde nas periferias de São Paulo.

"Por isso eu não vou mais/ curvar minha cabeça/ e nem beijar os seus pés", diz o novo Charles. A construção subjetiva do anjo então pode se completar, na figura de um malandro armado com uma pistola calibre .45, ainda no mesmo álbum:

Oba, oba, oba Charles
Como é que é
My friend Charles
Como vão as coisas, Charles?
Charles, Anjo 45
Protetor dos fracos
E dos oprimidos
Robin Hood dos morros
Rei da malandragem
Um homem de verdade
Com muita coragem
Só porque um dia
Charles marcou bobeira
E foi tirar sem querer
Férias numa colônia penal
Então os malandros otários
Deitaram na sopa
E uma tremenda bagunça
O nosso morro virou
Pois o morro que era o céu
Sem o nosso Charles
Um inferno virou....
Mas Deus é justo
E verdadeiro
Pois antes de acabar as férias
Nosso Charles vai voltar
Paz, alegria geral

Todo o morro vai sambar
Antecipando o Carnaval
Vai ter batucada
Uma missa de ação de graças
Vai ter feijoada
Uísque com cerveja
E outras milongas mais
Muita queima de fogos
E saraivada de balas pro ar,
Pra quando nosso Charles voltar
E o morro inteiro feliz
Assim vai cantar
Oba, oba, oba Charles
Como é que é
My friend Charles
Como vão as coisas, Charles?
(Jorge Ben, "Charles, Anjo 45")

A trilogia de canções se completa e o Robin Hood dos morros, o anjo viril, o herói comunitário, também de uma raça é rei da malandragem. O morro vira um céu: paz, alegria geral, samba, batucada, ação de graças, feijoada, uísque, cerveja, queima de fogos, tiros para o alto saúdam sua volta e legitimam sua ordem. Percebe-se que Charles está armado, já na passagem para os anos 1970, e que ele representaria a alegria geral — não apenas dos inscritos no "crime". A ideia de uma ordem local que garanta a paz a *todos*, cuja legitimidade se funda nas armas, está na base do carisma de Charles. É essa a representação que declina no Rio de Janeiro, a partir dos anos 1990, e, em sinal inverso, expande-se em São Paulo na mesma época com o Primeiro Comando da Capital. Ainda não era tudo.

Logo no ano seguinte, no álbum sugestivamente intitulado *Força bruta* (1970), aparece a figura de Charles Júnior, metáfora evidente da sucessão geracional de Charles. O que o novo anjo propõe, como em toda passagem de geração, apresenta rupturas e continuidades diante dos valores expressos pelos predecessores. Continuidade das marcas morais, raciais e de gênero que caracterizavam seu pai, mas agora pensadas a partir da *adição do ideal de igualdade* ao projeto que ele pretende personificar:

> *Eu me chamo Charles Júnior*
> *Eu também sou um anjo*
> *Mas eu não quero ser o primeiro*
> *Nem ser melhor do que ninguém*
> *Eu só quero viver em paz*
> *E ser tratado de igual para igual*
> *Pois em troca do meu carinho e do meu amor*
> *Eu quero ser compreendido e considerado*
> *E se for possível também amado*
> *Pois não importa o que eu tenho*
> *E sim o que eu possa fazer com o que eu tenho*
> *Pois eu já não sou*
> *O que foram os meus irmãos*
> *Pois eu nasci de um ventre livre*
> *Nasci de um ventre livre no século XX*
> *Eu tenho fé e o amor e a fé*
> *No século XXI*
> *Onde as conquistas científicas espaciais medicinais*
> *E a confraternização dos povos*
> *E a humildade de um rei*
> *Serão as armas da vitória*
> *Para a paz universal*
> *E o mundo todo vai ouvir*
> *E o mundo todo vai saber*
> *Eu me chamo Charles Júnior*

Eu também sou um anjo
(Jorge Ben, "Charles Júnior")

A segunda passagem do anjo lembra, ainda muito mais, a revolução interna liderada por Marcola, narrada na primeira parte deste livro. A passagem de geração vê o anjo modificar a ideia do que é ser um rei, como o PCC modifica sua forma de encarar a chefia. Charles Júnior já não quer ser o primeiro, como Marcola, mas ser tratado de igual para igual. Não há mais generais, e sim irmãos. Ele é rigorosamente humano: igual a todos os moradores, preocupado até em mostrar-se como *durão*, pois se tornou *sentimental* demais. A justiça, a liberdade e a igualdade que conduziriam à paz agora não estão calcadas no republicanismo laico do Estado; trata-se de uma ordem moral transcendente, que o superaria e agiria no mundo pela performance diária, pelo proceder de cada sujeito, mais do que por qualquer atributo dele mesmo.

Não importa o que eu tenho, e sim aquilo que *posso fazer* com o que tenho. É na ação, não na pessoa, que está o poder de transformação. O proceder. Esse ideal de igualdade pressupõe liderança legítima, mas sem mando, como vimos na primeira parte. É disso que o PCC vai falar na São Paulo dos anos 1990 e 2000, e isso é percebido. Exatamente por isso, "Charles Júnior" foi a canção eleita para figurar, com uma citação literal, na música "Vivão e vivendo", de *Nada como um dia após o outro dia*, álbum de 2002 dos Racionais MC's, que se dedica a narrar as mudanças efetivas no crime paulista a partir da expansão do PCC das cadeias para as periferias.

O TRILHO AO MUNDO DO CRIME

Hoje, nas quebradas, encontram-se muitas vezes em um mesmo bairro histórias de vida de sujeitos muito diferentes. De um catador de material reciclável a um taxista; de uma travesti que faz programa na rua a um pedreiro com três carros na garagem; de meninas do interior trabalhando no Hooters para pagar faculdade na capital a um estudante secundarista cumprindo liberdade assistida; de uma ingressante por ação afirmativa em uma boa universidade pública a um morador de rua, ex-presidiário e usuário pesado de crack; de um interno de comunidade terapêutica que busca livrar-se da cocaína a um operário têxtil boliviano, quando não um vendedor ambulante nigeriano; de uma evangélica e agente comunitária de saúde a um pequeno empreendedor do ramo de automóveis, participante do Rotary Club; de um segurança privado "preto" de sessenta anos, nordestino, a um presidiário "pardo" de dezenove, favelado; de um policial, um mecânico desempregado a um dono de desmanches clandestinos.

O mundo do crime, portanto, passa a fazer parte dos diversos cotidianos da periferia urbana. Passa progressivamente a tensionar outros sujeitos e instâncias legítimas da sociabilidade. Tensiona o mundo do trabalho, porque gera muita renda para os jovens e simbolicamente é muito mais atrativo para eles do que descarregar caminhão o dia todo, ou entregar panfletos de semáforo em semáforo; tensiona a religiosidade, porque é indutor de uma moralidade estrita, em que códigos de conduta são prezados e regras de honra são sagradas; tensiona a família, porque não se sabe bem o que fazer com um filho "na droga", ou com outro que traz quinhentos reais por semana para casa, obtidos "da droga"; tensiona a escola, porque os meninos do crime são malvistos pelos professores, porém muito bem-vistos pelas alunas mais bonitas da turma; tensiona demais a Justiça legal, porque estabelece outras dinâmicas de punição e reparação de desvios; e o Estado em seu cerne, porque reivindica para si o monopólio do uso da violência, legítima entre parte da população, em uma série de territórios.

Todos esses atores tradicionalmente legítimos — a escola, a família, a religião, o trabalho, a Justiça, o Estado — começam a ter de lidar com a presença e a atratividade do mundo do crime entre os mais jovens e os mais pobres das quebradas. Passa a se estabelecer, de fato, uma disputa pela legitimidade entre essas esferas, e os sujeitos mais tradicionais dos territórios passam a se pensar mais radicalmente *em oposição* ao mundo do crime.

Cresce o punitivismo como ideologia, como reação. Há muitíssimos relatos de campo sobre essa disputa, essa guerra contra o crime travada por professores, assistentes sociais, psicólogos, educadores, militantes e pais de família. A expansão do mundo do crime nas periferias da cidade, na era PCC, se inscreve nessa disputa de legitimidade social, e não apenas no aumento das ações criminais. O que está em jogo nessa expansão é que o mundo do crime, antes visto por todos como o oposto diametral do trabalhador, pouco a pouco passa a concorrer como ator e instância de poder e ordenamento social nas periferias da cidade.

A proposta de vida inscrita no mundo do crime afasta-se muito da proposta crítica e integradora dos movimentos sociais, sendo traduzida de forma bem clara pela expressão "vida loka", bastante difundida hoje nas cidades brasileiras. O crime promete aos sujeitos não mais a integração social, não mais um projeto de nação, um futuro comum, mas uma vida intensa em prazer e dor, adrenalina e risco, de curto prazo. O crime promete pertencimento a uma guerra, não a uma cidadania, marcada por direitos.

Essa promessa tampouco se cumpre. As taxas de homicídios subiram enormemente nos anos 1990 em São Paulo, e continuam a crescer ainda hoje em muitos estados brasileiros. Os meninos das favelas estão se matando. Por isso os padrões da vida cotidiana das periferias, nos últimos anos, vão também originar novas instâncias de poder e oferecimento de justiça, com critérios diferentes do estatal.

A QUEBRADA NO ESTILO LADRÃO

Ouvi meus passos no asfalto durante uns segundos, depois puxei assunto. Estava em Sapopemba fazia quatro dias, acompanhando educadores do Centro de Defesa dos Direitos da Criança e do Adolescente (Cedeca) em visitas domiciliares a unidades de internação ou tratamento de adolescentes que cumprem medidas socioeducativas. Andávamos naquele dia pelo Parque Santa Madalena, bairro ocupado nos anos 1960 e desenvolvido nos anos 1970 por loteamentos operários; hoje a região exibe moradias quase sempre autoconstruídas, em boa parte em situação formal regular. O comércio do bairro é de tipo local, mas suficientemente diversificado para atender às necessidades cotidianas. Dez horas da manhã, começo de janeiro, o sol aparecia pela primeira vez no dia e caminhávamos em frente a pequenas lojas.

Sidnei, o educador social a quem eu acompanhava, tirou seu casaco e o segurou com uma das mãos. Tirei também minha blusa de lã, mas amarrei-a na cintura. Asfalto molhado, névoa se dissipando, casas com grades dos dois lados da rua. Sapopemba é um dos 96 distritos de São Paulo, na Zona Leste da cidade, com cerca de 300 mil habitantes; faz fronteira com a região industrial do ABC paulista. Da rua em que estávamos não era possível ver as maiores favelas do distrito, no vale logo à nossa esquerda, muito adensadas também desde os anos 1970.

Ao passar pelo principal acesso a elas, entretanto, avistei dois meninos conversando na esquina, de pé, também carregando seus casacos na mão esquerda. Roupas novas, tênis de marca, imediatamente caminharam em nossa direção. Jeito de andar característico, as técnicas do corpo que marcam o andar de uma geração, de um tipo social que desperta medo nas senhoras de classe média. Abriram sorrisos largos à medida que se aproximavam. Então as mãos direitas nos cumprimentaram com estilo e seguiram-se as notícias: um amigo tinha sido preso, faltaram na audiência da LA (liberdade assistida): "Desculpa aí, Sidnei, vacilo nosso... e aquelas partituras lá, pra cavaquinho?".

O samba é sábado, na Vila Prudente. Meu parceiro me conta que eles são seus alunos na oficina de música do Cedeca, parte do cumprimento da medida socioeducativa. Tinham sido condenados a cumpri-la havia dois meses; foram pegos pela polícia furtando cabos de cobre de uma construção. Eram meninos "de comunidade", me dizia Sidnei, enquanto seguíamos o caminho — entraram nessa só pela aventura, não eram do crime. Na frente de mais uma loja pequena, que vendia roupas, ele brincou de longe com a adolescente do balcão; depois me contaria que o pai abusava sexualmente dela. O caso está na Justiça — os advogados do Cedeca fizeram a denúncia formal do abuso, depois de ouvirem a adolescente e sua mãe.

Numa caminhada de duas quadras, portanto, deparamo-nos com dois casos de intervenção do Estado, da lei oficial, no arbítrio de ilegalidades. Em ambos houve a instituição de ações judiciais que geraram ou gerariam julgamentos, para implementar ações de reparação (a medida socioeducativa, no caso dos meninos; a possível prisão do pai, no caso da adolescente). Nas duas situações, os advogados que prestam serviço ao Cedeca, por meio de um convênio com a Defensoria Pública, foram os mediadores privilegiados das tentativas de fazer justiça. Noutras vezes, como já vimos, foi o crime a arbitrar as contendas.

No espaço entre esses dois dispositivos — as práticas da Justiça legal e os debates do crime —, encontram seu espaço de atuação sujeitos extremamente relevantes para a gestão da ordem e da violência nas periferias de São Paulo: os policiais da base da corporação. Não é possível compreender sua atuação sem verificar que seu modus operandi reconhece, a cada situação de conflito enfrentada, essas duas instâncias de justiça coexistentes nos territórios e seus respectivos operadores.

Assim, a primeira medida tomada por qualquer policial nas periferias, a cada ocorrência, deve ser a triagem que seleciona o estatuto dos sujeitos nela envolvidos. Trata-se de distinguir, em cada evento, se está lidando com um trabalhador ou um bandido para, a partir daí, dispor de um gradiente de práticas que vão do estritamente legal ao abertamente criminal. Todas essas práticas, entretanto, podem ser legitimadas, a depender dos contextos em que se esteja. É interessante ainda notar que, em cada um desses dispositivos, discursos e rituais localizam na justiça divina sua matriz. Tanto nas ações de justiça implementadas pelo mundo do crime como nas praticadas por policiais, os agentes reivindicam estar do lado da justiça de Deus; a proliferação de igrejas e grupos religiosos pentecostais nas periferias urbanas oferece inúmeras pistas analíticas para compreender como essa justiça é pensada em qualquer dos lados da guerra.

A caminhada com Sidnei prosseguiu. Na esquina da rua Primavera de Caiena, ainda no Madalena, fizemos outra parada. Dessa vez, para olhar a cidade: quase quarenta quilômetros de vista da mancha urbana: toda a Zona Leste e o Centro, ao fundo o espigão da Paulista e, mais atrás, a silhueta do pico do Jaraguá. Mais cem metros a pé e chegamos a um portão de ferro. Não foi preciso tocar a campainha; ao nos ver, um menino pequeno correu, chamando a mãe para nos atender. Entramos, pedindo licença, nos desvencilhando do cachorro, perguntando por notícias do filho mais velho, Adriano.

Janete fez com que nos sentássemos. Conhecia Sidnei há muito tempo. Começaram a conversar sobre o rapaz. Poucas palavras ditas e percebi que lá vinha mais uma história pesada. Acho que minha expressão demonstrou o cansaço — "Esse trabalho seu não mexe com sua 'mente psicológica'?", ela me perguntou. Muito, pensei comigo; mas sorri e disse que não, que estávamos acostumados. E seguimos falando sobre amenidades: a imagem da santa na parede, ao lado de um relógio com o distintivo do Palmeiras, o emprego do marido numa fábrica de móveis (que ele perderia no mês seguinte), a beleza do ponto da toalhinha de crochê em cima da televisão.

Adriano estava em casa. Sidnei comemorou — era difícil encontrá-lo por lá. O menino saiu do banho cinco minutos depois, enrolado numa toalha; vinha do fundo da casa e atravessou a sala em que estávamos, rumo ao quarto que divide com a irmã. Corpo muito magro, pele branca e ossos. Cumprimentou-nos com a cabeça, rápido, de passagem. Do sofá em que eu estava podia vê-lo lá dentro, se enxugando nu ao fundo do cômodo; no primeiro plano, as pernas da sua irmã adolescente calçavam, com esforço, uma bota ortopédica até a altura das coxas. Luz amarela fraca, sentia-me invadindo a intimidade da casa. A menina deixou o quarto de muletas em seguida, e foi amparada pela mãe rumo à cozinha. Aquele tipo de deficiência é doméstica, não se vê em público.

Foi, no entanto, a imagem do corpo do Adriano se enxugando que me impactou; sua silhueta reviveu a imagem do menino morto que vi numa favela, um ano antes. Ele também era um "noia" (usuário de crack em estado avançado de dependência), pensei comigo. Pedra e farinha, crack e cocaína. A face dos noias é típica, o rosto ganha os ângulos do crânio, olhos fundos, cabelos sem brilho, mandíbula evidente. A pele de Adriano era pálida, sem cor, exceto pelo verde-escuro do nome da mãe tatuado à mão no antebraço e pelo lilás das feridas pequenas espalhadas pelas pernas e costas. Pediu um short azul para a mãe. "O azul? Tá lavando!"

Voltou para o fundo da casa assobiando baixo, a toalha velha dava quase duas voltas nele. Retornou com um pente e, de novo no quarto, deixou a porta aberta outra vez — as visitas eram homens. Vestiu ali a bermuda preta. Veio finalmente se sentar num beliche ao nosso lado, sem camisa, chinelo de dedo. Cumprimentou-nos de novo, agora dando a mão e olhando nos olhos, com mais vagar, como deve ser. Sidnei me apresentou assim: "O

Gabriel é de confiança". Só então vi os primeiros detalhes vivos do menino: corrente dourada no pescoço, franja espetada, penteada com cuidado, uma escova de dentes entre os dedos.

E ele começou a falar, queria conversar. A imagem melhorou, mais e mais vida apareceu. Foi se compondo, para mim, uma pessoa em suas particularidades, desfazendo-se minha imagem estereotipada daquele corpo genérico do viciado. A fluência com que o menino se expressava me surpreendeu, na verdade: falando na gíria, narrativa solta contando histórias muito pesadas, mas com fluência e humor. Em dez minutos estávamos — eu, Sidnei e sua mãe — dando gargalhadas com ele. Enquanto isso, de seu quarto vinha o som de um show do MC Menor do Chapa, funkeiro carioca da área do CV, que na época era aliado do PCC em São Paulo. Na abertura do show, que fui procurar depois, havia por isso várias citações do rap paulista.

> Com vocês, Menor do Chapa!
> [aplausos e assovios saudando o MC, que sozinho no palco se prepara para apresentar seu principal hit, "Humildade e disciplina"]
> Fala que é nóis, fiel!
> Diretamente do morro do Turano,
> Mais um guerreiro de fé, vida loka
> Aquele que sonha com a paz na imensidão do mar da guerra
> Aquele guerreiro de fé que nunca gela
> Quem for vida loka aqui levanta a mão pro alto!
> [multidão responde imediatamente, com as mãos, assovios e gritos]
> Quem for vida loka dá um grito!
> [a resposta é ainda maior]
> Guerreiro de fé
> Porque o rei dos reis foi traído e sangrou nessa terra;
> Mas morrer como homem é o prêmio da guerra.
> Mas ó, conforme for, se precisar,

Afogar no próprio sangue, irmão, assim será;
Nosso espírito é imortal, sangue do meu sangue.
Sem menção honrosa, sem massagem, a vida é loka, e nela eu estou de passagem.
Glória a Deus, glória ao Justo dos Justos,
Humildemente, Menor do Chapa...
Quem for fiel de fechar, levanta a mão pro alto!!
[a plateia responde igualmente e iniciam-se as batidas de "Humildade e disciplina". O MC não precisa cantar a letra, a plateia canta por ele]

Adriano nos contou, então, sobre duas abordagens recentes que tinha sofrido da polícia. Uma no carro de um amigo, roubado — que lhe rendeu um BO por assalto à mão armada; outra na biqueira em que trabalhava com outros colegas, que lhe rendeu a necessidade de endividar-se com irmãos para pagar o acerto. Eram policiais civis, segundo ele. Depois das duas histórias, Adriano dava sinais de que já era hora de encerrar a conversa. A casa tinha o pé-direito baixo, ele estava na parte de baixo de um beliche, e as risadas que dispararam, a certa altura, agora já tinham sido substituídas pelos conselhos. Sidnei fazia seu papel de educador, tentava firmar compromissos com Adriano para fazer valer seu atendimento, sempre com a intenção expressa de tirá-lo do crime.

Tudo fazia parecer, portanto, que não cabíamos mais na casa. Adriano sabia que o primeiro BO cairia logo, e que ele iria para busca e apreensão, como de fato foi. Já eram mais de onze horas da manhã, a molecada já devia estar chegando à esquina, Adriano era esperado entre eles. Ele trabalhava naquele ponto vendendo crack, duas vezes por semana, e seu vício tinha começado ali mesmo. O menino foi encerrando a conversa, com habilidade, e resolveu se vestir para sair. Disse que ia tentar fazer a matrícula na escola, tinha perdido o prazo na véspera. Ia nada, todos sabíamos. Levantou-se. Um braço e outro na camisa de manga curta, de brim branco, larga, com estampas e um furo enorme de cigarro nas costas. "Camisa de seda."

Desistiu dela em seguida — era a mesma do dia anterior, podia atrair polícia de novo. Optou então pela camiseta listrada na horizontal, branca e cinza, bem larga. Em seguida uma calça vermelha de moletom, por cima da bermuda. Depois meias de algodão branco e os tênis "de mola". Por último uma outra corrente no pescoço, prateada, o boné e os óculos de sol. Paramentado, o corpo de noia se disfarçava bem. Quem é reconhecido como noia perde o respeito dos pares; Adriano sabia que, para manter seu status entre os amigos que se iniciavam na vida do crime, era preciso parar com o crack. Era necessário disfarçar seu corpo adicto. Falou disso algumas vezes.

Vestido, o corpo de Adriano seguia a estética típica dos meninos da periferia de São Paulo que optam pelo "estilo ladrão", como um outro adolescente me disse certa vez. Dei-me conta, enquanto o via se vestir, de que aqueles noias que reconhecemos como tais, nas ruas, estão em estágio ainda pior. A tatuagem no antebraço ganhava coerência estética. Quando Adriano estava pronto para se integrar aos seus colegas, saímos da casa junto com ele. O cachorro ficou quieto dessa vez. No portão, a mãe gritou "Juízo!", e Adriano sorriu, ajeitando o boné, virando à direita. Segui com Sidnei para a esquerda. Íamos visitar outra família.

Para alguém como Adriano, próximo do mercado varejista de drogas, o mundo do crime não *domina* tiranicamente os territórios ou as populações das periferias. Ao contrário, é uma instância a recorrer quando a polícia o prende. Seja para ameaçar o policial de que estaria sendo filmado, seja para conseguir dinheiro para livrar a cara da prisão.

A posse de armas e a disposição para utilizá-las são, evidentemente, a fonte última da legitimidade e autoridade dos irmãos nas quebradas, assim como a posse de armas pelo Estado é sua fonte última de detentor do monopólio da violência. Entretanto, no cotidiano esses grupos manejam componentes muito mais sutis de disputa pelas normas de convivência, como a reivindicação de justeza dos comportamentos, amparados na atitude, disposição e proceder, bem como na oferta de justiça ou dinheiro a quem dela necessita; a ajuda para solução de problemas de moradia; o amparo para pagamento de advogados; subsídio para a visita de parentes presos etc.

Não se trata de um jugo ou de uma dominação autocrática, tampouco de um movimento democrático: a questão é que "o crime" emerge noutra chave de compreensão, como uma entre outras instâncias de geração de renda, de acesso à justiça ou proteção, de ordenamento social, de apoio em caso de necessidade, de pertencimento e identificação.

Não estou afirmando aqui, portanto, que o crime se espraia indistintamente pelo tecido social das periferias, manchando a boa sociedade trabalhadora, nem que todos os seus jovens habitantes sejam ou estejam se tornando bandidos. A afirmação é que se trata de um universo que trava relações tensas (e intensas) com a família, com a igreja, com as escolas, os postos de saúde, o comércio e uma série de outras instâncias sociais tradicionais, sobretudo o projeto de nação trabalhadora, de uma comunidade nacional integrada.

Se há vinte anos essas fronteiras entre crime e vida comunitária do trabalhador ainda podiam ser vistas como linhas a serem superadas pela democratização, pelo crescimento da economia, pela inclusão dos migrantes na cidadania, hoje são figuradas a partir de um ponto de vista majoritário como uma divisão irreconciliável que é preciso conter, gerenciar, proteger. O projeto de país *de fato* parece deixar definitivamente de lado nas últimas décadas, inclusive em termos retóricos, a promessa de integração daqueles percebidos como perigosos para a ordem pública. O populismo penal ganha terreno.

O deslocamento que se nota no plano da percepção comum é, então, o que retira os trabalhadores do centro irradiador do projeto de nação e situa os marginais como principal obstáculo à sua realização. Se antes era um país para a frente, agora é um país contra bandidos. Segurança pública passa a ser, então, a pauta política número um. É preciso primeiro limpar a casa, a comunidade e o país das ameaças de conflito violento. Também por isso as políticas de educação, saúde, profissionalização ou assistência afastam-se do universalismo, da ideia de que todos têm direitos, de que há um estatuto igualitário para todos os cidadãos.

Direitos humanos para bandidos? As políticas sociais passam, de um lado, a ser concebidas a partir do merecimento de cada um; de outro, a ação social se faz agora tendo como pano de fundo a *prevenção à violência*. Um gradiente moral, estritamente moral, passa então a clivar, na ideologia dominante, os pobres em dois tipos: em um polo estaria o "bandido", a reprimir e no limite eliminar; no outro polo estaria o trabalhador, o consumidor ou o empreendedor a integrar via mercado de consumo. Mas Pingo, seu Waldomiro e tantos outros estão entre uma coisa e outra. A chave binária não funciona para a grande maioria das famílias das periferias de São Paulo e de outras tantas cidades brasileiras, que só queriam melhorar de vida ao sair do Norte-Nordeste, da zona rural, e se viram enredadas em mercados liminares entre o legal e o ilegal.

HÁ UM TÍPICO IRMÃO DO PCC?

"De onde tu é?", se perguntava nos anos 1970. Os conterrâneos de origem se ajudavam prioritariamente. "Qual que é sua quebrada, irmãozinho?", se pergunta ainda hoje. A que terra, a que comunidade você pertence? Esse é o seu lugar no mundo, se você é das periferias. E faz muita diferença, nesses territórios, se você mora num sobrado, em uma avenida asfaltada com comércio e serviços próximos, ou se mora em uma favela com um rio que mais parece um esgoto passando por debaixo da sua casa.

O estereótipo do negociante de drogas que conhecemos pelo cinema, quando não temos contato direto com os morros onde vivem, é o do traficante carioca. Sua imagem genérica é a de um homem, jovem, negro ou pardo, sem camisa e de bermuda, de boné, cordões de ouro e um fuzil nas mãos. Suas atitudes são imprevisíveis, sempre potencialmente violentas, ameaçadoras. Seu jugo é imposto pelo medo, mais do que por suas ideias. A imagem de Zé Pequeno, personagem do filme *Cidade de Deus*, talvez seja a que mais tenha circulado nacional e internacionalmente durante os anos 2000, ajudando a reproduzir esse estereótipo.

Essa imagem, como diversas pesquisas já demonstraram, não condiz com a forma como muitos traficantes cariocas, ou moradores das favelas em que eles atuam, têm de si mesmos. Mas é, sobretudo, radicalmente diferente da imagem genérica que se tem, nas periferias de São Paulo, quando se fala de um *irmão*. Em São Paulo, aliás, costuma ser usada menos a palavra traficante e mais o termo *ladrão* como categoria para se referir a um integrante do crime e, em especial, a um irmão do PCC.

Ladrão é uma forma de se referir aos que são do corre, que são do crime, nas periferias. Na base da consideração que se tem por alguém nesse universo estão os noias (usuários radicais de crack, com corpo e personalidade degradados pelo vício), e há acima deles os que se chama em privado de *ladrõezinhos*, ou seja, rapazes que fazem ações criminais de pouco prestígio, roubando à mão armada lotéricas, carros ou farmácias perto da quebrada. Ladrõezinhos correm muito risco para obter pouco dinheiro, por vezes são considerados mesmo uns safados, que roubam de trabalhador ou fazem mães chorarem por nada.

Ladrão, *ladrão* mesmo é outra coisa, me dizem meus interlocutores. Ladrão não faz propaganda de si, não fala além do estritamente necessário, só confia em quem merece confiança, faz ações criminais planejadas, com menor risco e muito mais lucrativas. Como em todo universo social — e o mundo do crime é um deles —, a diferenciação entre as posições de cada um se define no dia a dia pelo que cada um conseguiu alcançar. Conversar sobre cada uma das ações ocorridas, e sobre os seus atores, estipula nos cotidianos a reputação de cada ladrão. Se o dinheiro faz parte desse mundo, ele também ajuda a definir essas posições. Um ladrão que oferece ajuda a quem precisa, decisão que é individual e não obrigatória, tende a ser mais bem considerado que outros. Um ladrão que é humilde e cumprimenta a todos na quebrada tende a ser mais respeitado do que um que jamais sai de sua casa.

De todo modo, na quebrada, a imagem genérica do ladrão que é integrante do PCC é, acima de tudo, muito menos exposta, muito menos midiática se comparada ao estereótipo carioca. Há mais segredo em torno dela, e a informação de quem é irmão passa de boca em boca, mas não se mostra nas esquinas para quem quiser ver. Além disso, não é uma imagem tão corporal, e menos ainda tão racializada: o irmão do PCC pode ser branco ou negro, mas o que importa é menos como seu corpo se mostra e mais como falam suas atitudes, como funciona sua mente, o que se tem a dizer sobre a sua caminhada.

O PCC, além disso, procura deixar as armas de que dispõe sempre guardadas, não as expõe na frente de todos, principalmente de mulheres e crianças. Há uma outra moralidade que cerca o uso do armamento em relação ao que vemos nos filmes. Um irmão deve ser alguém que tem disposição para a guerra, e para ser ruim, se precisar; mas está longe de ser imprevisível. Muito pelo contrário, os critérios de justiça que usará são amplamente conhecidos — estão nos estatutos do PCC, mas também nas formas usuais de se proceder um debate — e fazem com que se espere que ele seja um guardião do que é certo, do que é correto.

Espera-se ainda, sempre que se estiver em um debate mediado por um irmão, que haja espaço para a argumentação, para o contraditório, antes de alguma ação violenta ser autorizada. Tanto trabalhadores como ladrões podem reivindicar a interferência de um disciplina, ou de um irmão, em conflitos cotidianos. Ultimamente, em alguns territórios das periferias de São Paulo, tem sido mais comum que apenas quem se identifique como do crime esteja apto a essa reivindicação, mas trata-se de uma controvérsia que varia de lugar para lugar. A posição de disciplina seria idealmente, nas favelas, sempre ocupada por alguém que sabe conversar com todos, que é ponderado e não opta pela força sobre os argumentos, exceto em última instância. Nem sempre acontece, mas sempre deveria acontecer.

O tipo ideal do irmão do PCC é, portanto, menos o traficante jovem, figura midiática em outros lugares, e mais o ladrão de bancos, conceituado no crime, que chega a maquinar uma ação criminal durante anos para sair dela rico. O típico irmão do PCC, na visão do mundo do crime paulista, é mente, é inteligência, não corpo. Por isso, não é alguém que se possa identificar visualmente, com bases estéticas. Para conhecê-lo, e saber de fato como age em cada situação, seria preciso acessar suas redes, sua sociedade secreta; sua reputação está presente, entretanto, nos cotidianos das quebradas, e eles circulam entre nós sem que saibamos, nem desconfiemos, que estamos lado a lado com o PCC.

6. Cadeia e rua, mesmo ritmo

ANTES E DEPOIS DO CARANDIRU

O Massacre do Carandiru em 1992 é, de certa maneira, a origem tanto do Primeiro Comando da Capital como da política de expansão radical das unidades prisionais em São Paulo. Os reflexos políticos dessas criaturas seriam sentidos apenas muito mais tarde, mas emolduram hoje o problema da segurança no estado, no país e na América Latina. A expansão do PCC dentro das prisões de São Paulo entre 1993 e 2001, enquanto a facção ainda não era tão conhecida no cotidiano das periferias, deveu-se muito a essas duas mudanças.

Os dados oficiais do governo de São Paulo registraram naquele dia 2 de outubro, ainda hoje lembrado ritualmente por familiares de vítimas, a execução de 111 presos durante a ocupação policial que se seguiu a uma rebelião iniciada no pavilhão 9 da então maior casa de detenção do estado. A rebelião teria sido causada por lutas entre grupos rivais de presos que, após *virarem* o pavilhão, não teriam aceitado as tentativas de mediação por parte da administração penitenciária. Barricadas, resistência e luta teriam caracterizado a entrada da Polícia Militar.

Depois disso, não houve mais negociação. Os policiais ocuparam o pavilhão 9 armados e atirando. Munição letal. Familiares de presos asseguram que houve muito mais mortos, o que nunca foi confirmado. Eram mais de 2 mil presos apenas naquele pavilhão. O Massacre do Carandiru foi o maior da história das prisões do país, mesmo depois dos eventos sangrentos de 2017.

Dados oficiais do período, que não eram confiáveis pela subnotificação, ainda assim demonstraram um aumento radical. De uma média de 550 mortes cometidas por policiais por ano em 1989 e 1990, a letalidade policial subiu para nada menos de 1140 casos em 1991 e 1470 em 1992, as mais altas da história do estado de São Paulo. O governo tinha apoio de parte da população para agir assim.

A repercussão nacional e internacional do Massacre do Carandiru teve, por isso, abordagens muito distintas a depender do contexto de debate. No Brasil, sempre foi muito controversa. Familiares das vítimas, defensores de direitos humanos, políticos e jornalistas denunciavam publicamente o despreparo expresso na ação policial, o autoritarismo estatal, enfim, o descalabro de uma operação policial que termina com 111 mortos em um regime democrático. Pediam apuração detalhada dos fatos, com punição dos responsáveis. Para uma democracia nascente no período, os episódios remetiam aos tempos da ditadura, da ausência de controle público sobre a polícia e da privação de direitos fundamentais — a começar pelo direito à vida — dos grupos subalternos. Democracia implica direitos para todos, e os episódios demonstravam sua incompletude.

Uma parte significativa da população, entretanto, regozijava-se em silêncio sorridente com o episódio. Nos balcões de padaria ou salões de barbearia, era essa a visão dominante. Considerava-se que a morte de bandidos, de presidiários, ainda mais os que se amotinam, era justificável. A sociedade se tornaria mais segura a cada uma dessas mortes. E, acima de tudo, estava-se demonstrando quem mandava: o governo, o Estado, a polícia, e não os criminosos. Mesmo fora da lei, a ação seria legítima: ninguém ali era santo. Os presos portavam facas e barras de ferro, não quiseram negociar, explodiram botijões de gás e queimaram colchões. Eles mesmos haviam provocado a consequência.

Internacionalmente, o massacre repercutiu de forma muito negativa para o governo paulista. Pressões de organismos internacionais foram intensas. Condenou-se a ação de policiais e de seus comandantes. A imprensa cobriu também os longos julgamentos após o episódio, que impuseram penas duríssimas aos responsáveis pela operação. Os julgamentos ganharam relevância política por conta dessa polêmica e foram mais tarde anulados na fase de recurso, com absolvição de todos os réus. Depois de procedimentos judiciais infinitos, e quase 22 anos depois dos fatos, novo julgamento em 2014 culminou na condenação de 74 policiais a longas penas, relativas a 77 mortes. Nenhum deles foi preso, no entanto. Uma nova anulação dos seus júris, conseguida pela defesa alegando falhas procedimentais, possibilitou que fossem todos absolvidos.

A polarização do debate público a respeito da violência urbana, fortalecida nesse episódio histórico, tornou-se cada vez mais central na agenda política nacional. A mesma polarização se tornaria tema eleitoral, em diferentes níveis, durante os anos 1990 e 2000. Ao longo das últimas décadas, o tema não parou de ganhar importância. Em 2018, um Ministério da Segurança Pública foi criado, e a pauta da violência se configurou, pela primeira vez, como assunto central no debate presidencial, sendo assumido como bandeira pelas principais candidaturas.

O destino controverso do coronel Ubiratan Guimarães, da Polícia Militar de São Paulo, é exemplar dos termos em que esse conflito político se desenrola ainda hoje. Após comandar a intervenção que resultou no massacre, e saído ferido, o coronel chegou a ser condenado a mais de seiscentos anos de prisão por 102 das mortes em 2001. Seria posteriormente não apenas absolvido como eleito com mais de 50 mil votos a deputado estadual no ano seguinte, depois de ter ocupado o cargo como suplente por duas vezes. Há décadas candidaturas como as dele têm bases sociais fortes, sobretudo nas famílias de policiais. Apenas no estado de São Paulo, há ao menos 80 mil policiais militares na ativa; a eles somam-se os da reserva e os cerca de 30 mil policiais civis.

O coronel Ubiratan foi eleito naquele ano, ademais, usando o número eleitoral 14111, em alusão direta àquela que teria sido sua principal contribuição para a sociedade. Ao número de seu partido, na época o PTB, seguia-se o número de mortos na ação mais célebre que comandou. O coronel foi assassinado em 2006, em circunstância também controversa. Sua então namorada, acusada do crime, foi absolvida em 2012. O prédio em que o coronel morava foi pichado, à época, com os dizeres "aqui se faz, aqui se paga".

Imerso nessa polarização pública, em pressões de todos os lados, o Massacre do Carandiru é um divisor de águas para a área de segurança pública em São Paulo. Um momento de inflexão nas políticas estatais, conduzidas pelo governo estadual, e ao mesmo tempo um ponto de virada nas políticas produzidas pelo mundo do crime. Se até então os presos viam nas organizações de direitos humanos das cadeias, como a Pastoral Carcerária e os Centros de Direitos Humanos, representação suficiente para vocalizar suas demandas junto ao governo, o massacre deixava evidente para uma parcela dos detentos que já não se podia contar apenas com isso. Para eles, não havia mais possibilidade de mediação. Se a inflexão era para todos, os lados do conflito se preparavam para o futuro de modos muito diferentes.

Nas políticas do mundo do crime, duas linhas de conflito do cotidiano dos presos, no interior das prisões, já eram insuportáveis e escapavam à capacidade de mediação das organizações que defendiam seus direitos. A primeira era representada pelas *injustiças* nas relações entre os próprios presos. A lei do Casarão, como era chamada a Casa de Detenção, até aquele momento era a lei do mais forte. Estupros, homicídios considerados injustos e violações de acordos mínimos de convivência eram frequentes. A segunda linha de conflitos era relativa às *opressões* do "sistema" — conceito usado tanto para se referir ao sistema carcerário e sua administração como para o sistema de dominação do Estado sobre o preso e mesmo do rico sobre o pobre. O sistema oprimia ainda, na perspectiva dos presos, na restrição e humilhação das visitas, nos espancamentos, nas punições consideradas exageradas, no atraso infinito nos processos criminais, na distribuição de comida estragada, na superlotação, entre outros relatos corriqueiros no período. Em 1989, cinquenta presos haviam sido colocados em uma cela de um metro e meio por três metros na carceragem da delegacia do Parque São Lucas, na Zona Leste de São Paulo, como castigo após uma tentativa de fuga; dezoito morreram asfixiados. Essas opressões, na linguagem dos presos, tiveram seu ponto máximo no Massacre do Carandiru.

A fundação do PCC, em 31 de agosto de 1993, na Caverna, CCTT ou Piranhão, nomes usuais do anexo da antiga Casa de Custódia e Tratamento de Taubaté, reivindica-se como uma resposta a esse cenário opressivo. O primeiro estatuto do PCC traz explicitamente o Massacre do Carandiru como um divisor de águas nas políticas do crime, uma das justificativas centrais de sua fundação.

O Piranhão — apelido de uma unidade movida a sangue dos presos, no jargão prisional — desempenhava administrativamente o que seria, apenas nos anos 2000, constituído de maneira formal como o Regime Disciplinar Diferenciado, RDD, ao qual eram submetidos os chamados líderes do crime organizado. O "castigo" a esses presos, e aos indisciplinados, era ali executado.

Foi da reunião de sujeitos nessa situação, nessa unidade, que surgiu o PCC, inicialmente referido por funcionários como um partido ou um sindicato do crime. Não poderia ter sido em outro lugar. Quanto mais se pensa estar restringindo a liberdade do preso, mais se provocam suas reações, portanto torna-se o nível de conflito cada vez mais elevado. Após o Massacre do Carandiru, e vindo da prisão mais rigorosa do estado no período, o CCTT, na qual os presos viviam isolados e de onde partiam vastas denúncias de tortura, surge a principal facção da América Latina, o PCC. Aumentar a repressão em cenários de muita desigualdade, em segurança pública, sempre significou o aumento também da reação criminal.

Em 1993, o Primeiro Comando da Capital já anunciava seu lema original: Liberdade, Justiça e Paz (e não Paz, Justiça e Liberdade, como era o lema do Comando Vermelho carioca, e como seria mais tarde o próprio lema do PCC, com a adição posterior da Igualdade e da União). Não se podia imaginar que aquela facção, então minoritária em relação à Serpente Negra e à Seita Satânica, outros grupos criminais do período, iria tão longe. Mas seu primeiro estatuto já demonstrava as intenções de expansão estadual pelos estabelecimentos penitenciários, e nacional em aliança com o Comando Vermelho.

A caixinha de cada irmão, que garantiria num primeiro momento a oferta de advogados aos integrantes, também já consta do primeiro estatuto, no trecho já destacado neste livro, tornado público apenas em 1997. Advogados, aliás, terão papel extremamente significativo no desenvolvimento da facção. Muito mais tarde, em 2016, a Operação Ethos, da Polícia Civil, prenderia

33 advogados ligados a facções criminais, alguns deles também atuando em organizações de defesa de direitos e partidos políticos. Reivindicando portanto o combate às *injustiças* e *opressões*, internas e externas à *população* carcerária, e em ruptura com a tradição associativa dos movimentos sociais das décadas anteriores, a facção expandiu progressivamente sua legitimidade pelo sistema penitenciário, implementando políticas específicas, de efeitos práticos para os presos, para a população: interditar a violência sexual, regrar a gestão dos leitos em cada *barraco*, ou cela, debater exaustivamente cada situação conflituosa, como um terceiro ator responsável por acessar aquilo que é certo segundo a disciplina do Comando.

Seus membros passaram a ser batizados em rituais nos quais se assume um compromisso com o crime. O lema inicial funcionava, nesse período, como bandeira para que se iniciasse uma cruzada de guerras nos presídios paulistas, travada entre o PCC e outros coletivos de presos, considerados opressores, bem como contra os bandos de *bandidões* que, pela força, subjugavam outros presos. Alguns fatores foram decisivos nesse processo de expansão do PCC, para o qual a legitimação pela própria população carcerária é fundamental.

Essa legitimidade não foi obtida, portanto, apenas pelo recurso à coerção física — mas a violência desse período, contra os opressores, é incontestе. Ao final de 2000, por exemplo, nove de seus opositores foram mortos no CCTT, sendo três deles decapitados, demonstrando força jamais vista nos presídios de São Paulo. Ainda assim, nas rotinas das cadeias o PCC se fortalecia, sobretudo, pela reivindicação de justeza no uso dos argumentos, das ideias, da mediação — e, se necessário, no uso da violência. Eles defenderiam o certo até o limite. É isso que caracteriza a facção para seus integrantes. Essa reivindicação de legitimidade tinha que ser demonstrada, em seguida, no cotidiano, nas práticas de cada um.

A legitimidade do PCC se fundou, portanto, no estabelecimento de políticas amparadas em um estatuto cuja normatividade — aquilo que é certo — a facção reivindica representar, tanto do ponto de vista político-administrativo, zelando por sua disciplina através de debates, como pelo uso da força, se necessário. O PCC aparece, assim, como um governo das cadeias de São Paulo, reclamando para si o monopólio da força e da justiça. Um governo legitimado internamente porque se faria em favor da paz nos presídios, do fim da opressão entre presos, da luta incessante contra o sistema.

Não se trata, no entanto, de um poder "paralelo", como se costuma dizer. O PCC não interferia — e não interfere — no poder estatal de decidir quem será preso, por exemplo. A direção de presídio não deixa de ter poder, mas passa a ter um interlocutor, representante dos presos, com quem coordenar suas ações. A ação do diretor sempre está baseada no que os presos fariam, como as ações dos presos também se referenciam nas formas como o poder penitenciário reagiria às suas ações.

Há sempre os presos que estão contra o diretor, mas há também os que fazem acordos com ele, com a equipe de agentes. Há, portanto, o início da conformação de regimes de poder, de regimes normativos, que atuariam ao mesmo tempo, nas mesmas unidades prisionais. Já ouvi em favelas que "o PCC é como o GOE", o Grupo de Operações Especiais, uma Unidade de Recursos Especiais da Polícia Judiciária, da Polícia Civil de São Paulo, responsável por ocasionais operações de varredura nas cadeias. Para os presos mais desestruturados — usuários de crack, por exemplo —, o PCC aparece como um governo policial nas cadeias, com a diferença de que tem sua legitimidade reconhecida. Outro interlocutor, Lázaro, um traficante de drogas preso na virada para os anos 2000, que anos mais tarde seria interditado pelo Comando na favela em que morava, me disse certa vez que ter o PCC na cadeia era a mesma coisa que ter o pessoal da carceragem. "Uma forma de disciplina, a mesma disciplina", relata ele. "Não deixa acontecer brigas, rebeliões, eles que comandam. O mesmo respeito que o cara tem pelo irmão dele, que é do Comando, tem entre nós, que não é." A ideia de que há chefia no PCC existe, mas está sempre submetida à pressuposição de igualdade e respeito, como se nota. E é ainda mais forte para a esmagadora maioria das pessoas que conhecem bem as periferias e as prisões de São Paulo, com quem conversei nas últimas duas décadas. O PCC, para elas, é considerado o instituidor de uma lei justa nas cadeias, quem as transformou em lugares habitáveis. Foi dessa forma — produzindo governo, oferecendo justiça e segurança, mediando conflitos quando possível, matando os considerados inimigos depois de serem decretados em debate e instituindo regras comuns de convivência, boas para a maioria dos presos — que os irmãos do PCC se tornaram populares nas prisões do estado durante os anos 1990.

Por conta dessa popularidade, a maioria dos que iam presos declarava proximidade ao Comando, de modo a estar num lugar regrado. Graças a isso, e à capacidade política de negociar com as administrações penitenciárias do período, esses sujeitos implementaram as *políticas* de interdição do estupro, de oferta de justiça em qualquer caso de opressão ou desrespeito às regras básicas de convívio, focadas sobretudo em homicídios considerados injustos. Posteriormente, o uso de crack foi banido dos presídios de São Paulo sob gestão do Comando, mas preservando a entrada de maconha e cocaína. Medidas extremamente populares entre os presos, que afetavam de forma direta as condições de vida nos presídios, legitimaram seu regime. Um governo que favorece a população é, quase invariavelmente, reconhecido por ela, mesmo que ele pratique atos de violência extrema contra os considerados inimigos. O PCC nunca poupou aqueles que considerou vermes, coisas — ou seja, os alcaguetas, os traidores, os estupradores, os policiais, entre outros que não seguem o *certo*, resguardado por sua disciplina.

Assim, dosando convencimento dos pares e uso da violência adequada a cada situação, os irmãos construíram nas práticas cotidianas das cadeias, e não com discurso público, capacidade objetiva para *reivindicar* em cada território prisional o monopólio legítimo do uso da força entre seus membros. Quando, em fevereiro de 2001, com a Megarrebelião e a revolução interna, deram fim às guerras sangrentas contra facções rivais, consolidaram-se as posições de autoridade do Comando na grande maioria das prisões paulistas e a hegemonia do PCC no sistema prisional.

INSTRUMENTALIZAÇÃO DA SEGURANÇA

Ainda em meados da década de 1990, duas outras matrizes de discursos sobre violência, homicídio e justiça — amparadas em *outros* critérios de paz, justiça e liberdade — se legitimavam publicamente como base de sustentação de políticas de segurança no estado de São Paulo. O Primeiro Comando da Capital soube utilizar-se desse cenário para instrumentalizar as políticas de segurança paulistas, colocando-as para trabalhar a seu favor. A primeira dessas matrizes era a dos direitos humanos, que à época ganhava espaço na área de segurança pública entre novos gestores estatais, nos cursos de formação de policiais e agentes prisionais. O período de redemocratização do país havia promovido a pauta, internacionalmente dominante. O Massacre do Carandiru não se repetiria, a depender da visão dos novos gestores paulistas: uma política pública renovada, respaldada pela democracia, regularia com mais eficiência a questão dos presídios e das unidades de internação de adolescentes.

Um ex-agente prisional, universitário contratado em 1998, momento dessa intensa reformulação, conta que antes de assumir seu posto passava por uma escolinha de formação, na qual esses princípios eram muito enfatizados. Havia um curso preparatório para os agentes, de quarenta dias, com aulas de direito penal, criminalística, ética, defesa pessoal e segurança penitenciária. Os professores seriam os diretores da nova unidade prisional, além de outros especialistas, contratados pela Secretaria de Administração Penitenciária. A palavra de ordem de todos era garantir o tratamento humanitário aos presos. Violência apenas em último caso.

Homens modernos, governo moderno, soluções modernas. Técnica administrativa, plantas mais adequadas nos presídios e investimentos em pequenos municípios comporiam um plano estratégico de desenvolvimento dos nossos presídios, imersos em barbárie até então. Embalado por essas mudanças, o número de homicídios cometidos por policiais é o mais baixo desde os anos 1980. Em 1996, com a mudança de direcionamento das políticas de segurança na ressaca pós-Carandiru, as mortes cometidas por policiais caíram para "apenas" 239 no ano, menos de um quarto do número de 1992.

Uma segunda matriz discursiva do governo, porém, constatava com esses resultados o oposto daquilo que se esperaria. Seria necessário, para essa ala dentro da administração estadual, reprimir mais decididamente o crime, acabar com a impunidade. Setores policiais radicalizados reforçaram seu discurso e, entre muitas outras ações, elegeram o coronel Ubiratan com o número 14111. A questão não era encarcerar melhor, e sim encarcerar mais. Não tratar os bandidos como titulares de direitos, mas evitar que continuassem impunes. Era preciso demonstrar, nas ruas das cidades, nas cadeias e favelas, quem manda no estado de São Paulo, no país. Haveria necessidade de mais ordem, mais investimentos nas polícias, ampliação e modernização de seus efetivos, seus equipamentos, para travar uma guerra contra o crime e, por extensão, contra os criminosos.

Os anos 1990 são marcados, portanto, pela renovação dos discursos da segurança pública nos gabinetes de governo em dois sentidos opostos. De um lado, direitos humanos, justiça democrática. De outro, guerra implacável ao crime. A composição entre as duas alas produziu a política de segurança de fato existente em São Paulo, que favoreceu incrivelmente a expansão do PCC a partir de sua consolidação.

Ao mesmo tempo, a pauta da segurança se tornava cada vez mais explosiva. O recrudescimento da sensação de perigo nas cidades era notável, alimentada pela explosão das taxas de homicídios de adolescentes e jovens nas periferias, quase sempre em cadeias de vendeta com pares ou policiais conhecidas como "acertos de conta". Conforme já citado, deu-se nos anos 1990 a explosão nas taxas de homicídio em São Paulo, concentradas no perfil do jovem negro, pobre, morador das periferias, jovem e inscrito em mercados ilegais.

Não se falava sobre mercados ilegais, aliás, nem sobre a chegada do tráfico transnacional de cocaína a São Paulo, para situar as causas desse aumento de homicídios. Falava-se em violência urbana, em necessidade de segurança: condomínios como enclaves fortificados transformaram a paisagem urbana da capital paulista, como de muitas cidades brasileiras, e cada vez mais agentes de segurança privada se espalharam pelas ruas. Passaram a ser usadas câmeras de vigilância ligadas 24 horas, como nunca se havia visto. O combate à impunidade se tornava norte de uma política de "segurança pública" capilarizada no tecido social, assumida pelas elites como uma tarefa sua, particular, privada.

Se a primeira das correntes políticas aqui tratadas apostava nos direitos e na cidadania universais, a segunda figurava uma sociedade cindida pelo próprio direito — as garantias de *uns* estariam constantemente ameaçadas por *outros*; a repressão e a eliminação destes últimos, sem dúvida, favoreceriam a paz entre os primeiros.

O conflito latente dentro do governo estadual entre essas distintas concepções de segurança tendeu a uma resolução de repartição nítida entre diferentes grupos de atores ligados à segurança. De um lado, foi se constituindo um núcleo de gestores e consultores das políticas oficiais de segurança, como especialistas e ONGS, policiais progressistas, professores universitários e ativistas internacionais. Eles fortaleceram entre si um nicho em que formas de pensar o direito à segurança pública, a prevenção, o policiamento comunitário e outras propostas de patrulhamento das ruas foram erigidas.

Esse nicho de atores, amparados pela matriz internacional dos direitos humanos, ocupou fóruns, conselhos e debates sobre políticas de segurança oficiais. Recebeu financiamentos para projetos piloto, para novas iniciativas na área, e tudo parecia caminhar para a constatação de que os direitos humanos efetivamente haviam se tornado uma gramática definitiva na formulação de políticas de segurança.

De outro lado, entretanto, estava a realidade crua das ruas, bem como a resistência da tradição institucional militar das polícias no Brasil, em que não raro, após os cursos de formação, os novos recrutas faziam no pátio da academia uma fogueira com os livros utilizados. Desse mesmo lado, estava a resistência das elites policiais, dos grupos de empresários preocupados com segurança pública e, sobretudo, privada; estavam as redes católicas, protestantes, espíritas, e as fraternidades mais afeitas a essas elites, que fortaleceram de forma silenciosa o poder político da estratégia punitivista. Seu modelo ideal de policiamento, longe da ampla defesa e do reconhecimento das causas sociais do crime, era o da tolerância zero, a política norte-americana muito difundida também entre especialistas.

Simultaneamente, ainda, os baixos escalões policiais seguiam suas práticas usuais nos cotidianos das periferias. A recorrência de rebeliões nas cadeias do estado, bem como nas unidades da antiga Fundação Estadual do Bem-Estar do Menor (Febem), ao longo dos anos 1990, passou a ser sintomática: era muito mais forte nas unidades em que não havia PCC. Por outro lado, seguir como estava não era possível. A publicização dessas revoltas dos anos 1990 pesava muito negativamente para a imagem dos governantes e suas administrações: de um lado escandalizava as organizações nacionais e internacionais de direitos humanos; de outro, fortalecia a opinião dos que consideravam o governo frouxo demais. Com mais autoridade, esses presos não fariam o que fazem. Com mais punição, não haveria como se rebelar desse jeito.

Um impasse estava estabelecido, e era preciso agir. Em meio a tantos conflitos, a abertura da economia nacional, seguida de intensa reestruturação produtiva, impunha a necessidade de profissionalização e aumentava o desemprego, a transnacionalização e a flexibilização da gestão de todos os mercados operando no país, inclusive os ilegais e ilícitos. O desemprego estrutural chegou a 22% da população economicamente ativa na região metropolitana de São Paulo no final dos anos 1990; a informalização dos mercados e as altíssimas taxas de lucro das atividades ilegais elevaram os índices de criminalidade violenta a patamares impensáveis uma década antes.

Se um entre cinco dos moradores de São Paulo que teriam idade para trabalhar estava sem emprego, muitos dentre os desempregados encontrariam renda — e muito mais do que poderiam ganhar no mercado formal — no tráfico de drogas. Esse é o principal mercado emergente nesse período de crise econômica na cidade de São Paulo. E o tráfico de maconha e cocaína era, como continua sendo, dos mais lucrativos. A mercadoria chega a São Paulo e seus pontos de comércio privilegiado se estabelecem territorialmente, em especial e não por acaso, nas periferias da cidade. Ali, como já vimos, as famílias vinham passando por transformações intensas e muitos de seus trabalhadores — em maior parte os dos segmentos mais pobres e mais negros entre os migrantes — tinham visto frustrado seu sonho de integração social. Alguns não acreditavam mais nessa integração havia anos, e viram no tráfico uma saída.

O controle desses mercados emergentes, como era de imaginar, foi extremamente competitivo e violento. A possibilidade de garantir lucros para os seus — a sua rua, a sua comunidade, a sua favela, a sua família — gerou uma verdadeira corrida armamentista em São Paulo. E o armamento dessa população, a mais pobre da cidade, produziu uma guerra aberta nas periferias da cidade. Muitas mães choraram nas madrugadas em saguões de hospitais, unidades do IML e cemitérios. Em barracos. Em pontos de ônibus lotados.

> *2 de novembro era Finados/ Eu parei em frente ao São Luís do outro lado/ E durante uma meia hora olhei um por um/ E o que todas as senhoras tinham em comum?/ A roupa humilde, a pele escura, o rosto abatido pela vida dura/ Colocando flores sobre a sepultura/ Podia ser a minha mãe/ Que loucura.*
>
> *Cada lugar uma lei, eu tô ligado. No extremo sul da Zona Sul tá tudo errado/ Aqui vale muito pouco a sua vida/ Nossa lei é falha, violenta e suicida/ Diz que disse, não se revela: parágrafo primeiro na lei da favela / Legal... Assustador é quando se descobre/ Que tudo deu em nada e que só morre pobre./ A gente vive se matando, irmão, por quê?/ Não me olhe assim, eu sou igual a você.*
>
> (Racionais MC's, "A fórmula mágica da paz")

Uma geração das periferias urbanas traz ainda hoje as marcas desse período. Quando me contam suas histórias, contabilizam os mortos entre seus pares. Talvez essa geração ainda reproduza os efeitos do trauma dos anos 1990 por muito tempo. Assunto central nos noticiários, o tema das mortes violentas no mundo do crime passou a ser objeto de investigação mais sistemática nos cotidianos por parte de moradores, comerciantes, rappers, favelados e ativistas das quebradas, além de sambistas, pretos velhos e familiares de vítimas. Também foi de interesse de alguns padres, alguns pesquisadores e alguns pastores da região.

Quando conversavam entre si, invariavelmente as setas que continham soluções para o problema apontavam para as cadeias. Alguma coisa estava acontecendo nas prisões, diferente. Ali, parece que as mortes não acontecem mais. Enquanto isso, nas quebradas a guerra permanecia viva, os meninos seguiam se matando, só se falava disso.

> *Cê viu ontem?/ Os tiro, ouvi um monte!*
> *Então, diz que tem uma pá de sangue no campão.*
> *Mas, ih, mano, toda mão é sempre a mesma ideia/ Junto, treta, tiro, sangue, aí, muda de assunto./ Traz a fita pra eu ouvir porque eu tô sem,*
> *Principalmente aquela lá do Jorge Ben.*
> *Uma pá de mano preso chora a solidão/ Uma pá de mano solto sem disposição/ E penhorando por aí, rádio, tênis, calça/ Acende um cachimbo... virou fumaça!/ Não é por nada não, mas aí, nem me liga, ó.../ A minha liberdade eu curto bem melhor.*
> *Eu não tô nem aí pra o que os outros fala/ Quatro, cinco, seis preto num Opala.../ Pode vir, gambé paga pau!*
> (Racionais MC's, "A fórmula mágica da paz")

Nessas conversas, sabia-se desde então que havia um tal de PCC ordenando as coisas no cárcere, na prisão. Se nos debates públicos é comum ainda hoje que se refira aos anos 1990 como os de construção ou consolidação da democracia no Brasil, no mesmo período as periferias falavam da "época das guerras". Se os direitos humanos animavam os consultores de segurança pública, que viam a democratização das polícias no estado de São Paulo nascer de sua atuação, o rap cantava o Holocausto Urbano. Se as elites policiais acreditavam na eliminação do problema dando guarida institucional às práticas de extermínio implementadas pelas bases da corporação, financiadas pelos comerciantes dos bairros periféricos, eles não tinham ideia da fratura social que essas mortes representavam e, muito menos, de que a reação viria justamente da organização do mundo do crime desde dentro das prisões até as periferias da cidade.

Os responsáveis pelas políticas estatais de segurança pública do período, então, fortaleceram duas medidas fundamentais: o aumento agressivo das taxas de encarceramento, com a chamada interiorização dos presídios, e a tentativa de fazê-los funcionar na chave dos direitos humanos. Se havia guerra nas quebradas, com grupos de jovens negros se matando pelo controle do mercado de drogas, nos presídios se dava um processo de ressocialização — ou pela intenção dos gestores, ou principalmente pelo PCC aproveitando o aumento do número de presos para também se expandir nos presídios de todo o estado. A ordem era pacificar as relações entre os ladrões, bater de frente com o sistema.

Tomadas as decisões governamentais de mudança no direcionamento das políticas, São Paulo começou a ampliar significativamente, e de forma simultânea, tanto as unidades prisionais — que passaram de pouco mais de trinta em meados dos anos 1990 para 170 em 2018, com treze novas em construção — como as taxas de encarceramento. O estado de São Paulo, que tinha pouco mais de 40 mil presos quando o PCC nascia, em 1993 expandiu gradativamente sua população carcerária para chegar a mais de

225 mil presos no final de 2017, segundo dados da Secretaria de Administração Penitenciária.

O estado de São Paulo, que tem hoje nada menos de 1,2 milhão de ex-presidiários numa população total de 45 milhões de habitantes, expandiu a lógica PCC nos presídios ao mesmo tempo que expandia o sistema carcerário. Se cada ex-presidiário tiver quatro parentes imediatos em média, falaríamos hoje de um grupo de 5 milhões de pessoas, mais de 10% da população, com familiares próximos vivendo as dinâmicas prisionais. Todos eles, sem sombra de dúvida, conhecem de perto a operação do Primeiro Comando da Capital nas cadeias em que seus familiares estão e nas quebradas em que vivem.

Nada menos do que 116 novas unidades prisionais foram entregues entre 1998 e 2005. Não foi por acaso a expansão do PCC pelas unidades paulistas, nesse período. Enquanto as políticas de encarceramento cresciam, visando diminuir homicídios e taxas de criminalidade comum; enquanto os cursos de formação de policiais e agentes prisionais nos direitos da cidadania se alteravam de forma sensível, o PCC fazia sua rede funcionar de modo cada vez mais azeitado nas prisões.

O crescimento e o fortalecimento de um ator secreto, agindo por fora das expectativas oficiais, o Primeiro Comando da Capital, foram sem dúvida o resultado mais impactante da política de modernização da segurança pública em São Paulo, fruto da interface entre defensores de direitos humanos, gestores eficientes e grupos policiais punitivistas.

Nesse processo, seguiam-se os mesmos princípios procedimentais da reforma na segurança pública: a lógica de aumento de eficiência, eficácia e efetividade de todas as políticas setoriais, enfatizando a gerência, a gestão que impunha uma reforma importante das instituições. Enquanto o governo produzia o crime, o crime auxiliava a produção do governo, da gestão, da administração prisional.

Essa ofensiva estatal contra a criminalidade, que a fortalecia, teve como aliada no plano internacional a famosa política da guerra às drogas, que, já fora de época, chegava ao Brasil fazendo adeptos. Os debates jurídicos que transformaram o tráfico de entorpecentes em crime hediondo — gerando penas muito longas aos condenados — têm sem dúvida participação técnica também importante na conformação do encarceramento massivo, que por sua vez amplia a presença do PCC nos presídios.

Novas plantas arquitetônicas de prisões, que seriam antirrebelião, são anunciadas; novos centros de detenção provisória e sua descentralização para cidades do interior acabariam com as carceragens das delegacias de polícia; os processos criminais seriam agilizados; as cidades pequenas se beneficiariam dos empregos gerados por esses novos equipamentos públicos — as prisões —, que se convertiam, portanto, também em espaço de investimento privado para transformar indivíduos inaptos ao mercado, os presos, em empreendedores. Trata-se de uma tendência ainda crescente, que ignora que o principal empreendimento surgido no período, hoje gerenciando negócios globais, se chama Primeiro Comando da Capital.

A nova medida de segurança pública teve apoio, portanto, de muitos especialistas e juristas bem formados nos direitos humanos, de muitos policiais que sentiam a possibilidade de estruturar suas instituições, de muitas empresas que aproveitavam o boom do mercado securitário, e de boa parte da população, sensível ao populismo penal. Apostava-se que essa política de segurança virava a página do período dos massacres, da era Maluf e Fleury, e ao mesmo tempo produzia desenvolvimento, gerava empregos. O projeto foi bem-sucedido, na avaliação dos gestores paulistas da segurança pública, e por isso segue ainda ativo.

Não por minimizar o mundo do crime e reabilitar seus integrantes, certamente, mas por ampliar os mercados de segurança e por suprimir da cena pública o conflito político causado pelas taxas muito elevadas de homicídios, de mortos em rebeliões, de massacres. De um lado, saciava-se a demanda por punição dos pobres, vistos como causa da desordem, pelo encarceramento; de outro, viam-se descer os índices de homicídios e atendia-se ainda à demanda difusa por modernização da *segurança*, eivada pelas palavras direitos e cidadania, modelo que amarrava várias pontas do espectro político e que, sem dúvida, esteve na base das reeleições sucessivas do partido governante durante as últimas décadas em São Paulo.

Não se trata aqui de denunciar esses governos, como se estivessem produzindo uma retórica de garantia de direitos para promover implicitamente práticas que a contradiziam. Trata-se de destrinchar as linhas de força do debate político do período, em torno da segurança, bem como as estratégias que os atores tiveram para lidar com elas, mantendo a governabilidade e a estabilidade das políticas.

Todo governo, da direita à esquerda, preza por essa estabilidade e prioriza estratégias para se manter no poder. Não se trata de um problema de vontade política, intenção, consciência ou ideologia, uma vez que esses são pressupostos do funcionamento desses atores. A questão aqui é demonstrar como o PCC pôde instrumentalizar essas políticas para seu próprio crescimento, justamente quando pensavam que estavam acabando com a facção.

O argumento que interessa aqui é pragmático, portanto: importa levar em conta que os saberes que realmente constroem o mundo são produzidos no plano das práticas, para além desses discursos oficiais genéricos, ideológicos. Nem os defensores de direitos humanos estavam certos em suas propostas, nem os gestores eficientes do governo, nem os policiais punitivistas: os irmãos do PCC e os rappers que conheciam as periferias das cidades e liam o que estava acontecendo puderam compreender o momento com bastante mais acuidade que os demais atores. De outro lado, eles eram muito menos poderosos do que esses outros atores, que também implementavam suas práticas.

É no choque entre elas que a vida se foi negociando no período. No saber que se produz no dia a dia das cadeias e unidades de internação, entre sujeitos embrutecidos pelo crime, pelo abandono, pela tortura; nos cotidianos das favelas e periferias, nos grupos mais pobres entre os pobres, em choque com aqueles produzidos na normatividade oficial. As políticas da experiência vivida. Por vezes, elas produzem mais efeitos que as políticas governamentais, e esse foi claramente um caso.

O descompasso entre as situações vividas no mundão, como se diz nas cadeias, e os ideais institucionais de reforma do preso, presentes nas crenças nos direitos humanos e na rápida renovação das práticas de segurança pública nos presídios paulistas nos anos 1990, foi-se apresentando pouco a pouco. O mesmo Paulo, agente de segurança penitenciária que, em seu curso de formação, apostava em uma nova estrutura carcerária com foco na reabilitação dos presidiários, viu sua esperança ruir em apenas três meses no presídio novo:

> Até então eu não tinha visto nenhuma atitude de violência pelos diretores. Tinha visto por funcionários velhos.
> Depois eu acabei vendo dos próprios diretores. Eles que falavam de reabilitação; e isso aconteceu no meu turno, que era o noturno. Vieram presos da penitenciária de Cidade [nome fictício]. Estourou a cadeia lá e trouxeram as lideranças. Deram um bonde e levaram para Município [nome fictício].
> O diretor chamou o chefe de plantão, meu amigo, falou que queria os caras maiores para receber o bonde. Me chamaram,

chamaram várias pessoas, os mais altos. Chamaram o Pedro, que depois foi apelidado de Superman, era um cara extremamente violento. Chamaram o Lucas, que era gente boa, mas depois ficou violento. E aí a gente foi para um setor de inclusão, a gente chegou lá e vieram os diretores. Os caras que trabalharam lá em cima trouxeram um monte de porretes, a gente chama de "descer o cano". Eram canos de água mesmo, de ferro, e na base dele tinha um cano um pouco maior, de PVC, e furado, com um barbante [amarrado em alça, mostra como se empunha esta alça], para não cair. Trouxe os canos, cada diretor pegou um.

Um dos diretores trouxe um porrete de madeira que parecia um taco de beisebol. Tudo para receber o pessoal.

O diretor disse: "Olha, algum funcionário não está a fim de participar?". Eu falei: "Eu não estou a fim". É engraçado que os funcionários estavam em uma certa ansiedade, não é? Um misto, mas eu acho que uma vontade de dar umas cacetadas. É o que eu cheguei à conclusão depois. Chegaram os presos e começou a descer um por um, de cabeça baixa e de cueca. Eu só escutava a gritaria do preso: "Para, senhor, está doendo! Dói, senhor! Para, para!". Eram dez funcionários batendo de um em um, com a diretoria. Um por um.

As políticas do outro governo, o do Primeiro Comando da Capital, faziam mais sentido para os presos em sua luta contra o sistema. Policiais e administradores da base operacional foram obrigados a lidar, a partir de então, com dois regimes normativos dentro de cada unidade prisional. Dois regimes de políticas, dois códigos cotidianos de conduta, não paralelos, mas simultâneos em sua operação cotidiana. As políticas do crime, as políticas do governo.

O SEGURO E AS POLÍTICAS DO CRIME

Em uma cadeia PCC do estado de São Paulo, a política de interditar o estupro e os homicídios sem aval da facção, de abolir o crack, de garantir máximo respeito às visitas, entre muitas outras práticas, em troca de monopolizar a decisão sobre o que é certo e errado em cada conflito, é consentida ou encampada ativamente pela grande maioria dos presos. Eles a consideram melhor do que outras possibilidades de organização interna, como a lei do mais forte, que vigorava antes da era PCC. Eles consideram assim estar pelo certo.

Sempre que essa hegemonia é conhecida, essa cadeia "é PCC", ou seja, a hegemonia política dos princípios político-administrativos do Comando é reconhecida. Quando um preso não está de acordo com as políticas do PCC, ele *corre*, ou *pede seguro*, sai do convívio para ser protegido pela administração penitenciária, caso contrário é morto. Em qualquer cadeia brasileira, quando se faz abertamente oposição aos grupos que ditam o ritmo do local, é preciso solicitar à administração formal do presídio para viver em áreas apartadas do restante da população carcerária. No seguro ficam os *coisa*, todos os que não são aceitos no convívio, como os de oposição à facção hegemônica, além de estupradores, ex-policiais presos, alcaguetas etc. Não há volta. As reputações de cada um para se manter no convívio, como sempre, se mostram nas atitudes diárias: É o que aparece nesta fala de Paulo:

> Tem muito paga pau, cara. Muito. As molecada tipo se espelha, né? Mas tem também umas molecada que é, falar pra você, cara, trabalhosa. Não segue a ética.
>
> Só que a maioria tá junto, de verdade, porque escreveu, não leu, o pau comeu. Tem muitas pessoas, mano, vou ser sincero. Uns 20%

da população não vai de acordo. Eu faço a minha e já era, não quero correr com os caras [os irmãos].

Mas 80% tá junto. Se espelha. Se espelha nos cara. Como eu já vi o cara levar um prato de comida pro irmão. Com farofa. Que farofa lá, quem tem é rei. Pimenta. Falou: "Tó, irmão".

O irmão falou: "Não quero comer, não. De onde você tirou esse prato? Não quero saber disso aí, não". Aí os cara falou: "Aí, seu fiote, ó! Tá mamando pra caralho..." [risos].

Então tipo os cara quer favorecer pra ser reconhecido, mas não é assim que funciona.

Eu mesmo, particularmente, passava [e só cumprimentava um por um]: "Oba, oba, oba, bom dia! Como tá o dia? Tá na paz, tranquilo. Como tá o dia? Ah, hoje tá sinistro". Pegava o dia, tava tranquilo.

Mas os cara gostava de mim pra caramba. Não é querendo, tá ligado, ser algo a mais que ninguém. Mas você não precisa estar do lado do cara lá.

Porque eu e você somos, correto? Aí vem uns caras pagando, fica madeira pra nós. Aí irmão, tá vendo como que é? Ó os cara aí, na nossa mão.

Entendeu? Os caras sente que tá com um lagarto [submisso, subordinado, o que é muito malvisto].

Já tem o poder, e por causa do poder, do papel dele, vários paga pau.

Vamos supor, nós somos companheiros, pra nós o cara não vai fazer [essa deferência]. Mas pros caras que tem o papel faz. Entendeu, irmão?

Evidentemente, em uma "cadeia PCC", alguns presos que convivem com os irmãos podem não concordar com o ritmo do Comando e considerá-lo opressor; podem, por exemplo, considerar que uma atitude de um parceiro foi incorreta. Qualquer um dos

presos tem a opção de defender seu argumento. Pode haver divergência, conflito, em muitos outros assuntos cotidianos, e eles serão debatidos, por vezes com o intermédio de irmãos, por vezes não. Noutras vezes, como os "20%" do relato acima, não se concorda com o ritmo da cadeia, mas tampouco se enfrentam os irmãos.
É diferente, entretanto, quando um preso vai contra uma política do Comando. Se ele achar, por exemplo, que ninguém tem o direito de decidir se ele deve ou não fumar sua pedra e expressar essa divergência. A interdição do crack foi uma política expressa, não é um tema de debate. É o certo. O mesmo vale para o caso de o preso decidir que quer conviver com *os coisa*. Isso não se discute. Exceto se o preso não estiver bem da cabeça, tomando remédio psiquiátrico. Aí é diferente, como explica Paulo:

> Teve um que era do esporte, certo? Setoriano, que fecha com o Comando. Um e dois, sempre. Faxina é um e dois é esporte, correto?
> Ele entrou numas loucura lá e no final da visita correu [expressão que significa pedir seguro, sair do convívio com os irmãos para conviver com a oposição].
> O Adrianinho. E esse cara fechava na loja [biqueira, ponto de droga] da Família [o PCC] na rua, era mil grau.
> Os cara [os irmãos] foi, resgatou ele. Os irmão subiu [para onde estava a oposição, o seguro da cadeia], falou: "Não, ele não vai ficar aí não, truta. Ele fecha com nóis, e o moleque tá com problema na cabeça aí, tal". Desceu o Adrianinho de novo [para o convívio PCC].
> Aconteceu outra vez. Ele foi de novo. Mas em aspecto, o quê? A cabeça dele mesmo não tava mais a mesma. Ou tinha alguma *micha* pra cair [alguma questão que ainda não era conhecida, mas que denotaria uma falha e seria cobrada pelos irmãos].
> Os cara sabe que a micha vai cair, os cara já corre.
> Então. Passou o quê? Falou: "Não cabe mais resgate". O cara voltou com as próprias pernas dele lá pra cima, pra fechar com os

caras. Lá tem CRBC, tudo contra o Comando... Cerol Fininho [nome de facção rival]. Aí passou a ser coisa.

Sondando, sondando, detectou que o cara já tava fechando com os caras, já era faxineiro dos caras. Daqui da Sul ele, pô...

Quando um preso sabe que fez algo errado, segundo a ética do Comando, e não tem força para enfrentar os irmãos pela via da guerra, da violência, deve *correr*, pedir seguro. É, em última instância, a maior capacidade bélica e maior disposição a enfrentar violentamente seus opositores o que garante qualquer hegemonia. Mas isso não se sustenta sem o consentimento ativo da população. Há em São Paulo algumas cadeias destinadas inteiramente para abrigar os degradados do regime PCC, que por isso são conhecidas como "cadeias de coisa".

Em alguns outros estados, são os integrantes e simpatizantes do PCC que se encontram no seguro das cadeias, por não serem hegemônicos. Os massacres filmados que circularam por vídeos de WhatsApp em 2017, em prisões PCC e CV-FDN em diversos estados do país, foram provocados pela invasão de presos do convívio a áreas de seguro, ou seja, de oposição. No maior deles, em janeiro de 2017 em Manaus, 56 presos do seguro foram brutalmente assassinados durante uma rebelião no Compaj. Menos da metade deles era batizada, mas os que com eles conviviam foram também mortos, porque "corriam com o PCC".

Fora das prisões, em São Paulo, há uma grande maioria de territórios considerados "do PCC", como também há lugares considerados "quebradas de coisa", muito minoritários. O conflito entre esses territórios remete à lógica de operação do próprio mundo do crime, e não deve interferir na vida dos trabalhadores. Um exemplo evidente de como isso se dá ocorreu em janeiro de 2018, quando se relatou que integrantes da Família do Norte, facção nortista associada ao CV e ao CRBC em São Paulo, realizaram uma missão contra o PCC em territórios inimigos. Os enfrentamentos foram sangrentos. "Quebradas de coisa", nas quais a hegemonia não era do PCC, foram espaços de acolhimento para homens do CRBC, do Comando Vermelho e da Família do Norte. A justificativa da missão seria vingar mortes ocorridas em massacres dentro de presídios no Norte e Nordeste do país. Alguns desses homens foram capturados pelos integrantes do PCC e obrigados a delatar suas atividades. Foram realizados vídeos desses momentos, que se espalharam pela internet para que outros irmãos pudessem mapear as redes dos "verme", dos "lixo". Junto desses vídeos circularam salves anunciando os locais mais perigosos da cidade para permanecer, durante a noite, que coincidiam com territórios de "oposição". Desde o início da hegemonia do PCC, apenas em maio de 2006 e em alguns meses de 2012 a tensão foi comparável a esse janeiro.

Ameaçado com um martelo, prática de tortura usada tanto por policiais como por bandidos para obter informações privilegiadas, um homem pardo responde a perguntas de rapazes não identificados, mas que seguramente correm com o PCC. Transcrevo, a seguir, dois desses vídeos:

E aí, ô lixo? [Levanta a cabeça um homem de seus 45 anos, de barba.] Lixo, quantos afilhados você tem? É de onde seus afilhados?

— Pinheiros 3. [O refém responde o nome da cadeia em que estava.]

Mas a quebrada deles?

— A quebrada deles é Guarulhos também.

Guarulhos? Que lugar de Guarulhos?

— Cumbica.

Como que é o nome dos dois?

— É o Du e o Renato.

[O inquisidor transfere então sua atenção para outro prisioneiro.]

E você, tem quantos afilhados, fi?

— Eu não tenho nenhum. [Levanta a cabeça um jovem, negro, mais ou menos vinte anos, cara de assustado.]

[Vídeo 2: o interrogatório prossegue, com outros dois prisioneiros.]
Quem que é os cara que você matou?
— O Babu e o Eric...
Quem mais? Quem mais, ô filha da puta?
— Só eles dois.
Fala mais, ô caralho! Arrombado!
— Só eles dois.

Ouvem-se ruídos de marteladas na mesa ao lado de onde estavam os dois prisioneiros, sentados no chão, algemados. O inquirido, de facção rival do PCC, faz cara de pavor ao ouvir as pancadas. Uma daquelas na cabeça o mataria de um modo dolorido demais. Ele é forçado a seguir respondendo, não se sabe se de maneira verídica ou não:

Você tá há quantos anos na caminhada?
— Oito.
Que facção?
— CRBC.
Quem é seus padrinho?
— O Kong.
[Batem com o martelo perto dele.]
E quem mais? [Bate o martelo na frente dele.]
— O Kong e o Diguela.
E qual que é o seu vulgo?
— Diguelinha.
Você é o filhote do Diguela?
— Sou.

Você é o filhotinho dele, né? O afilhado dele. E você tem parentesco dele também?
— Se eu tenho parentesco com ele?
É, você é o que dele?
— Eu sou parente dele, sou sobrinho, afilhado.
Você é afilhado e sobrinho. E os caras que você matou lá, o Eric, lá? E o... como que é?
— O Babu.
E os que você arrancou o olho lá, as caminhada?
— Foi do Babu.
Você arrancou? Por que que você fez isso aí? E quem que você arrancou os braços?
— Arranquei porque ele não agiu com a lealdade.
Ué, mas você também tava caguetando os cara!? Você não fecha com a polícia, você? Você não fecha com a polícia?
— Fecho.
Fecha? Safado do caralho... vai morrer hoje... você caguetava o quê? Pras polícia?
— Caguetava... [o rapaz está confuso de tanto medo, sabendo que vai morrer] as caguetagem...
Caguetava o quê? As biqueiras, lá em Guarulhos lá, você caguetou quem? Lá pela Cem, lá praqueles lados lá?
— Ninguém...
Isso memo, vai morrer hoje, tá, fio?

Há políticas do crime e há políticas estatais. Elas respondem uma à outra. O dispositivo a acionar depende da situação, e por isso quem conhece as situações tem vantagem. Nos corredores dos presídios, não se implementam nem as propostas de direitos humanos trazidas pelos assessores progressistas do governo, influentes nos anos 1990; tampouco apenas as políticas punitivas dos regimentos disciplinares ou dos que apostam francamente na tortura e na força bruta como modo de gerir as cadeias; nos corredores, não são apenas as políticas do crime as que operam (elas não definem coisas fundamentais, como, por exemplo, quem será ou não solto). Mas a hegemonia das políticas do crime nos cotidianos dos presídios e nos assuntos que teriam a ver com segurança nas favelas, como demonstram as narrativas acima, é marcante. É essa hegemonia que permite hastear a bandeira branca, nos anos 2000, nas periferias paulistas.

BANDEIRA BRANCA NAS QUEBRADAS

Conforme já citado, os moradores das periferias de São Paulo, quando enfrentam situações consideradas injustas no seu dia a dia, podem recorrer a diferentes instâncias em busca de justiça. A escolha da instância a acionar depende do tipo de problema enfrentado. Por exemplo, se um homem tem um emprego e durante anos não recebeu as horas extras a que tinha direito, ou se uma mãe não recebe a pensão alimentícia do ex-marido, acionarão a Justiça. Se ela teve um filho preso injustamente, ou se ele sofreu violência policial na favela em que vive, tentarão recorrer à imprensa e, se não der certo, a entidades de defesa de direitos. No limite, restará sempre o recurso à justiça divina. A expansão evangélica nas quebradas, sobretudo por meio das denominações pentecostais, demonstra que a conversão pode promover reações mundanas nada desprezíveis — há redes de solidariedade e apoio mútuo muito efetivas.

Mas, se alguém da família foi roubado, agredido, coagido ou morto e os agentes da ação criminosa não foram policiais, será feita uma queixa a uma autoridade local do mundo do crime. Caso seja necessário, por intermédio dos irmãos, será organizado um debate para arbitrar a contenda e executar medidas que ofereçam justiça.

A existência desse repertório de instâncias garantidoras de justiça, ao contrário do que se poderia supor, não é lida por esses sujeitos como uma negação da relevância do estado de direito ou da legalidade oficial. Os moradores das periferias são talvez o grupo social mais interessado em utilizar a lei oficial para fazer garantir seus direitos formais, sempre ameaçados. A busca repertoriada da justiça, nesse contexto, é muito mais uma decisão instrumental, amparada na experiência cotidiana, do que um princípio normativo idealizado. Como é muito difícil — por vezes impossível — obter usufruto concreto da totalidade dos direitos pelo recurso às entidades legais e à justiça do Estado, apela-se a outras instâncias ordenadoras, que passam a ser percebidas, então, como complementares àquelas agências estatais que funcionam. Ou vice-versa.

Ivete chegou à periferia de São Paulo em 1995 e, desde então, vive numa das dezenas de favelas do distrito de Sapopemba, a do Jardim Elba, com seus oito filhos. É Ivete quem me conta como estabeleceu seus primeiros contatos com o "tráfico", como ela diz, logo nas suas primeiras semanas em São Paulo. A situação era de extrema pobreza. Seus filhos homens, no final de semana, iam à feira tomar conta de carro por alguns trocados:

> Tinha uns meninos aqui embaixo que batiam neles, tomavam o dinheiro deles. Um dia o tráfico bateu em minha porta, porque eu chamei a polícia para esses meninos. O traficante — José — veio em minha porta. Aí viu que eu era sozinha, era tudo escuro aqui... viu que eu era sozinha, só me ameaçaram, né? Que eu ia embora se eu chamasse a polícia de novo. Só que eu sou uma mulher determinada, no outro dia eu fui trabalhar e, voltando do trabalho, eu fui procurar o tráfico. Eu fui procurar ele. Cheguei lá e expliquei para ele a situação que eu vivia, a situação que eu me encontrava, e a

situação que os meus filhos passavam na feira. Que quando eu ia trabalhar, e quando eu voltava, os meus filhos estavam presos dentro de casa, porque os meninos da rua espancavam eles, jogavam pedra aqui dentro de casa, que era aberto aqui na frente. Então eles me deram razão. Mas só que pediram para eu não chamar mais a polícia, que quando eu precisasse, procurasse eles, que eles iriam resolver. E realmente eu precisei, dias depois eles voltaram. Aí a minha menina ligou, que os meninos estavam mexendo aqui na casa, jogando pedra. Eu mandei que ela fosse, procurasse o rapaz. Ela foi lá, procurou o rapaz, esse rapaz desceu aqui... mandou descer, nem veio, mandou descer... e avisou, não é? Que se eles continuassem a incomodar a família, a minha família, que eles desceriam, e não desceriam para conversar. E aí, a partir desse dia, eu passei a ter, assim, um... um... como é que eu posso te explicar? Uma comunicação [com o tráfico local].

Numa situação como a dessa família, ter proteção fazia toda a diferença. Era preciso que alguém a apoiasse, e o tráfico fez isso, ao mesmo tempo que retirava da polícia essa incumbência. Assim, o tráfico inseria a família de Ivete, como tantas outras moradoras das favelas e das periferias, em um regime de poder distinto da ordem legal, porque responsivo a outra autoridade. A norma de proteção que se institui naquele momento, como se nota no depoimento de Ivete, opera desde que ela não recorra ao arbítrio da polícia, ou seja, à legalidade oficial. Explicitamente, o que o traficante diz é que não trazer polícia para a favela é condição tanto para a permanência da família na região como para a obtenção de proteção.

Ocorre que esse novo ordenamento funciona melhor que o primeiro, o que é verdade apenas para os muito pobres, como a família de Ivete. Assim, pela eficiência nesse grupo, ele se legitima: a polícia tinha vindo verificar as agressões aos filhos de Ivete, mas o problema se repetiu em seguida. Quando o traficante interveio, porém, a questão se resolveu definitivamente. Ivete me conta essa história para dizer que, de lá para cá — agora mais de duas décadas —, ela tem uma comunicação com o crime do território onde vive, que cuida da proteção de sua família.

Em 1995, quando a história se passou, o PCC ainda não havia chegado ali, e a favela do Jardim Elba, onde Ivete vivia, era alvo de disputas sangrentas. A violência era demais, nas palavras dessa senhora negra, hoje com mais de sessenta anos. Deixou de ser. A chamada pacificação das relações internas ao crime se iniciou por lá na virada dos anos 2000 e se consolidou em 2003, quando, segundo relatos recorrentes, obtidos em campo, os irmãos assumiram a tarefa — outrora do principal traficante local — de ordenar a quebrada e fazer seus negócios funcionarem sem conflito. Com o sucesso da tentativa e os diversos pontos de venda de droga obedecendo a uma mesma lei, a disciplina do Comando, não houve mais registro de disputas armadas entre ladrões locais por muito tempo.

O padrão de depoimentos de moradores das periferias sobre o mundo do crime se deslocou a partir de então. Se antes do PCC era quase sempre alheio às famílias e distante dos trabalhadores, passou a aparecer no cotidiano de todos os integrantes das novas gerações. Se antes, como no caso de Joana, narrado anteriormente, era questão de sorte poder contar com essa justiça, agora se tratava de uma política. Modos de organização da vida, conduta cotidiana e lógicas argumentativas antes mais conhecidos nas prisões ganharam aderência no tecido social das favelas. Formas de viver — a "vida loka", por exemplo —, antes mais restritas ao universo daqueles considerados bandidos, passaram a abordar também a sociabilidade de jovens não inseridos nos mercados ilícitos. Dinâmicas antes externas à comunidade trabalhadora, à comunidade pobre que almejava integração social, passaram então a ser lidas como internas, como constitutivas dela própria.

7. A justiça do PCC

DEBATER

Os debates do mundo do crime são agonísticos, permitem ampla argumentação e se propõem a embasar deliberações. No limite, pode-se decidir nessa instância quem vive, quem mata e quem morre. Há espaço para argumentação ampla de acusação e, sobretudo, de defesa — na qual a virtude do indivíduo deve aparecer em ações. A sentença é invariavelmente amparada tanto no respeito aos princípios da facção como nas performances e nos depoimentos de acusados e vítimas. Sendo assim, jamais será uma sentença prescritiva, mas autorizativa. Veremos situações em que se verificam ao menos três níveis de arbítrio cotidiano sobre o certo e o errado no estado de São Paulo.

Os meninos que roubavam o dinheiro dos filhos de Ivete na feira, no caso narrado no capítulo anterior, nem precisaram tomar um corretivo, uma surra. Na verdade, nem mesmo receberam uma advertência direta: bastou que o patrão do ponto de venda de drogas mandasse avisar que numa próxima desceria pessoalmente para resolver o problema. Embora ainda não houvesse PCC no local, os irmãos provavelmente fariam o mesmo hoje em dia, com mais argumentos: os que roubavam e agrediam estavam errados, fora da disciplina do Comando, que não aceita roubo na quebrada e preza a aliança, o respeito, não a guerra entre os favelados.

Outros problemas chegaram ao crime dessa favela diariamente, desde a emergência do PCC no território. Os exemplos são factuais: havia um casal que brigava frequentemente na favela do Parque Santa Madalena, de madrugada, e os gritos à noite incomodaram os vizinhos trabalhadores; certa vez, adolescentes dali roubaram um carro perto da favela e, em fuga, acabaram por trazer a polícia para dentro da quebrada; houve ainda, na mesma favela, um menino que roubou a bicicleta de um conhecido do gerente de uma das biqueiras; num outro episódio, um caso de infidelidade conjugal feminina veio à tona, e o marido disse que iria matar a esposa, que recorreu ao crime para sobreviver. Todas as situações exigiam intervenção, feriam o proceder correto dos sujeitos, estavam fora da ética, da disciplina do Comando.

Em todos esses casos, o crime se posicionou imediatamente. Promoveu debates rápidos e ouviu as partes. Em seguida, arbitrou sobre o que seria o certo, em cada situação, visando à reparação de danos com o mínimo uso de violência e, sobretudo, evitando ao máximo o homicídio. Conforme me foi relatado, esses debates decretaram que maridos e esposas ficavam proibidos de gritar muito alto nas brigas noturnas, para não incomodar os vizinhos, e o problema teria acabado; os rapazes que roubaram o carro perto da favela, atraindo a polícia, receberam uma advertência verbal: da próxima teriam problemas mais sérios; o menino que roubou a bicicleta teve que devolvê-la e se desculpar à vítima — ele sabe que não pode mais vacilar na quebrada; o marido traído foi autorizado a dar um corretivo na esposa, mas lhe foi interditado totalmente estuprá-la ou matá-la.

Em todos os casos, tratava-se de uma primeira falta, e havia atenuantes em cada discussão, performances dos sujeitos reconhecendo a autoridade do Comando, e assim foi ofertada uma segunda chance ao desviante. Em alguns lugares, essa segunda chance é referida como "dar recuperação" ou "dar oportunidade". Nas situações em questão, mesmo que tenha havido debates, foi no plano local, na quebrada mesmo, que a contenda se resolveu. Não foi preciso chamar ninguém de fora, e, em alguns casos, nem sequer foram irmãos os que arbitraram as contendas. Eles agiam, entretanto, segundo a disciplina do Comando, ou seja, segundo o princípio de pacificar os conflitos evitando uma ação privada extrema, que lançaria um ciclo de vingança e uma escalada de violência letal entre os próprios favelados.

Jovens que se apropriam indevidamente de dinheiro arrecadado pela venda da droga, que vacilam e geram prejuízo, que cometem erros contrários aos princípios do crime, e especialmente os que prosseguem no erro, quando vão aos debates, podem sofrer reprimendas dos que os interpelaram, autorizadas pelos irmãos. Essas reprimendas, consideradas como consequências ou cobranças, podem ser bem mais severas do que advertências verbais.

Jorge, um rapaz que conheci em 2005, quando ele tinha dezoito anos, passou por um debate em 2006 após ter, por inabilidade ou má-fé, gerado prejuízo à *firma*, o tráfico da sua quebrada. Ele se envolveu com ladrões que roubavam cargas e armas. Tinha confiado em um cara que planejava um assalto e o convidou a integrar a equipe. Jorge alugou duas armas para a tarefa, a *fita*. O assalto, porém, deu errado. A polícia apareceu antes do previsto, os ladrões tiveram que fugir, e as armas alugadas foram abandonadas. Ninguém foi preso, mas o dinheiro investido nas armas não foi devolvido. Jorge tinha que se explicar. O que aconteceu? Como foi sua ação no ocorrido?

Se um vacilo assim tivesse ocorrido no final do século passado e a desconfiança dos parceiros de que ele havia vendido ou roubado as armas pairasse sobre Jorge, o jovem poderia ter sido morto sumariamente. Mas em 2006, sob outra lei do crime, Jorge foi ouvido em um debate, que teria hora marcada. Seus argumentos contariam tanto quanto os dos seus acusadores. Ele poderia levar testemunhas, defensores.

O rumor correu pelo bairro, muita gente compareceu para acompanhar o desenrolar da controvérsia. Como me disse um interlocutor:

> Fizeram debate para ver se iam matar o Jorge. A gente foi para lá, e chegando lá a gente viu os fulanos, viu o Jorge, ele muito ousado, ficou lá no meio e tal.
> Chegou um fulano, eu sabia que esse fulano era o maior traficante do bairro. Quando vi esse cara falei: "Vixe, então a coisa é feia".

A acusação sugeriu que ele havia se apropriado de dinheiro do crime usando armas da facção e sumindo com elas. Teria que pagar, provavelmente também tomaria uma boa surra ou seria *espirrado* da favela. Em sua defesa, Jorge argumentou que havia sido enganado; que o parceiro que deu a fita não tinha organizado as coisas direito, mas ele não havia feito nada errado. Não foi uma boa escolha argumentativa. Como ele entrava numa fita sem nem saber de nada direito? Andava pela cabeça dos outros? Que ladrão que era esse? Cada um deve ser responsável por si, explica Luiza:

> O traficante era um cara mais tranquilo [agia na disciplina pcc], então sabia que não iam matar o Jorge, ele não deixa.
> Decidiram que não iam matar ele, mas que iam dar um corretivo.
> Ele levou um pau, menino, mas arrebentaram ele. Ele ficou completamente desmoralizado no crime, não tinha como voltar.

"Ele não deixa", não pode mais matar assim. O rapaz foi considerado inocente da acusação de *trairagem*, mais grave, porém demonstrou não conseguir se defender como deveria, e tinha uma dívida a pagar. Não era a primeira vez que dava problemas, inclusive: anos antes, Jorge já havia recebido uma advertência e mesmo uma suspensão, um gancho, como ele me disse, de trinta dias de trabalho na biqueira. Como fazia dois turnos por semana, ficou na ocasião sem a renda no tráfico por quinze semanas, quase quatro meses. Ainda assim, não se corrigiu. Pela reincidência, e pelo prejuízo causado, o rapaz foi espancado e demitido da biqueira. Sua perda imediata de reputação no crime e a punição física eram suficientes. Ficou sem a renda que o sustentava desde os doze anos de idade. Nada de morte. Jorge sabe, entretanto, que recebeu uma oportunidade de vida, como se diz por ali.

Nesse caso, como nas pequenas causas, também foi um sujeito considerado na quebrada, um irmão, o responsável por decidir, após ouvir as partes, quem estava certo; ele compareceu pessoalmente para mediar a discussão coletiva, e também teve que demonstrar competência para, de um lado, evitar violência desnecessária e, de outro, não comprometer sua autoridade — se parecesse estar protegendo alguém contra algum valor do crime, ou se fosse visto frouxo na hora de decidir, poderia também ter sido questionado. A disciplina e o proceder são para todos. Embora haja muita autonomia local na decisão, casos como esse, considerados desvios "de vida", não poderiam ser sentenciados com pena de morte, especialmente sem o aval de uma *torre*, como se dizia antigamente, ou de um *sintonia* responsável pela região.

ESPIRRADO

Agosto de 2009. Visitei a mesma Ivete numa sexta-feira à tarde, no posto de saúde em que trabalha. Ela me abraçou e pediu para que eu me sentasse. Perguntou se eu sabia o que tinha acontecido. Eu não sabia. Contou-me então que Lázaro, outro de seus filhos, tinha sido "espirrado da favela" havia três semanas. "Ele fez o que ladrão nenhum pode fazer: caguetou." Depois de me narrar o ocorrido, chorou copiosamente. Disse que tinha medo de jamais voltar a vê-lo.

Lázaro era gerente de uma biqueira, tinha 26 anos. Estava no crime desde os quinze, já tinha sido preso três vezes. Foragido da justiça oficial havia um ano e meio, andava com documentos falsos, do irmão gêmeo, e vendia crack, maconha e cocaína. Tinha um carro bom e estava ganhando bem. Informou-me meses antes que gastara 30 mil reais em um ano, pagos a policiais civis, que garantiam que seu ponto de drogas permanecesse funcionando. Era protegido também por um dos principais traficantes locais, embora tivesse pouca popularidade entre os rapazes de sua idade na favela. Não se confiava em seu proceder; Lázaro não se adaptara bem à lógica PCC. Dizia-se por ali, recentemente, que tinha sido batizado como irmão, o que nunca consegui confirmar entre seus familiares, nem entre colegas do crime, antes de seu sumiço. Fato é que, sendo ou não irmão, alcaguetagem é uma falta gravíssima, que fere todas as políticas do crime, em qualquer região em que se esteja.

Foi por desespero, mas não importa. Três meses antes, em maio, Lázaro havia sido detido por policiais militares que não conhecia. Mesmo pagando acertos dispendiosos aos civis, não tinha como se safar daqueles policiais. Para não voltar à cadeia, fez outro tipo de acerto, o mais execrável para um *ladrão*. Aceitou o convite para se tornar informante dos investigadores e, nos meses seguintes, estaria delatando os modos de funcionamento e os operadores do tráfico daquela região de Sapopemba para agentes de delegacias especializadas. O esquema secreto, no entanto, foi descoberto em julho. Sua situação era gravíssima. Nesses casos pode haver execução.

Houve debate, e o curso das argumentações decidiu pelo menos pior: a expulsão de Lázaro da favela em que viveu boa parte da sua vida, e de São Paulo. Para nunca mais voltar. O principal traficante do território, o mesmo José de tempos antes, não é batizado no PCC. Mas corria com os irmãos. Conhecia a mãe de Lázaro desde que a família chegara à favela, recebeu a denúncia. Ele mesmo chamou Lázaro imediatamente para trocar ideias, interessado sobretudo em quem eram os policiais. É preciso ter informação de ambos os lados.

Participaram do debate apenas José e um de seus gerentes, que ouvira dos próprios policiais a história. José perguntou diretamente a Lázaro se ele integrava algum esquema de delação, o que ele negou com veemência. Não havia provas, mas os tipos de prisão ocorridos na favela nos meses anteriores só podiam ocorrer com acesso a informação privilegiada. Era plausível. Lázaro era conhecido desde criança, e, embora o desvio fosse passível até de morte, José respeitava demais Ivete para ordenar o assassinato de um de seus filhos sem que se tivesse certeza do ocorrido. Não confiava em Lázaro, mas preferiu mantê-lo vivo; permitiu que fosse espancado pelos seus olheiros, como corretivo. Foi a primeira providência.

Em seguida chamou Anísio, outro filho de Ivete, e solicitou que levasse Lázaro — todo quebrado — até o terminal rodoviário imediatamente, para que tomasse um ônibus para bem longe e nunca mais voltasse. Era outra "oportunidade de vida" a Lázaro, ofertada ainda antes de a notícia chegar aos ouvidos de irmãos do PCC, dos disciplinas locais. Não era necessário envolvê-los. Em meia hora Anísio saiu com Lázaro, conforme recomendado. Mas, ainda no caminho da rodoviária, seu telefone tocou. A informação de que Lázaro era alcagueta já teria chegado aos irmãos, e eles mandaram voltar. Um segundo debate teria lugar, mas agora na presença dos irmãos, do Comando. Casos assim precisam ser completamente esclarecidos.

Anísio trouxe o irmão de volta. Não era o caso de defendê-lo, colocando em risco toda a família. Lázaro foi então submetido a outra discussão, dessa vez muito mais pesada. Parte dos irmãos queria executá-lo sumariamente — era possível, porque delação é coisa de verme. No entanto, uma parte dos que integravam o debate não estava segura da decisão, e só se executa alguém quando há provas e consenso. Ao final, ratificou-se a decisão de espirrar Lázaro para sempre da favela, mas com vida. Ele nunca mais poderia pisar em Sapopemba.

Antes de voltar à rodoviária, entretanto, Lázaro deu detalhes acerca dos policiais com quem colaborou, as informações que forneceu a eles, e foi espancado entre uma frase e outra, a ponto de ter alguns ossos quebrados. Dessa vez, o espancamento contou com a participação do irmão do PCC, instado a se posicionar pelo certo.

Anísio o levou arrastado para casa e, uma hora depois, novamente o conduziu ao terminal rodoviário, de onde o irmão rumou para uma capital do Nordeste. Ivete chorou muito enquanto me contava essa história. Pareceu inclusive perder a consciência em alguns momentos. Contou-me ainda que, no dia seguinte, foi até José e depois aos irmãos, para *agradecer* por terem dado essa oportunidade de vida ao filho dela. Eu não a via assim, tão sofrida, fazia anos.

Voltei para casa, e, no dia seguinte, a situação de Ivete ficaria ainda muito pior. Anísio, aos trinta anos, foi assassinado num sábado, 22 de agosto de 2009. Imaginei imediatamente que poderia ter sido executado por ter sido considerado conivente com a alcaguetagem de Lázaro, seu irmão. Minha versão, entretanto, foi negada por todos: ele e um parceiro estavam em uma nova ação criminal em um banco e, quando disparavam em fuga, numa moto, foram alvejados por policiais. Seu parceiro, que pilotava, morreu baleado nas costas, e Anísio na queda, segundo os rumores; estavam a mais de 100 km/h.

Detalhes da história me foram confirmados por seus irmãos. Retornei à casa de Ivete uma semana depois. Ela estava de cama, acompanhada diariamente por colegas da favela que também já perderam seus filhos assassinados, parte delas da Igreja evangélica à qual alguns anos mais tarde Ivete se converteria. Afastou-se do emprego e passou a tomar novamente medicação psiquiátrica controlada. Uma amiga da família me contou assim a história: "O Anísio morreu. Assassinado. A Ivete está muito triste. Logo ele que estava pagando a reforma da casa dela, era o que mais ajudava a mãe". Nos nove anos seguintes em que acompanhei essa família, tive notícias de que Lázaro deixou o trabalho no crime e se tornou vendedor ambulante. De fato nunca mais retornou a São Paulo, para não virar mais um número nas estatísticas de homicídio.

FITA DE MORTE É DIFERENTE

Em 2005, Pedro tinha 21 anos e me contou que seu primo, Lucas, foi assassinado depois de um debate. A história é controversa, mas envolvia uma moto de mil cilindradas, objeto de desejo de qualquer jovem das periferias. O primo de Pedro emprestara a moto a um conhecido antigo do bairro, mas o rapaz teria se recusado a devolver o veículo e achou que ia ficar por isso mesmo. Inconformado por ter sido lesado, semanas depois Lucas o matou para se vingar, sem pedir nenhum tipo de autorização dos irmãos da quebrada.

Um debate foi chamado para regrar o problema e Lucas teve de explicar o homicídio cometido sem o aval de ninguém. Pedro relata:

O meu primo, o meu primo já matou, já... e morreu de uma forma feia, na mão de ladrão. Não tem como. Só que foi no debate. [...] Foi no debate com os ladrão, testa a testa. Aí ele falou assim: "Tô certo — e era bem respeitado — e já era!". Aí os caras: "Não, sou de tal lugar, sou de tal ladeira" [se apresentaram] e começou a esquentar a discussão. [...] Nós fomos junto [acompanhar o debate]. Você vai até lá. Se estiver certo você pode ir embora. Se estiver errado, você morre. Meu primo estava certo [Pedro estava entre os que o defendiam], mas morreu [porque não estava certo na questão do homicídio].

Nesses casos, o debate também é marcado com antecedência. Defensores e acusadores são chamados, estrutura-se uma rede de comunicação virtual, e não é mais apenas no nível local que a fita é sumariada, como se diz. Nem é mais uma consulta simples a uma única sintonia que ratifica o juízo sobre a contenda. Nos casos em que se poderá autorizar a morte de um indivíduo, espera-se que haja consenso entre diversos irmãos. O homicídio, embora previsto como possibilidade, é altamente regulado, evitado ao máximo. Lucas havia matado uma pessoa sem aval. Ainda que estivesse certo na questão da moto, o que a disciplina prevê é que ligasse para os irmãos de sua quebrada logo depois do ocorrido. Se estivesse realmente certo, sua moto retornaria para ele. Uma morte poderia ter sido evitada. Ele matou sem aval, não havia justificativa para isso.

Outros debates são ainda mais complicados. Um caso difundido na imprensa em 2007 é exemplar do grau de sofisticação a que esses eventos podem chegar. Uma rede de televisão apresentou reportagem especial, baseada em escutas telefônicas realizadas pela Polícia Civil do estado de São Paulo, em que se relata com bastante detalhe a operação de um debate que redundou na execução de um acusado de homicídio. Preservo, no trecho a seguir, a íntegra da apresentação do caso na reportagem, para comentá-la em seguida.

Apresentadora [Janine Borba]: Nesta semana, a polícia divulgou uma nova escuta telefônica que revela a ação assustadora de um tribunal do crime.

Apresentador [Paulo Henrique Amorim]: Um julgamento feito através de telefones celulares: uma afronta ao Estado e à Justiça.
[entra música de fundo]
Narrador [repórter Raul Dias Filho — RD]: 27 de março deste ano. A cena é em Pirassununga, interior de São Paulo. O pedreiro Adriano Mendes, de 33 anos, deixa a escola de moto com a mulher dele, Daiana Ponsiano, e uma amiga, Vânia Alves. Ao passar por esta lombada, Adriano se desequilibra e cai. Três rapazes, que estão passando pelo local, zombam de Adriano. Eles começam a discutir. Um deles, Fabrício do Nascimento, saca uma arma e dispara dois tiros contra o pedreiro, que morre na hora.

O irmão de Adriano, o ex-presidiário Agnaldo Mendes, que cumpriu pena por tráfico de drogas, exige justiça e, uma semana após o crime, começa o julgamento da morte do pedreiro.

O processo teve todas as etapas de um julgamento normal, com réus, vítimas e testemunhas. A diferença é que os relatores e juízes deste julgamento sumário são presidiários e deram o veredicto através de uma teleconferência.

Se levarmos a sério a comparação com julgamentos oficiais, as diferenças também seriam outras. Em primeiro lugar, a velocidade com que os casos são investigados. Em segundo, a legitimidade dos atores responsáveis pelo julgamento, sob o ponto de vista dos participantes. Em terceiro, a ausência de uma lei prescritiva, que já define de antemão o que deveria ser feito pelos agentes. Conforme citado, a disciplina do PCC prevê que cada um aja com sua consciência, mas sempre sabendo que todas as suas ações podem gerar consequências, cobranças. Em quarto lugar, a ausência de pena de prisão. Por outro lado, a possibilidade da morte do réu é considerada. De todo modo, não se esperam anos para saber os resultados do juízo. Tão logo se decida quem está certo ou errado, as providências de reparação ou punição são tomadas imediatamente. A reportagem prossegue:

[Em *off*] Segundo a polícia, o tribunal paralelo foi comandado pela facção criminosa PCC, a pedido do irmão da vítima.

Delegado [José Henrique Ventura]: Tudo foi tão rápido que, quando a gente ainda trabalhava no caso, nós tivemos conhecimento de que havia um julgamento aí em andamento.

RD: A polícia gravou as conversas de integrantes da facção, monitoradas através de escuta telefônica. Foram quase 24 horas de gravação. As conversas revelaram em detalhes como funciona o tribunal do crime.

As duas mulheres que estavam na moto e Agnaldo, o irmão do pedreiro assassinado, são levados para uma chácara na zona rural de Pirassununga. Lá também estão os três acusados, Fábio, Marcelo e Fabrício, o autor dos disparos.

Vai começar o julgamento. Quem está no comando é o integrante do PCC conhecido como Mais Velho. Quem vai julgar está distante centenas de quilômetros da chácara. São sete presos. Cada um numa penitenciária, em diferentes regiões do estado. A comunicação é garantida por celulares interligados em teleconferência. Logo no início, alguns presos defendem o acusado:

Preso 1: O Fabrício já entrou na linha, irmão, pedindo uma oportunidade, entendeu, irmão?

Preso 2: Se ele já chegou pedindo uma oportunidade, ele sabe que cometeu um erro grave aí, e saiu totalmente fora da ética aí. E tá, sei lá, pedindo uma oportunidade de vida.

Preso 3: Eu fecho nessa mesma opinião sua aí, cara, porque os moleques é novo, irmão. Pô, mano...

RD: Os presidiários discutem a possibilidade de aplicar apenas um corretivo.

Preso: Dá um "cambau" de louca, aquele que manda lá na porta da UTI, entendeu, irmão?

O princípio mais geral de evitar a morte inicia prevalecendo na discussão dos irmãos. Os rapazes são novos. Talvez mereçam uma segunda chance. Mas é preciso ouvir todas as partes, conhecer o ocorrido com detalhes, para chegar ao certo em cada situação.

RD: Os presos pedem para ouvir Daiana, a mulher do pedreiro assassinado.

Daiana [Mulher da vítima]: Nós tava saindo da escola. Aí o Adriano passou no meio da lombada e ele não aguentou com a moto e caiu. Aí o Adriano levantou a moto, e o cara falou assim pro Adriano: "Que foi, que foi?". Aí o Adriano falou: "Que foi você?". Aí eu falei: "Adriano, vamos embora, vamos embora. Não precisa disso, vamos embora". O Adriano estava montando na moto para ir embora e ele chutou o Adriano na costela do Adriano, ele chutou.

Preso: E transpareceram que tava dando risada?

Daiana: Tavam tirando sarro. Tavam tirando sarro e o cara puxou a arma.

Preso: Mas chegou a puxar a arma e apontar ou ficou com a arma só na mão, só?

Daiana: Ele apontou. Na hora que o Adriano subiu na moto, ele atirou.

Preso: O Adriano não chegou a colocar a mão no peito de nenhum deles e nem dar um tapa na cara de nenhum deles?

Daiana: Não. Ele tomou o tiro, aí eu peguei e entrei no apavoro, vendo o Adriano ali escorrendo sangue para tudo que é lado. Aí ele pegou, me puxou pelos cabelos, começou a me chamar de vadia e falou: "Você também quer, vadia? Você também quer?". E deu outro no Adriano, na cabeça.

RD: Durante os depoimentos, uma pessoa faz anotações.

Preso: Não, não, não, não. Aí você pulou um pedaço. Aqui você coloca assim, ó [ditando em voz alta, pausadamente]: "O A-dri-a-no estava le-van-tan-do a moto quando olhou para trás, viu o Fabrício com um re-vól-ver.

Fabrício, o réu, e os rapazes que estavam com ele na ocasião também são chamados a dar seus depoimentos. É preservado um amplo direito de defesa.

Estive em Pirassununga em duas oportunidades em 2011, lendo com detalhes todo o inquérito gerado por esse caso e as mais de duzentas páginas de transcrições desse debate. São horas e horas de discussão para chegar a um acordo sobre "o que seria mais correto". Essas expressões se repetem.

Nota-se na performance dos irmãos que não há nada prescrito mecanicamente na disciplina do PCC; não há tipificação como no Código Penal. Cada caso é um caso, como cada pessoa é uma pessoa, e cada atitude é uma atitude. Para cada situação, há a possibilidade de resoluções mais variadas. A discussão é realmente intensa, e argumentos de ambos os lados são considerados. Não há hora para terminar. A noite cai, a madrugada chega.

RD: O julgamento teve uma pausa no meio da madrugada. Recomeçou às onze horas da manhã.

Preso 1: Ô Sadam!

Preso 2: Ô irmão!

Preso 1: Vamos lá, molecote.

RD: Depois de ouvir a versão das testemunhas, os presos decidem o destino dos rapazes. Mas só anunciam a sentença após consultar a cúpula da facção.

Preso: Os outros ficam, mas o menino mesmo que tirou a vida do Adriano, ele não volta mais não, irmão.

RD: Os presos temem uma vingança.

Preso: Agora nós tem que dar esse xeque-mate. Nós não pode colocar nada em risco, cara, que venha amanhã ou depois, tá refletindo sobre mim, sobre o aquário, sobre você, sobre o nosso irmão, aí, o Sadam. Porque automaticamente é igual internet: um canal puxa todos, e tudo é um corpo só, é um elo que tá envolvido, entendeu, irmão?

Se as cadeias de vingança são exatamente o que se busca prevenir, todas as medidas para que sejam evitadas são importantes. Há muito cuidado nesse sentido, o que se expressa claramente na leitura da transcrição que consta do inquérito policial. Cuidado tanto com relação aos irmãos que estão, identificados, participando do debate, como com relação aos réus que, naquele dia, sairiam livres dali; mas, sobretudo, para evitar a criminalização dos responsáveis pelo debate e vinganças futuras com relação ao rapaz que, conforme já se sabia, não sairia com vida dessas deliberações.

RD: Os presos comunicam a decisão a um dos acusados, Fábio, irmão do assassino.

Preso: Você tá recebendo uma oportunidade de vida, entendeu, Fábio?

Fábio [irmão de Fabrício]: Certo.

Preso: Se acontecer qualquer tipo de situação com a família do Adriano, que faleceu, com a família da mulher dele, que é a que tava em cima da moto, ou até mesmo com a menina que tava em cima da moto, que tenha dedos seus envolvidos, nós vai cobrar radicalmente para cima de vocês.

RD: Agnaldo, irmão da vítima, não concorda com a sentença. Ele quer pena de morte para os três envolvidos.

Preso: Então, veja bem: você só vai cobrar, moleque, o cara que tirou a vida do seu irmão. Entendeu, cara?

Agnaldo: Mas os dois vai sair impune, irmão?

Preso: Ô moleque! A questão não é que eles vai ficar impune. A questão é que os dois não tirou a vida do seu irmão. Tudo bem, eles tavam na hora, mas eles não tirou a vida do seu irmão. Entendeu, cara?

Agnaldo: Certo.

Nesse momento, Agnaldo — que, como diz a reportagem, havia passado tempos na cadeia e conhecia a disciplina do Comando — diz algo que eu jamais esquecerei. Suas frases exatas estão transcritas no inquérito, mas não foram publicadas pela reportagem. O sentido delas, entretanto, é reafirmado por Agnaldo: ele acatava a decisão, apesar de não concordar com ela. E afirma então, literalmente, que "jamais passaria por cima de uma decisão do Comando". Sua intenção, claro, era a de demonstrar lealdade ao PCC, que ele corria junto, que agia segundo a disciplina.

Mas a reação do seu interlocutor preso, o irmão responsável por informar o que havia sido decidido, é muito instrutiva e inesperada para ele: "Não, moleque, você não entendeu nada. Não é uma decisão do Comando. É o que é o *certo*".

A deliberação dos irmãos não faz prescrições, não ordena nem comanda nada. Agnaldo não havia entendido isso, mesmo que tivesse passado pela cadeia havia pouco tempo. Por meio dos debates, os irmãos julgam acessar o que é o certo, em termos absolutos. Como vimos, o certo, o correto, é algo totalmente transcendente, mas sob a responsabilidade dos irmãos. Acessado o que é certo, isso é informado aos sujeitos que, movidos por paixões e interesses específicos, teriam dificuldade para compreender.

Preso: Então, a gente é justo e correto. Entendeu, moleque?
Agnaldo: Certo.
RD: Chega a hora dos jurados comunicarem a decisão a Fabrício, o rapaz que atirou no pedreiro.
Fabrício [réu]: Alô.
Preso: É o Fabrício?
Fabrício: Isso.
Preso: Você tem ciência do que você cometeu. Você tirou uma vida, certo, cara? Até mesmo sem dar defesa pro mesmo.
Fabrício: Entendi, irmão.
Preso: Então, veja bem, ô Fabrício. A gente não admite isso em lugar nenhum, entendeu cara?
RD: O grupo de presos também decide quem vai executar Fabrício. Agnaldo, o ex-presidiário que queria vingar a morte do irmão.

Em realidade, não é o grupo de presos que toma essa decisão, nem poderia tomá-la. Para eles, está claro que Fabrício feriu a ética, a disciplina, e por isso autorizam que ele seja cobrado. A transcrição do debate é clara a esse respeito, e portanto há um erro nesse ponto na excelente reportagem.

O que o grupo de presos reunido para deliberar faz é autorizar, *dar o aval*, como se diz, para que Agnaldo cobre a atitude de Fabrício como desejar, radicalmente se for de sua escolha. A escolha de matar é de Agnaldo, o que produz, para eles, a responsabilização inteira do debate por quem o solicitou. Agnaldo poderia, por exemplo, perdoar Fabrício, que sairia dali com vida. Acompanhei em minha pesquisa diversas situações em que houve perdão, embora nenhuma de vida ou morte. Mas Agnaldo, que queria matar os três envolvidos, seguramente estava disposto a, no mínimo, assassinar Fabrício.

RD: Surge um problema: nenhum dos criminosos tem uma arma, que eles chamam de "chuteira".

Preso 1: Os menino que tá lá, aqueles outros lá, tem uma chuteira lá, irmão?

Preso 2: Eu não sei. Tem que ver com os menino se tá tendo lá, irmão.

Outro momento muito relevante para se compreender a legitimidade dos debates. Os lados da contenda não estão na chácara por obrigação, coagidos por armas. Se há armas no local, são para a proteção dos envolvidos, e não deveriam ser utilizadas em um homicídio cometido por um terceiro. O controle de armas, conforme já citado, é intenso na disciplina do PCC. O rapaz precisa de uma arma, e eles a emprestarão. É preciso contatar os meninos do crime da cidade, há um responsável pelas armas do Comando. As armas ficam guardadas, como se sabe, e não na mão da molecada.

RD: Uma das pessoas que estão na chácara sai para buscar uma arma. Pouco depois, Agnaldo executa Fabrício. As sentenças determinadas pela corte paralela que atua nos presídios paulistas são cumpridas com rapidez e crueldade. Apenas vinte minutos depois de ser condenado pelo tribunal do crime, Fabrício foi morto exatamente neste lugar [apontando para uma área descampada da chácara], executado com cinco tiros à queima-roupa. A polícia não teve tempo de evitar o crime, mas Agnaldo foi preso dias depois. Ele nega o assassinato.

Agnaldo: Não cometi, não fiz, né. Justiça com minhas próprias mãos, jamais.

Delegado: Durante a apreciação desse caso por eles, nós tivemos uma consulta que foi feita por um rapaz [policial civil] de Campinas, também com um fato semelhante ao daqui, perguntando como proceder. Então, eu tenho a impressão de que não é restrito à nossa região [de Pirassununga]. Eu tenho a impressão de que é restrito ao estado todo, tendo em vista que você tem presídios de várias regiões participando da teleconferência. [...] Preocupa é a facilidade com que eles, de dentro do sistema prisional, se comunicam em teleconferência, coisa que às vezes nem a polícia consegue.

A sofisticação desses debates, que ocorrem de forma corriqueira em São Paulo e onde mais o PCC atuar, não apenas sugere, mas demonstra empiricamente tanto a amplitude do dispositivo de justiça implementado pela facção como a legitimação, entre os atores envolvidos, da função de justiça desempenhada pelo mundo do crime. Se de um lado já está claro que nem todos os debates são tão sofisticados, e que nem todos terminam com mortes, de outro lado é preciso ressaltar que há desvios muito mais sumariamente resolvidos, como nos casos de estupro comprovado, pedofilia ou traição confessa aos princípios da facção — a delação sobretudo.

Cabe ainda destacar a multiplicidade de significados de justiça presentes na citação. Para além de seu efeito de demonstração, percebe-se que o processo argumentativo e a decisão têm ao menos três finalidades: 1) a de demonstrar a firmeza da facção criminosa em vigiar a regra de conduta, ouvir todas as partes e punir o desvio: "Você tirou uma vida até mesmo sem dar defesa" e "A gente não admite em lugar nenhum"; 2) a de demonstrar a justeza do procedimento, baseada em argumentação e, no limite, em demonstração de autoridade: "A gente é justo e correto. Entendeu, moleque?"; e, sobretudo, 3) a de interromper a cadeia de vinganças privadas que um caso assim geraria, se não houvesse mediação — o irmão da vítima demandava que os três réus fossem sentenciados à morte, mas o "tribunal do crime", segundo título da matéria, decide que é legítimo executar apenas "o cara que tirou a vida do seu irmão". A legitimidade da sentença é ainda sustentada pelo caráter educativo da argumentação pelo certo, com base por sua vez na ameaça direta de retaliação radical, no caso de nova vingança.

É exatamente por bloquear a cadeia de vinganças privadas que o dispositivo dos "debates" demonstra incidir mais radicalmente na queda das taxas de homicídio em São Paulo a partir da emergência do PCC nas quebradas do estado. A questão merece reflexão específica.

A QUEDA DOS HOMICÍDIOS EM SÃO PAULO

São Paulo vive situação peculiar no que se refere às questões da segurança pública, se comparado a todos os outros estados brasileiros. Desde os anos 1990, foi a primeira unidade federativa a implementar um programa de encarceramento massivo e a criar um Regime Disciplinar Diferenciado (RDD) para as chamadas lideranças do crime organizado; foi também o primeiro estado a verificar a expansão de uma única facção criminal hegemônica em todo o seu território. Mas a especificidade paulista se concentra, sobretudo, na agressiva redução da taxa de homicídios durante os anos 2000, decréscimo avaliado em mais de 70% dos assassinatos no estado.

Para que se tenha ideia da relevância da compreensão desse cenário, é preciso considerar a média de homicídios na capital paulista, que vinha crescendo até atingir 35 assassinatos por 100 mil habitantes no final dos anos 1990. Alguns distritos das periferias registravam, no período, taxas de mais de 100 por 100 mil. Esses números caíram progressivamente a partir de 2000, chegando a 7,8/100 mil em 2010. As taxas médias do distrito de Sapopemba, onde fiz boa parte da minha pesquisa e que seguem o padrão nos distritos periféricos de modo muito regular, decresceram ainda mais desde o início da década. Foram registrados 209 homicídios no distrito em 2000 (taxa de 73,1/100 mil), menos de um quarto deles em 2003, quando se relata a chegada do PCC (54 homicídios), com redução progressivamente menos intensa a partir daí; 34 mortos por homicídio em 2007 e 26 em 2008, ano em que se atingiu a taxa de 8,78/100 mil, similar nos anos seguintes (PRO-AIM/Sempla, 2010). A redução nos distritos de periferia, portanto, foi de quase dez vezes menos mortos em 2010, se comparado ao ano 2000.

Ainda que a representação da violência urbana siga estruturando os noticiários televisivos; ainda que periferias e favelas continuem sendo figuradas como espaços de desordem e *crime*; ainda que os dados oficiais retratem manutenção ou recrudescimento dos índices de roubos, assaltos, latrocínios, arrastões, mortes de policiais e execuções sumárias, a queda das taxas de homicídio continua sendo apresentada como indicador inequívoco do sucesso da segurança pública em São Paulo. Como entender essa especificidade paulista?

Na minha perspectiva, é preciso conhecer os contextos em que o homicídio de um menino de dezessete anos da favela tinha se tornado plausível, esperado. Ou seja, é preciso conhecer a dinâmica social das periferias e favelas nos seus cotidianos para que se possa notar como esses homicídios eram produzidos, tornados plausíveis, e o impacto do dispositivo de justiça implementado pelo PCC, nesses casos, que os regula diretamente. Esse é o mecanismo social que impacta de forma decisiva nas estatísticas oficiais de homicídios e que, sem conhecimento dos contextos, é difícil de compreender.

Alguns anos antes de esse dispositivo de justiça se tornar corriqueiro, por exemplo, Agnaldo só sentiria vingada a honra de seu irmão caso os três envolvidos no assassinato fossem mortos. Como se observou, entretanto, para além de deliberar apenas pela morte de uma pessoa, o "tribunal" também fez questão de encerrar a contenda por ali — o xeque-mate não permite continuidade à vendeta.

Quem julgou a questão foi a autoridade legítima do crime — e, caso alguém decida desobedecê-la, será "cobrado radicalmente". Antes da instalação desse dispositivo, como se sabe, provavelmente os três acusados teriam sido mortos. E esse triplo homicídio geraria novas vendetas, e assim sucessivamente. Essa espiral de letalidade ainda é presente nas outras capitais brasileiras, em muitas outras cidades. A partir da implementação maciça do dispositivo dos debates nas periferias de São Paulo, entretanto, essa cadeia de vingança privada foi em grande medida interrompida.

Os debates introduzidos pelo PCC seriam, então, a principal causa para o declínio de quase 70% das taxas de homicídio em São Paulo, se compararmos os anos de 2000 e 2010? Não apenas isso — porque esse dispositivo parte de um enunciado de paz mais amplo, como vimos —, mas principalmente, como venho afirmando a meus interlocutores de campo há muitos anos.

As outras causas para essa queda nas taxas em São Paulo, assinaladas na discussão pública, não se sustentam exceto como extremamente subsidiárias do fenômeno. As ações governamentais pelo desarmamento podem ter atuado junto a atores de classe média, mas são muito malsucedidas onde o grosso dos homicídios ocorria, ou seja, nas favelas e periferias da cidade. Nunca tive notícia, em duas décadas de pesquisa nesses territórios, de alguém que queria praticar um crime e não conseguiu ter acesso à arma necessária para isso. Como vimos, é muito fácil obter uma arma nesses territórios — basta passar pela biqueira e negociá-la.

A subnotificação dos homicídios, referida popularmente como a "pacificação das estatísticas", é sem dúvida um fato. Mas isso sempre ocorreu, antes e depois da queda significativa dos números em São Paulo, como ocorre em todos os estados da federação. As taxas de homicídio, sendo consideradas — de forma equivocada — como indicadores unívocos de avaliação das políticas de segurança pública de diferentes governos, são obviamente — e sempre foram — objeto de disputas políticas.

Também circulam no debate sobre homicídios argumentos que justificariam da seguinte maneira a queda das taxas em São Paulo: a pirâmide etária mudou, e hoje a população é muito menos jovem do que era há dez anos. Essa mudança, por diminuir a oferta de jovens aos assassinos, fez com que as taxas de homicídio caíssem. O contra-argumento a essa narrativa é simples: em todo o Brasil a pirâmide etária tem mudado, e apenas em São Paulo as taxas caem de forma tão acelerada e localizada. Por que, mesmo submetida a mudança demográfica semelhante, a cidade do Rio de Janeiro não experimentou a mesma queda de homicídios?

Alega-se ainda que o investimento nas polícias militares e civis — muito ampliado desde os anos 1990 em São Paulo, bem como a melhoria na estrutura de gestão policial, somada ao encarceramento massivo de criminosos — seria o principal responsável pela redução dos homicídios em São Paulo. Sem dúvida, como afirmei, essas políticas de segurança estatais são fundamentais para a especificidade paulista em termos de segurança pública. Elas aparecem historicamente, no entanto, como fatores indispensáveis para ofertar as condições de possibilidade para que o PCC se estabelecesse como facção hegemônica não apenas no sistema prisional como também em todas as quebradas de São Paulo e muitas outras pelo Brasil e países relevantes para os mercados ilegais.

Além do mais, se a redução de homicídios em São Paulo fosse sinal de sucesso da política de segurança estatal, muito provavelmente teríamos acompanhado uma diminuição da atividade criminal, expressa também pela redução das taxas de roubos e furtos, o que não aconteceu de forma nenhuma nas últimas duas décadas.

Mais gritante ainda é o aumento dos latrocínios (homicídios cometidos em ações visando ao roubo) no período, que demonstra mais atividade criminal, e não menos. Se os homicídios tivessem caído por sucesso da política estatal de segurança apenas, não se limitariam aos distritos periféricos, ao perfil de jovens pretos e pardos. Mas o que vimos foi que apenas esse perfil de mortos caiu decisivamente, arrastando as taxas mais agregadas.

Em suma, mais do que tentar convencer o leitor sobre a veracidade dessas afirmações — para muitos moradores das periferias e pesquisadores uma obviedade; para outros, já convencidos com outras teorias ou interesses, um absurdo — seria melhor entender mais detidamente os mecanismos, os modos de operação dessa redução enorme das taxas de homicídios em São Paulo — a única dessa dimensão na história recente do país, entre as 27 unidades federativas — para que pudessem ser aplicados politicamente, incorporados em políticas de segurança pública. É para isso, e não para produzir os pais de tal ou tal teoria, que serve o conhecimento científico.

Basicamente, esses mecanismos são dois: o primeiro é a oferta de justiça e segurança eficientes a todos, conforme narrado aqui. A família de Ivete buscou antes a polícia, que não atendeu a suas necessidades. Só depois ela procurou o mundo do crime, que resolveu o problema. Para muitos, custa admitir essa possibilidade, mas trata-se de uma realidade empírica nas favelas e periferias urbanas. O assassinato do pedreiro Adriano Mendes teve seu esclarecimento pela justiça oficial apenas cinco anos depois do ocorrido, e praticamente todos os envolvidos no crime já haviam sido liberados, e estavam impunes quando reli o inquérito correspondente. Na justiça do PCC, depois de horas e horas escutando todos os envolvidos, com detalhe e em sua própria linguagem, foram necessárias outras horas e horas de deliberações. Em poucos dias o problema estava esclarecido e resolvido, gostemos ou não do desfecho.

É essa eficiência que convence uma parte da população, não por acaso a mais pobre dela, de que o PCC pode ser uma instância de recurso à justiça melhor do que a polícia, a justiça oficial, o Estado como um todo. Não estou advogando por uma justiça sumária nesses moldes criminais, evidentemente. O que ressalto é o mecanismo de produção de uma justiça que se apresenta como "eficiente", de fato disponível aos moradores da cidade, coisa que as camadas mais pobres — e mais negras — das periferias do país nunca experimentaram, exceto com relação aos direitos trabalhistas (muitas vezes instrumentalizados, é verdade).

O segundo mecanismo fundamental para a redução dos homicídios em São Paulo, este produzido integralmente pelo PCC, foi a intervenção forte de regulação dos mercados ilegais, com ênfase para o mercado de drogas. Como vamos ver nos próximos capítulos deste livro, não apenas a venda de drogas no varejo das favelas foi tabelada, evitando a concorrência entre biqueiras e os consequentes conflitos, como muitas outras atividades criminosas tiveram intervenção forte do Comando. Se a concorrência mercantil entre pequenos traficantes de drogas tivesse prosseguido, não haveria como controlar os homicídios em São Paulo da mesma forma como se logrou associando intervenção econômica e oferta de justiça.

Uma condição mais ampla, para a qual também se teve muita atenção ao estruturar o que se chama hoje de mundo do crime, favoreceu muito o estabelecimento desses mecanismos, permitindo que estabilizassem a tendência de queda de homicídios nas favelas, descontroladamente em ascensão durante os anos 1990. Foi o estabelecimento de uma comunidade de pertencimento — no sentido mais forte da palavra — para os mais pobres entre os mais pobres, que compunham os estratos mais baixos, mais criminalizados e mais vulneráveis à violência letal porque inscritos como trabalhadores de baixo escalão dos mercados ilegais. A oferta dessa comunidade, na ausência de outra, se constitui no próprio mundo — no sentido existencial do termo — para que esses desterrados da vida pudessem se sentir novamente seres humanos protegidos, auxiliados de alguma forma, partícipes de uma comunidade que os reconhecia. Não era preciso que tivesse sido o crime a oferecer esse pertencimento. Outros grupos — a nação, a escola, o trabalho, os programas sociais ou mesmo o mercado — poderiam ter atuado com o intuito de integrá-los a uma narrativa comum, ofertando-lhes saídas mais amenas que o crime. Mas o que vimos anteriormente neste livro é que, em especial nos anos 1980 e 1990, a frustração das expectativas de integração desses sujeitos no mercado e a negação de seu estatuto de partícipe de uma comunidade nacional, que prometia melhoria de vida, falaram muito mais alto. Desterrados da comunidade nacional, foram acolhidos de peito aberto no mundo do crime.

Quando vistos da periferia, portanto, as teorias acadêmicas ou os postulados de profissionais de segurança pública sobre a redução dos homicídios em São Paulo que excluem do mapa mental o PCC são no máximo considerados dinâmicas acessórias da mudança do quadro estatístico. Numa entrevista de 2009, Mano Brown, um artista que acompanhou o desenvolvimento do PCC nas cadeias e periferias de São Paulo, foi perguntado sobre o "extermínio de jovens nas periferias" brasileiras. A pergunta vinha de um militante do movimento negro, em evento da Afropress. Brown respondeu da seguinte maneira:

> O extermínio de jovens nas periferias... [pausa] Eu sou paulista, certo? O conhecimento profundo que eu tenho é sobre São Paulo. E em São Paulo hoje existe um movimento diferente.

Então, esse extermínio, ele foi temporariamente bloqueado. Por leis que não são do governo. São de um "outro" governo. Nos outros estados eu temo que a solução seja essa também. O governo não conseguiu fazer uma ação concreta a respeito da segurança. E o crime organizado conseguiu.

Ainda mais instrutiva do que essa fala é a continuidade da interação de Brown com seu interlocutor. O rapaz, que não compreendeu a que "outro governo" o artista se referia, concluiu que se tratava da esfera federal, e não do governo estadual, normalmente responsável pelas questões de segurança. Era 2009, e estávamos, portanto, em véspera de ano de eleições presidenciais, após dois mandatos de Lula. O rapaz seguiu perguntando, sob a premissa de que o Estado é sempre o responsável pela segurança pública e pelo extermínio da juventude negra. "Na sua opinião, Brown, o que mudou nesses últimos oito anos?" A resposta foi a mais inesperada: "O surgimento do PCC".

Aceitando ou não essas hipóteses acerca das causas da redução dos homicídios em São Paulo, evidentes para muitos, não é possível negar que o mundo do crime só fez se expandir nas últimas três décadas. A expansão do PCC e de outras facções criminais, por todo o país, interfere diretamente na questão do homicídio. O caso de Fortaleza, citado no primeiro capítulo, talvez seja o mais claro na demonstração de que as políticas do crime agem de maneira radical sobre os homicídios.

Se a justiça oficial é reconhecida como tendo, nos pressupostos de suas leis, conteúdos normativos universalistas, para os pobres seus procedimentos de aplicação são ineficientes, distantes. O funcionamento do Judiciário é lento, discrimina posição social, lugar de moradia, cor da pele e idiossincrasias de classe, sobretudo modos de se portar, de se vestir e de falar. Além disso, está submetido à expertise técnica dos advogados, não permite que as pessoas contem suas histórias, seus modos de ver o mundo, que se comuniquem. Na perspectiva de quem vive nas periferias, embora a justiça do crime tenha os conteúdos da exceção inscritos em sua lei, seria justa por se aplicar de igual para igual, entre todos.

A "lei do crime", operando pragmaticamente, e não no discurso, sob uma ótica de igualdade para dentro e guerra para fora, expandiu sua legitimação nas periferias da cidade durante os anos 2000. A igualdade existencial, de tratamento, é muito bem-vista por lá, onde a justiça penal oficial é percebida como injusta, voltada para encarcerar seus moradores. Ela só funciona, nessa percepção, para legitimar os procedimentos burocráticos que tornam as classes desiguais. Para muitos entre os pobres, esse jeito de sermos tão estatais e justos formalmente e não sabermos tratar as pessoas com respeito constrói uma fachada de que vivemos numa democracia quando, na verdade, a desigualdade reina.

8. Paz tem preço

ESSA QUEBRADA É PCC

Na virada para os anos 2000, ladrões, assaltantes e traficantes de São Paulo passaram a enxergar o potencial da disciplina PCC. Quando saíam das prisões, já eram também respeitados em suas quebradas, as periferias e favelas do estado. Mais do que isso, agora podiam pensar a mesma disciplina regulando também os mercados, muito lucrativos, que operavam: tráfico de drogas e armas, roubo e furto de veículos e cargas, de estabelecimentos comerciais, de bancos e empresas de valor. O crime fortalece o crime, eis a ideologia.

Do cotidiano das cadeias, a disciplina do Comando se transformava, pouco a pouco, em ordem moral para os negócios do crime. Nas quebradas de São Paulo que assentiam ao ritmo do PCC, o preço da droga no varejo passou a ser tabelado. Evitava-se assim a concorrência que trazia mortes, vingança, mães em prantos, desunião nas favelas. Pacificavam-se o cotidiano e os mercados ilegais. Armas cada vez mais sofisticadas e disponíveis aos criminosos, no entanto, nunca estavam à mostra ou na mão de moleques em pontos de droga. Havia uma disciplina. O tráfico de varejo desarmado passou a ser uma marca das quebradas PCC em São Paulo.

O mercado gosta de ordem, de previsibilidade. Deu certo de novo. Os irmãos do Primeiro Comando da Capital expandiram seus horizontes pelo mercado da droga, que já era transnacional, mas operado no Brasil apenas por gente muito rica nos anos 2000. "*Do Capão pro mundo/ é nós por nós, vagabundo.*" O rap seguia sendo a trilha sonora dessa expansão guerreira para fora, pacificadora para dentro. O dinheiro seguia sendo seu trilho. Notícias do PCC fazendo negócios ilegais em diferentes capitais, fronteiras, portos e aeroportos passaram a circular pela imprensa nos últimos anos.

Toneladas de drogas e dezenas de fuzis apreendidos se somam a notícias de "líderes" da facção presos ou assassinados em Fortaleza, na Baixada Santista, no Paraguai, na Bolívia. Na imprensa, lemos que o PCC teria alianças com as Farc colombianas, com o Hezbollah no Líbano, com o Exército venezuelano, com nigerianos que atuam na logística da cocaína. O PCC virou assunto nos ônibus, no táxi, na padaria, nos fóruns criminais e nas faculdades de direito. Estava em livros acadêmicos e séries televisivas.

Nas periferias de todo o estado de São Paulo, não apenas na capital, longe dos muros das prisões mas também dos microfones da grande mídia, já se dizia entre 2001 e 2005 que a biqueira de fulano era do PCC. Ou que aquela revendedora de veículos usados, na avenida do distrito, seria de alguém do PCC. Em Sapopemba, eu ouvia a todo momento que a quebrada toda era PCC, e os relatos me contavam que a virada tinha se dado no final de 2003. A regulação dos homicídios e a oferta de justiça comunitária eram a base dessa constatação, mas não as únicas.

Mais do que um sindicato ou um partido do crime nas periferias, o PCC era referido também como uma organização relacionada a mercados. A relação entre aqueles enunciados políticos de *igualdade* e esses, de *mercado*, não era ainda evidente. De um lado, o PCC sempre apareceu na minha pesquisa, nas práticas criminais e nos discursos cotidianos como um regulador de condutas que, pela instituição dos debates, reivindicava o monopólio legítimo do uso da força em alguns territórios e situações das quais participam sujeitos inscritos no *crime*. De outro lado, entretanto, o PCC também controlaria dinâmicas econômicas.

Mas a expressão "aqui é tudo PCC" poderia ser articulada, sem problema, à frase "aquela biqueira não é de nenhum irmão". Como poderia tudo ser do PCC se isso acontecia? Estranho para mim, a princípio, mas todos tinham clara a explicação. Cada um no seu corre, mas corre tudo junto. Correr com o Partido, correr com o Comando, é respeitar o proceder. Trata-se de uma questão política, moral, de conduta, não de uma questão econômica. Um adolescente da Zona Leste com quem convivi durante três anos, e que vendia maconha próximo a uma escola havia dois, disse que em sua biqueirinha "ninguém do Comando apitava nada". Ele era um dos microempreendedores de que falamos antes, quando verificamos que o PCC não detém o monopólio do tráfico de drogas em São Paulo. Esse rapaz pagava semanalmente a policiais militares, para evitar problemas, uma propina que atingiu 20 mil reais por ano — cerca de 30,2 mil reais em valores reajustados para 2018. Ele era autônomo, não trabalhava com ninguém, sabia que seu ponto de venda estava mapeado, mas nunca pagara nada ao PCC.

A hipótese de que apenas uma minoria desses mercados é de propriedade de algum irmão do PCC começava a fazer sentido, mesmo que se olhe para toda a cadeia produtiva. É certo que um desmanche de carros, uma linha de transporte clandestino, uma revendedora de motos ou uma biqueira podem ser de propriedade de irmãos batizados no PCC. Nesses casos, há uma sobreposição das características político-administrativas do Comando — ser irmão, ser disciplina, ser sintonia — e de suas atividades econômicas — ser empresário criminal.

Meus dados de campo sempre sugeriram que essas pequenas ou médias empresas são propriedade de tal ou tal irmão, mas não da organização, do PCC como um todo. Mais recentemente, ficou claro que um irmão, dono de uma biqueira, pode vender droga *do Comando* para arrecadar recursos para a irmandade. Foi por isso que, para entender o PCC, a metáfora da sociedade secreta, da maçonaria, começou a fazer mais sentido do que a de uma empresa.

Nas favelas de São Paulo, e mais ainda fora do estado, a frase "o PCC quer é dinheiro!" tem sido cada vez mais frequente. Mas, para sermos rigorosos, a frase deveria ser "o PCC quer é *que seus irmãos ganhem dinheiro!*". O que importa ao Comando, como irmandade, não é fundamentalmente a circulação financeira, considerada apenas um meio para que seja aumentada sua capacidade de influência sobre o mundo social e político, para que os valores do crime sejam divulgados, para que mais adesões e força tenha a facção. Seus membros se beneficiariam de forma coletiva dessa capacidade, tendo mais poder de decisão para fazer mais dinheiro por sua própria conta.

A lucratividade importa, portanto, aos empresários que lucram, ou têm prejuízo, com seus negócios. Ao Comando como irmandade importam a expansão e a influência de suas formas de pensar o mundo a partir da chave do crime: bater de frente com o sistema, prezar o respeito aos pares e à causa, apelar ao debate em situações de conflito, restringir o uso de armas dos demais e regular os preços de venda de drogas no varejo. Sim, em São Paulo, como temos afirmado, o preço da droga no varejo permaneceu quase duas décadas sem variação nas favelas, e esse ponto interessava diretamente ao PCC.

Quando houve suspeita de que uma facção rival, a FDN, estaria tentando chegar a São Paulo em 2018 para fazer frente ao PCC, um dos critérios fundamentais observados no relato, como se vê abaixo, era que estariam vendendo droga abaixo do preço correto:

> Divulga essa caminhada pra todos os contatos seus, irmãos e companheiros que se encontra no corre. Os cara tentou tomar a Baixada lá, entendeu? Como disse os áudios aí, essa mesma fita aconteceu em Pirituba: os FDN tomou uma favela em Pirituba lá, entendeu, mano? Arrancaram um dedo lá do campana [posição de olheiro, vigia da biqueira], dois dedo do vapor [posição de vendedor], pegaram o pacote [as drogas], entendeu, mano?
> *Ficaram vendendo as caminhada no valor a menos do valor que é*, e seguinte, batendo no peito e dizendo que era FDN dentro da favela, falando que o bagulho tava tomado. Divulga aí, deixa todo mundo ciente que esses cara tá vindo aí pra atrasar. Entendeu? Divulga aí para todos os criminoso do seu contato aí. Até pros que não é também, porque os que não é também sempre tem os que conhece, então divulga geral, ventila a parada aí.
> [Salve aberto por áudio de WhatsApp, não identificado, de 7 de janeiro de 2018. Grifo meu.]

Não importa tanto para o PCC se o dono dessa biqueira em Pirituba, ou na Baixada Santista, é batizado na facção. O que importa é que a biqueira corra com o Comando, ou seja, que venda a mercadoria no valor que é tabelado e trabalhe na disciplina do PCC. O mesmo vale para todos os outros mercados criminais. A hegemonia política do PCC é basicamente isso: regulação econômica e reivindicação do monopólio da força e da justiça no crime. Novamente, é o papel regulador da facção o que emerge. Nas periferias, embora a ampla maioria não seja de propriedade de irmãos, os mercados ilegais são regulados pelo PCC, seja porque os empreendedores respeitam as condutas morais e econômicas sugeridas pelo Comando, seja por temerem represálias no caso de seu descumprimento.

O fato é que, de 2001 a 2006, o PCC expandiu sua hegemonia por todas as periferias de São Paulo, na capital, no litoral e no interior, e nunca mais deixou de ter esse papel, ainda que em muitas regiões essa hegemonia tenha sido contestada, contrariada, desafiada. Tanto que, nesse mesmo dia de janeiro de 2018, tendo o PCC sido desafiado em duas quebradas, apenas no que pude apurar, houve uma chacina com quatro mortos em Pirituba, e três homens acusados de serem FDN, hospedados em um albergue no centro da capital, desapareceram. Alguns vídeos circularam, demonstrando que vários deles haviam sido capturados e estavam sendo interrogados antes de ser executados. A hegemonia do PCC não parece, por mais que o tempo passe, estar sendo nem sequer desafiada em São Paulo. A escala dos negócios, e das guerras, segue crescente, seja no plano cotidiano, seja nas políticas nacionais do Comando.

PCC NOS ESTADOS

Comunicado Geral
A sintonia do Primeiro Comando da Capital vem por meio deste passar com total transparência a toda massa carcerária e todas facções amigas o motivo que levol o tal ocorrido no Estado de Roraima.

A cerca de três (3) anos buscamos um dialogo com a liderança do c.v nos estados, sempre visando a Paz e a União do Crime no Brasil e o que recebemos em troca, foi irmão nosso esfaqueado em Rondonia e nada ocorreu, ato de talaricagem por parte de um integrante do cvrr e nenhum retorno, pai de um irmão nosso morto no

Maranhão e nem uma manifestação da liderança do cv em prol a resolver tais fatos.

Como se não bastasse, se aliaram a inimigos nossos que agiram de tal covardia como o PCC que matou uma cunhada e sua prima por ser parentes de PCC, matarão 1 menina de 14 anos só por que fechava com nós. A mesma aliança se estendeu pra facção Sindicato RN que num gesto de querer mostrar força matarão uma senhora evangélica e tetraplégica uma criança sobrinho de um irmão nosso e seu irmão de sangue numa chacina covarde no Rio Grande do Norte pra afetar o integrante do PCC.

Agora chegaram ao extremo de andarem armados de facas em pátios de visita no Acre e no estado de Roraima. Acreditamos que o crime do paiz não é cego e consegue enxergar com clareza o que realmente é desrespeito com familiares e quem deu ponta pé inicial pra essa guerra sangrenta que se iniciou. Pra nos do pcc sempre foi mais viável a Paz, mais como nunca tivemos esse retorno por parte dos integrantes do c.v que sempre agiram de ousadia nos desrespeitando e desafiando, acabamos chegando a esse embate, que gerou esse monte de morte, acarretando vários problemas num gesto covarde vem se apossando das lojinhas dos traficantes menos estruturados, tirando seus corres. No Para um irmão nosso foi morto num pavilhão do cv e nada aconteceu, tentaram contra a vida do nosso irmão Tonho que só não morreu por que o companheiro não deixou.

Tivemos a ciência que o CV soltou salves falando que desrespeitam os visitas que fizemos familiares reféns, pura mentira, os familiares que retornaram pra unidade apos o inicio do confronto não saíram por que não quiz, teve familiares nosso também, ninguém sofreu nenhuma agressão. Quem fez familiares reféns em Rondonia foi o cv.

Estão agindo com tanto ódio e cegueira que tiraram a vida de 8 irmãos deles, por ai já da pro crime do Paiz. Ver a falta de preparo com a própria facção, agora imagina o crime do paiz sobre esse comando?

Fica aqui o nosso esclarecimento pra todo Crime do Brasil a realidade dos fatos e pra aqueles que conhecem nossa luta e nosso trabalho e a sinceridade do Primeiro Comando da Capital o nosso forte e Leal abraço.

Estamos a disposição pra esclarecimentos.

Resumo Disciplinar Estado e Paiz.

É difícil lograr a paz entre os ladrões e se concentrar na guerra contra o sistema com tanta gente querendo ganhar dinheiro com o crime. O mundo do crime é, ao mesmo tempo, um problema moral, social, econômico e político. E já é uma realidade em todos os estados do país, com conexões visíveis, para todos que queiram ver, com as economias e modos de regulação política considerados legais.

O "crime do País", o "crime do Brasil", como expressa o salve, já é uma instância de poder nacional em busca de união. Os ideais de paz, simultâneos à violência dessa expansão, ainda não podem ser inteiramente equacionados. O comunicado acima foi difundido após um novo massacre em presídios brasileiros, em que 31 presos foram mortos em Roraima no dia 6 de janeiro de 2017. Para os membros do PCC, o uso da força — como nesse episódio, que vingava os mais de trinta mortos do PCC em um massacre ainda maior, que exterminou 65 vidas no estado do Amazonas — se justifica somente depois de as negociações entre diferentes grupos criminais fracassarem na tentativa de produzir uma aliança.

A gente quer que o estado tire o PCC de dentro das nossas unidades. Todas as nossas unidades. [...] Ou o PCC sai do nosso estado, ou o estado vai tremer todo. A única coisa que a gente quer. A gente não tramou essa guerra, essa guerra foi tramada por eles. A guerra foi

tramada por eles, pelo estado e pelo PCC, o Primeiro Comando da Capital.
[Áudio enviado por presidiário integrante do Sindicato do Crime RN, em Alcaçuz, 2017].

Após a ruptura da aliança entre CV e PCC, em agosto de 2016, e o início da guerra entre as duas principais facções criminais do país, pudemos da pior forma — presenciando massacres sangrentos em cadeias e nas ruas em vários estados do Brasil — verificar como podem ser letais os confrontos entre esses coletivos, muitas vezes tratados na imprensa a partir da visão recorrente de selvageria, desordem ou barbárie. Depois dos massacres no Norte, houve muitas mortes no Nordeste, em especial no Rio Grande do Norte, depois no Ceará e em Alagoas.

Confrontos importantes em todos os estados do país, nas cadeias e nas periferias urbanas, atravessaram estados. A expansão do PCC para territórios muito além de São Paulo, que se fazia de modo silencioso, ou ao menos longe dos olhos da grande mídia, tem desde 2016 mostrado uma face violentíssima. A guerra, que desde 2002 havia se tornado a última alternativa para o Comando — e, em especial desde 2006, tudo o que deveria ser evitado —, se tornara então declarada contra algumas das grandes facções criminais do país.

Se a visão mais difundida é essa, o momento de presença do PCC em todos os estados do país vai em direção diferente. Embora ainda não tenha sido possível, pela recente aparição desses conflitos, consolidar trabalhos de pesquisadores locais a respeito do tema, nem tampouco procedermos a comparação sistemática entre os contextos, em todos os estados do país, temos nos comunicado muito, e as primeiras pesquisas sobre o tema começam a surgir — como no caso dos trabalhos de Camila Nunes Dias e Leonardo Sá — para tentar compreender a lógica geral dessas guerras, inscritas no que se chama de expansão do PCC pelo território nacional e internacional.

É importante notar primeiramente que, em cada contexto local, essa guerra mais geral se desenha de modo próprio, particular, específico. "*Cada lugar um lugar, cada lugar uma lei*", como já dizia o rap. O caso do Ceará é de particular importância para a compreensão da centralidade da dinâmica faccional para a segurança pública. Durante o primeiro semestre de 2016, o estado havia presenciado uma redução muito relevante dos homicídios, justamente pela "pacificação" das facções locais, sob a égide da então aliança nacional entre CV e PCC. Correm rumores de que Alejandro, irmão de Marcola, teria sido fundamental nessa negociação. Lograda essa difícil concertação de interesses e conquistada a paz em Fortaleza, celebrada inclusive num ato público pelas ruas da cidade, a cisão nacional entre as duas facções meses depois colocou tudo a perder. A guerra que opõe desde então CV, PCC e os Guardiões do Estado, GDE, grupo criminal que combate a presença do PCC no território cearense, eleva incrivelmente as taxas de homicídio em todo o estado entre 2017 e 2018.

Estados como Paraná, ou Mato Grosso do Sul, têm presença hegemônica do PCC em seus presídios no mínimo desde a primeira metade dos anos 2000. Mato Grosso tem CV no convívio, PCC no seguro. Na Paraíba, a guerra entre as facções Al Qaeda e Estado (antes Estados Unidos) também opõe o Primeiro Comando da Capital e o Comando Vermelho, representados localmente pelas facções rivais. No Rio Grande do Norte, o grupo criminal Sindicato do Crime tenta conter, à força, a presença e a atuação do PCC — considerado um grupo mais rico e mais forte, vindo de fora — em seus domínios. Nos estados amazônicos, a Família do Norte, outra enorme facção criminal aliada do CV no plano local, se tornou inimiga mortal do PCC após a declaração de guerra entre os grupos. No Rio de Janeiro, a presença mais forte do PCC na favela da Rocinha teria dado ensejo a modificações importantes na operação da facção Amigos dos Amigos, que poderia estar em processo de fusão com o Terceiro Comando Puro, construindo uma nova coalizão entre os três grupos para lutar contra o CV, denominada Terceiro Comando dos Amigos, TCA-1533. Essas informações todas, sem dúvida nenhuma, são apenas manchetes de processos muitíssimo mais complexos, que vêm sendo estudados localmente.

O que interessa aqui, no entanto, é que em praticamente todos os estados da federação há guerras entre grupos criminais distintos que estouraram depois da cisão entre PCC e CV. Sem dúvida, para os que vivem nesses estados e conhecem o mundo do crime local, o PCC não se mostra como um produtor de ordem social, que oferta justiça aos moradores, tendo legitimidade para atuar e para se consolidar como um grupo social hegemônico, como aconteceu em São Paulo. Não esqueçamos que, para que isso ocorresse em território paulista, foi preciso que as políticas do governo — baseadas no encarceramento massivo — fossem implementadas e instrumentalizadas pela facção. Foram as políticas de segurança, colocando diferentes grupos rivais em cadeias PCC, que ofereceram as condições para que a facção se tornasse hegemônica no estado mais rico e mais populoso da federação.

O PCC, para quem vive no Amazonas, no Ceará ou em Minas Gerais, não se mostra da mesma forma como aparece em São Paulo. Suas faces nesses estados são muito mais guerreiras e empresariais do que mediadoras, pacificadoras. Ainda assim, é do mesmo PCC que estamos falando em todo o país, e compreender suas formas de expansão ainda é um desafio. Depois de inúmeras conversas e pesquisa ainda assistemática a respeito, essa expansão parece ter cinco elementos a serem observados de forma detida, caso a caso.

O primeiro é que não se trataria de uma expansão tão recente quanto parece em muitos casos, tendo sido iniciada desde a virada para os anos 2000, quando o PCC começava também a se expandir das cadeias para as periferias de São Paulo.

Em segundo lugar, essa expansão iniciada há anos em cada um dos territórios atualmente conflagrados estava encoberta pela ausência de conflito entre CV e PCC. A cisão na aliança entre as facções, a partir do segundo semestre de 2016, acirrou as tensões em cada um dos estados, acelerando inclusive a faccionalização do mundo do crime em cada território.

Em terceiro lugar, a presença do PCC em cada estado não é baseada, como foi em São Paulo, na conquista de legitimidade popular pela oferta de um sistema de justiça eficiente nos territórios, mas tem maior empenho na segunda perna dessa legitimação, ou seja, a presença de empresários criminais ligados ao Comando tentando negociar com grupos locais a *regulação* da operação mercantil ilegal em cada região.

Em quarto lugar, a presença do PCC em cada território é, ao contrário do que desejaria a facção, marcada por muita reação entre os atores que controlam os mercados ilegais locais. Se em São Paulo foi mais fácil negociar a reivindicação do monopólio da força e do tabelamento de preços, evitando concorrência e duplo comando, não tem sido assim nos demais estados. A presença do PCC, assim, gera mais guerra do que paz, na medida em que a narrativa de pacificação trazida pela facção não consegue (ainda?) se construir como hegemônica, enfrentando resistências fortes de grupos locais já instalados.

Finalmente, em quinto lugar, as estratégias articuladas dessa expansão seriam: a) a tentativa de construção de hegemonia política nos presídios e cidades menores, alterando as rotinas e promovendo o máximo de ordem e previsibilidade na ação mútua entre prisioneiros, antes de buscar ações de mediação nos territórios de favelas e periferias; b) atuação mercantil no atacado, trabalhando com preços mais baixos na tentativa de regular, pelo próprio mercado, as posições relevantes de operação no tráfico de drogas, roubo de carros e grandes assaltos.

É a distinção entre economia e política nos modos de organização dessa sociedade secreta que deve ser compreendida, para que tenhamos mais claro como se dá a presença do PCC em cada território em que atua. Não se deve esquecer que foi justamente a face guerreira da facção dentro dos presídios a que primeiro apareceu em São Paulo, dando espaço depois para as articulações pacificadoras. Estaríamos em momento semelhante ao que consolidou a força do PCC nas cadeias paulistas, durante os anos 1990, com consequente pacificação dos anos 2000 em diante? Ou estaríamos assistindo a um tipo de oposição que destruirá o Primeiro Comando da Capital em muitas localidades, produzindo fraturas que o transformariam em apenas mais um dos grupos criminais do país? Para responder a essa pergunta, é preciso antes compreender como a guerra e a paz se articulam no Comando. E, para tanto, não existe nada melhor do que compreender os confrontos sangrentos de maio de 2006 em São Paulo, e quais foram as consequências desses eventos.

MAIO DE 2006

Sexta-feira, 12 de maio de 2006. Eu terminava mais uma semana de pesquisa em Sapopemba, um trabalho de campo que completava um ano. Havia passado a manhã no Parque Santa Madalena e, à tarde, quase duas horas numa praça do Jardim Planalto. Um amigo tinha me contado um pouco do funcionamento da biqueira que adolescentes tocavam ali mesmo. O ponto de venda de maconha, cocaína e crack tinha acabado de ser mudado de lugar pela instalação também recente da base móvel da Polícia Militar, que víamos num trailer bem à nossa frente. A presença mais constante da polícia na praça fora solicitada pelos moradores mais antigos do Jardim Planalto, pais de família operária e comerciantes, radicados em Sapopemba nos anos 1960 e 1970. Mas a polícia o dia todo na praça só fez empurrar a biqueira cinquenta metros mais adiante, para dentro do bairro.

Na pracinha do Jardim Planalto, portanto, as distinções internas no distrito entre as famílias trabalhadoras e os bandidos, mediadas pela presença ambígua da polícia, se faziam notar. O quadro não era novo — um dos meus livros de cabeceira, *Sociedade de esquina*, de William Foote Wythe, descreveu essa forma de atuar da polícia, gerenciando o problema público do crime, de modo incrivelmente atual, ainda nos anos 1940.

Fim de tarde, era hora de voltar para casa. Tomei meu caminho: uma hora e meia de ônibus até o terminal da Vila Mariana, meia hora de metrô até o Tietê, três horas e meia mais até São Carlos. Meia-noite, eu estava em casa. Sábado de manhã busquei o jornal na porta e havia notícias de ataques do pcc a policiais em diversos pontos da cidade. Na madrugada de sexta para sábado, véspera do Dia das Mães, dezenas de ataques armados e simultâneos foram dirigidas a postos e viaturas da Polícia Militar, delegacias da Polícia Civil, postos do Corpo de Bombeiros, a agentes e prédios públicos, por toda a metrópole. Policiais foram mortos mesmo à paisana.

O sol nasceu naquele sábado com notícias de um saldo inicial de mais de vinte agentes do Estado mortos, número a que chegou 45 dias depois, eventos imediatamente lidos pela imprensa como a maior ofensiva de uma organização criminosa — e já se sabia qual, o Primeiro Comando da Capital — registrada em São Paulo. Nem bem as notícias começaram a circular, e já se sabia também que, simultaneamente, quase uma centena de presídios e unidades de internação de adolescentes tinha sido controlada por rebeliões, também lideradas pelo pcc, em todo o estado. Na ausência de uma liderança centralizada, as revoltas se amplificavam por um "telefone sem fio" em que integrantes do crime repassavam o que teria sido um *salve geral*, que misturava salves vindos de diferentes prisões e periferias, a notícias veiculadas pela imprensa. Conforme mais e mais ações eram realizadas, mais os ladrões, integrantes do crime em São Paulo, se motivavam para a ofensiva.

As ações internas aos presídios dessa vez eram muito mais fortes que em 2001, quando a facção fez sua primeira grande aparição pública. A extensão das revoltas a unidades de internação de adolescentes e ataques simultâneos a agentes do governo, nas periferias de todo o estado, era até então inédita. No fim de semana, vários outros ataques armados a policiais e prédios públicos foram registrados, especialmente nas zonas Leste e Sul de São Paulo, mas também em diversas cidades do interior.

No calor dos acontecimentos, alguns ônibus foram incendiados, muita informação desencontrada circulou e criou-se uma sensação de suspensão da ordem. As notícias oficiais e as reportagens de última hora fizeram a boataria crescer: os "ataques do PCC" se espraiariam sem nenhum controle, e não se conhecia o potencial bélico do inimigo. No domingo de manhã, no mesmo jornal, vi estampada uma foto da pracinha onde eu estava com meu amigo naquela tarde. A imagem era a da base móvel da Polícia Militar crivada de balas; havia sangue espalhado pelo chão.

Na segunda-feira, 15 de maio, o *toque de recolher* foi tacitamente decretado na metrópole: escolas públicas e privadas dispensaram seus alunos, grande parte do comércio e dos serviços foi fechada, as linhas telefônicas, sobrecarregadas, viveram dia de colapso. Os eventos tocaram o conjunto dos habitantes da cidade e do estado de São Paulo; a imprensa não tinha outro assunto. Foi um dos dias mais tensos dos 452 anos da maior metrópole da América do Sul.

O então presidente da República, Lula, culpou a administração penitenciária de seus adversários diretos do PSDB pelos eventos e se prontificou a enviar tropas federais para São Paulo. O governador em exercício Cláudio Lembo classificou os episódios, mais tarde, como o nosso Onze de Setembro. Comandantes de polícia, líderes religiosos, secretários de governo e parlamentares de diversos partidos foram forçados a se manifestar.

A imprensa amplificou a boataria. "O dia em que São Paulo parou" foi a manchete sobre os ataques no maior veículo do país. As expressões *guerra urbana* e *guerra contra o crime* circularam pela televisão, pela internet e pelos jornais. No furor dos eventos, informações contraditórias e espetaculares serviram de subsídio para que opiniões das mais diversas fossem elencadas: medidas de segurança a reforçar, premente execução sumária de presos e favelados, considerações sobre o problema social brasileiro. Não houve quem não emitisse um julgamento a respeito, embora, se perguntadas hoje em dia, as pessoas se lembrem apenas vagamente do que ocorreu.

Na terça-feira, como que consumida por tanta informação, a tensão pública arrefeceu bruscamente em São Paulo. Afinal, seria um pouco de exagero todo aquele desespero? Os ataques já eram muito mais raros e podiam ser assimilados ao risco cotidiano. Ademais, o número de "suspeitos" assassinados, como a imprensa classificava os mortos na reação policial, crescia de forma notável. A Polícia Militar matou uma única pessoa no dia 12, antes do início dos ataques; assassinou dezoito no dia seguinte; mais 42 no dia 14; e mais 37 no dia 15 de maio. As polícias sofreram mais de quarenta baixas, mas ganhavam a guerra. Com 97 "suspeitos" abatidos em três dias, anunciou-se que tudo estava de novo sob controle. As pessoas se recompuseram, e a vida retomou seu ritmo. São Paulo não pode parar, outros assuntos ocuparam as manchetes e as conversas.

Mas, na guerra particular que opõe polícias e integrantes do crime, estava claro que o problema não tinha acabado. "Eu penso que essa retaliação não parou, ela vai continuar", disse-me Valdênia

Paulino, militante experiente em situações de conflito nas periferias de São Paulo e outros estados brasileiros no dia 17 de maio. Depois de as autoridades terem lidado com o problema público, era hora do acerto de contas silencioso entre as partes diretamente interessadas. Trabalhos produzidos pelo Núcleo de Estudos da Violência, da Universidade de São Paulo, demonstraram então que os homicídios praticados por policiais prosseguiram em taxas muito altas nas semanas e nos meses que se seguiram aos eventos.

Na segunda-feira de pânico em São Paulo, falei por telefone com um assistente social do Cedeca e soube que o sobrinho de um dos meus principais interlocutores de pesquisa, Almir, tinha sido assassinado. Retornei para Sapopemba na quarta, 17 de maio. O trabalho das entidades locais de defesa de direitos era intenso. Ao mesmo tempo que se esforçavam por deixar claro que não apoiavam ou admitiam a legitimidade de ações do PCC, concentravam-se em denunciar formalmente os casos mais graves de violações de direitos cometidas por policiais na região.

Estive também nas favelas do Jardim Elba e do Parque Santa Madalena, visitei alguns conhecidos e me detive na casa de uma amiga, Mariete, que tinha quatro de seus oito filhos envolvidos com o crime. Dois deles seriam mortos nos anos seguintes. Ali o ritmo era o da rotina, embora a atenção estivesse redobrada. Para as famílias de favela, em especial as que tinham vinculação com o mundo do crime, os ataques do PCC não haviam alterado o cotidiano; viver sob risco já era, em certa medida, normal. Além disso, ali os ataques não eram condenados, sob nenhuma hipótese.

Surpreendiam apenas porque ninguém sabia quando viriam, nem sua motivação específica. Mas era certo que alguma forma de reação contra as polícias era questão de tempo. O crime já tinha força suficiente para demonstrá-la publicamente, para estabelecer novas bases para os acordos com os policiais, dentro e fora das cadeias.

Ao escrever meus diários de campo nesses dias, dava-me conta do descompasso entre o que aparecia no debate público e o que me aparecia na etnografia. De um lado, no noticiário e nas conversas com meus amigos da universidade, mesmo se centradas na crítica à cobertura da imprensa, seguia-se a pauta de contabilizar baixas, enunciar o medo coletivo e os boatos, falar da violência urbana e do problema social brasileiro. Alguns se perguntavam sobre o PCC e sua história.

De outro lado, especialmente nos depoimentos dos moradores de favela, narravam-se casos concretos da violência experimentada naqueles dias e nomeava-se claramente o que tinham dito alguns irmãos do PCC específicos. Não bastasse o descompasso nas agendas de discussão e juízos acerca do que acontecia, havia uma diferença central nos lugares de locução ocupados perante a onda de violência.

Se os acontecimentos eram um assunto no debate público, eram casos concretos nas favelas de Sapopemba. Em suma, por lá a violência da semana tinha sido vivida de muito mais perto, e do outro lado da guerra.

A imagem de uma organização muito poderosa que brotava de prisões e quebradas emanava pelos noticiários, enquanto os vizinhos da favela do Elba viam dois policiais militares escreverem "PCC" num quarto abandonado, forjando a "descoberta" de um suposto cativeiro da facção naquela favela, o que foi noticiado pela grande imprensa.

O *Jornal Nacional* classificava os mortos na guerra urbana entre "policiais", "suspeitos" e "civis", enquanto a família de Almir, um dos meus interlocutores antigos de campo, chorava a morte do sobrinho. As autoridades, tanto políticas como policiais, computavam números de mortos na contraofensiva; Ivete recomendava aos filhos homens mais cautela naqueles dias.

Enfim, enquanto de um lado falava-se publicamente sobre a violência urbana, nas periferias, e sobretudo nas favelas, lidava-se com uma violência que interferia de forma direta na esfera mais íntima de organização da vida.

Mesmo na favela, era nítida a distensão entre o que diziam as famílias moradoras e as entidades sociais. Os centros de defesa de direitos mantinham-se em posição neutra, levantando hipóteses de compreensão da crise, criticando a condução pública da imprensa e tentando apoiar quem precisasse:

Nós, logo no sábado pela manhã, pegamos o carro, demos um giro. Nós passamos em todas as delegacias de Sapopemba, na base da Guarda Metropolitana, na base da Militar, prestando solidariedade, deixando nossos contatos, que era sábado e domingo, para qualquer atenção. Os policiais não tinham uma retaguarda, eles estavam sozinhos, dobrados porque foi suspensa a folga de todo mundo, sem uma garrafa de café, abandonados nessa periferia.

E não sabiam da transferência [de presos, que teria ocasionado os ataques] que ia ocorrer. [...] Então o Estado abandona [os policiais]. Daí também fomos às famílias. Logo naquele dia eu já havia dito: "Vamos avisar as famílias que fiquem cuidadas, porque vai vir chumbo grosso em cima da população".

Se o papel de Valdênia Paulino era de mediadora, as famílias das favelas tomavam partido. Mariete, naqueles dias, não temia o crime organizado, o PCC, nem bandido nenhum. Seu medo era que a polícia invadisse sua casa com violência, procurando seus filhos; que algum dos filhos presos fosse executado nas rebeliões das cadeias; que algum dos que estão em liberdade fossem mortos na vingança dos policiais.

Ela sabia, em suma, que a "guerra contra o crime" já tinha incluído sua família como inimiga fazia bastante tempo. A novidade dos dias de crise era a radicalização da repressão de rotina. Vistas desde a opinião de moradores de favelas, a "ousadia" e a "novidade" da publicização do conflito urbano eram só a intensificação, agora menos seletiva, de um processo já instituído de repressão policial às favelas e aos favelados, sobretudo a seus adolescentes e jovens homens.

UMA SEMANA, MAIS DE QUINHENTOS MORTOS

A divulgação da lista oficial dos mortos naquela semana de maio demorou para sair. Sob pressão de parte da imprensa e entidades de defesa de direitos, foi parcialmente apresentada dez dias depois do início dos eventos. Os números eram muito inferiores ao que iria se constatar mais tarde e indicavam 168 homicídios: quarenta agentes do Estado mortos na ofensiva do crime, 128 pessoas oficialmente mortas pela polícia; 28 prisões efetuadas. Não foi noticiado que os indivíduos abatidos em chacinas e os desaparecidos estavam fora dessas cifras, e mesmo o número de policiais mortos era inferior aos definitivos.

Um balanço mais realista do que acontecera foi mais bem conhecido seis meses depois. Apenas o jornal *O Estado de S. Paulo* divulgou uma investigação realizada em 23 unidades do IML do estado, indicando que entre os dias 12 e 20 de maio de 2006 houve ao menos 493 homicídios em São Paulo. Dados posteriores, da Conectas, organização dedicada a defender direitos humanos, falavam de mais de quinhentas mortes nessa semana. Destas, as acusações das entidades civis apontam para ao menos 221 homicídios praticados por policiais e 52 policiais mortos em ataques criminosos. Há, portanto, mais 220 homicídios naquela semana para os quais não há sequer uma hipótese investigativa formulada. Os números de mortos subindo na contraofensiva policial — e isso nunca deixou de me impressionar — foram lidos como acréscimo à ordem urbana.

Inclusive o sobrinho do Almir, meu parceiro de pesquisa. Ele foi assassinado a caminho do trabalho em Santo André, com outros quatro colegas de fábrica; eram jovens operários, jamais tiveram nenhum contato com o crime. Na tensão do momento, entretanto, policiais descontrolados os executaram sumariamente, na manhã seguinte às mortes de seus colegas. De outro lado, e também por casos como esse, ficava evidente que nas favelas a legitimidade do PCC, em oposição à também crescente legitimidade da polícia em outros setores sociais, já era fato consolidado.

Os Crimes de Maio, como movimentos sociais de familiares de vítimas passaram a chamá-los, rearranjaram novamente as rotinas da tensão entre governo e crime em São Paulo. Eventos como o Massacre do Carandiru, a Megarrebelião de 2001 e as Revoltas de 2006 foram divisores de água, grandes rituais de passagem nas etapas dessa relação. A partir da extensa repercussão dos eventos, de novo muito controversa e arriscada para todos os atores envolvidos — policiais, políticos, irmãos do PCC —, foi feita uma reflexão, que outra vez situava a posição dos igualitaristas que apoiavam Marcola — declaradamente contra esse tipo de ação, mais afeita ao enfrentamento que ele gostaria de evitar — como a mais adequada a seguir.

Em depoimento à CPI do Tráfico de Armas, no mesmo ano, Marcola reforçou que o PCC havia muito já não tinha estrutura piramidal, e que os salves para os ataques não possuíam um centro de comando. As revoltas haviam sido originadas na própria fúria dos ladrões de todo o estado, por conta do modo como várias lideranças do PCC vinham sendo tratadas. Relatou ainda que foi chamado depois de 2001 pelo governo do estado para negociar um processo de paz nos presídios, que teria sido bem-sucedido não por sua causa, mas porque os próprios presos percebiam que uma disciplina mais estrita fazia bem para todos. Teria novamente sido chamado pelo governo para tentar apaziguar as Revoltas de 2006, mas dizia não ter poder para isso, por não estar mais ocupando posições políticas no Comando. Seja como for, não houve mais enfrentamentos como os de maio de 2006.

Taticamente, uma espécie de armistício, funcional para crime e governo, foi construída como política de segurança. Os anos seguintes passaram sem guerra declarada, o que não quer dizer que a tensão entre políticas estatais e políticas do crime não fosse parte do cotidiano. Sobretudo desde que o igualitarismo se tornou norma no PCC e foram evitadas as ações terroristas que Geleião idealizava, houve mais espaço para acertos monetários com a polícia. O dinheiro passa, então, a mediar a relação conflituosa entre as duas formas de vida que, sob outras perspectivas — a lei ou a moral —, estariam em alteridade radical.

DINHEIRO COMO MEDIAÇÃO

Ouvem-se nas periferias muitas histórias de *acertos* entre bandidos e policiais civis ou militares, por vezes intermediados por advogados. É algo muito recorrente. Esses subornos são operados tanto no cotidiano como em eventos disruptivos, que também são de certa maneira parte da rotina dos mercados ilegais. Sempre há um nível de conflito e incerteza entre as partes, que o dinheiro ajuda a superar. Em março de 2009, depois de um dia intenso visitando duas unidades de internação para adolescentes da Fundação Casa, voltei para Sapopemba, onde ficava hospedado durante minha pesquisa. Cansado, mas querendo conversar sobre o dia, resolvi passar na casa de Ivete. Procurei-a no posto de saúde em que trabalhava, dentro da favela, mas ela já não estava.

Fui até sua casa, mas só encontrei o seu neto. Talvez estivesse na casa da sua filha mais velha, Ivonete. Andei até lá. "Ivonete!" "Quem é?" "Gabriel!" "Gabriel da onde?" Já ia abrindo a cortina e sorrindo. "Tá ocupada?" "Não, entra!" "Não tá com cliente?" Ela trabalha como cabeleireira em casa. "Olha aí minha cliente!" E me mostrou sua mãe, Ivete, na cadeira de cabeleireiro. Senti-me bem ao encontrá-las, me considero próximo da família, os anos de pesquisa criaram muito afeto entre nós.

Começamos a pedir notícias um do outro. Seus filhos estavam todos na mesma vida — Ivete tinha cinco filhos no crime e três trabalhadores. Duas mulheres mais velhas, depois seis meninos. A novidade nessa visita foi saber que Marcela, sua segunda filha, viciada em crack havia quase dez anos, estava presa de novo. "Foi por Deus, Gabriel... ela ia se acabar."

Perguntei se Ivonete iria à igreja naquele dia e ela disse que sim, me convidou para acompanhá-la. Eu aceitei, e, quando acertávamos os detalhes para essa ida — eu iria tomar banho e voltaria em seguida —, o neto de Ivete entrou correndo na casa, afobado: "Vó, vó, o Anísio foi preso! Os menino falou! Os polícia tá lá na porta da casa da senhora!". Anísio era o filho homem mais velho de Ivete, tinha então trinta anos de idade.

Ivete se levantou rapidamente e tirou as presilhas do cabelo em um só golpe. Todos pegaram seus documentos e foram saindo da casa. "Vamos lá", ela me disse. Perguntei se não teria problema acompanhá-los. Nenhum. Ivonete seguiu na frente com seu filho. Ivete e eu logo atrás, e, correndo para alcançar-nos, apareceu Humberto, noivo de Ivonete; vendo-a preocupada, procurei consolar Ivete com palavras de apoio, enquanto andávamos. Mas notei que ela estava resignada: já sabia todas as providências a tomar, eram nove anos passados desde a primeira prisão de um de seus filhos, que foram inúmeras. Aos poucos Ivete acelerou o passo, tomou a frente do grupo e se lembrou de que tinha esquecido o celular. Eu disse que estava com o meu, se fosse preciso.

Andávamos cada vez mais rápido. Ivete perguntou novamente se estávamos todos com os nossos documentos. Humberto não trazia os seus. Recomendou-se que ele não chegasse perto dos policiais. Parentes de bandido são sempre suspeitos nessas horas. Viramos a esquina para chegar à casa de Ivete e vimos que já não havia viatura estacionada na porta. Eu estava tenso. Os policiais estariam dentro da casa? A rua se movimentava de modo totalmente diferente de meia hora antes, quando eu havia passado por ali e encontrado seu neto. Os vizinhos tinham saído de suas casas para ver a polícia, para aguardar Ivete, para medir sua reação, para dar notícias dos modos como seus filhos interagiram com os policiais. Ivonete falou alto: "Eita zé-povo!". Nesse contexto, a expressão "zé-povinho" quer dizer aquele que presta atenção na vida alheia, fofoqueiro. Passamos rápido por todos e finalmente entramos na casa de Ivete, na borda da favela.

A casa não acabada, sempre em reforma, guardava um clima de muita tensão. Não havia mais polícia, eram seus filhos que debatiam o acontecido. Fernando, o caçula, e Vilma, sua namorada, falavam alto um com o outro e com Alex, outro dos filhos de Ivete. O sotaque baiano da mãe já não se notava nos filhos. Os sorrisos amplos da família negra, todos com traços faciais exageradamente bonitos, haviam cedido espaço para expressões desesperadas. "O Orelha tá caguetado! O carro tá caguetado!"; "Ele tá no tal DP!"; "O advogado já tá lá, já" — eram as frases que se repetiam. Conversando, os familiares tentavam descobrir *quem* eram os policiais que haviam prendido Anísio.

Pois apenas sabendo quem eles eram seria possível saber *qual* o jogo a jogar. Alex repreendeu Fernando: "Você deixou eles entrarem em casa sem mandado!". "E vou fazer o quê?", respondeu Fernando. "E você ainda falou que conhece o Orelha!" Fernando permaneceu calado. Eu me sentia absolutamente fora de meu lugar. Todos me conheciam, entretanto, e me cumprimentaram com a cabeça aos poucos, enquanto conversavam, consentindo com a minha presença naquele momento ruim.

Seguiram conversando entre si, nervosos, mas com a cumplicidade de pessoas que sentiram ter igualmente tido a família invadida. Ivete pediu para lhe explicarem com calma tudo o que tinha acontecido. Em detalhes, com tranquilidade. Os meninos passaram a repetir o que diziam antes mais organizadamente. Ivete fez questão de me integrar à discussão, me trazendo com a mão para a roda em que conversava com os filhos. Fernando foi quem explicou melhor: eram três policiais civis num Gol prata, à paisana. Vieram atrás do Anísio e do Orelha, vizinho e parceiro dele nos assaltos que vinha realizando. Em seguida, havia chegado uma viatura da Polícia Militar, um Palio, para dar reforço à operação. Os policiais à paisana abordaram o carro de Anísio em frente à casa de Ivete, na entrada da favela. Tinham vindo especialmente para prendê-los, era evidente.

Por serem bandidos conhecidos, Anísio e Orelha já ouviram voz de prisão de imediato. Foram algemados. Os policiais entraram na casa em seguida, para "colher provas". Até esse momento, tudo parecia estar dentro da ordem — o dispositivo de Justiça legal ordenava integralmente a ação da força policial. Dentro da casa, os policiais disseram para Fernando qual era a acusação: "Esse carro está acusado de ser roubado, estar com as placas trocadas e ter participado de assaltos, 'saidinhas' de banco". Esse é o nome dado a assaltos a pessoas que fazem saques elevados em agências bancárias ou caixas eletrônicos.

"Não estamos dizendo que é seu irmão o responsável pelos assaltos ainda, mas estamos averiguando", disse um dos policiais. Tudo certo. O investigador fez, então, dezenas de perguntas para o Fernando, o mais jovem e menos preparado entre eles. O rapaz, aos vinte anos, já havia sido internado uma vez e baleado duas outras, estava "traumatizado de polícia", como me disse depois. Os policiais perguntaram sobre cada um dos seus irmãos, e um deles os reconheceu: eram os mesmos investigadores que, uma semana antes, tinham ido ao bar do Alex apreender suas máquinas caça-níqueis.

Percebia-se então que a família toda estava sob investigação; por outro lado, sabia-se, a partir daí, como agir. Fernando havia respondido a todas as perguntas como de praxe, tentando não se comprometer. Mas não soube dizer aos policiais qual era a profissão de Anísio. Todos explodiram em uníssono quando ele contou essa parte: "Instalador de som!!!", era a resposta pronta, combinada... Fernando não teve a presença de espírito para se lembrar disso quando precisou.

O rapaz ainda contou que, depois que pararam de lhe fazer perguntas, permaneceu ao lado do irmão e seu parceiro quando estes eram reconduzidos à viatura. Já fora da casa, o policial teria mudado o tom e dito para que todo mundo ao redor ouvisse: "Filha da puta do caralho, tá pagando pau pra vagabundo? Vai pagar pau? Nesse lugar só dá bandidinho! Se quiser, eu já falo com o Comando pra eles resolverem teu problema!".

Fernando não entendeu: "Eu não tinha feito nada e eles disseram que eles iam chamar o PCC, o partido, que eles conhecem os caras". Os sentidos dessa interação também me passariam despercebidos, assim como para Fernando, se não tivesse sido alertado por Ivete e Alex a respeito do que se tratava. A referência explícita que os policiais fizeram ao PCC demonstrava que, nesse momento, os policiais já davam dicas de que conheciam e tinham interações com o mundo do crime local. Era a senha, publicamente anunciada, para que pudesse haver um acerto financeiro para liberar Anísio.

Tudo demasiado cifrado para mim e para Fernando naquele momento, mas inteiramente compreensível para Ivete e alguns de seus filhos, experientes nessas interações. Os sentidos do diálogo se tornaram ainda mais evidentes quando os policiais perguntaram quem era o advogado de Anísio e Orelha, os detidos na operação. Sabiam que ambos pagavam, junto com mais dois rapazes do crime, os custos mensais de um advogado particular para defendê-los nos processos criminais de que são réus e prestar assistência jurídica em situações emergenciais como aquela.

O próprio Anísio informara os policiais, quando detido, de que seu irmão havia telefonado para seu advogado na mesma hora, que o defensor já estaria sabendo da prisão dos dois e os esperava na delegacia. Mais um sinal de que eles tratavam com bandidos profissionais. Saber *quem* era o advogado, para os policiais, era tão central quanto, para a família, saber quem eram os policiais. Haveria acerto?

Ouvindo a pergunta, Alex fingiu não entender — não queria oferecer aos policiais a possibilidade de saber com quem iriam lidar. Tentou virar as costas, mas foi forçado a retornar: "Seu cu de burro do caralho, filha da puta! Tá virando as costas pra mim?". Alex recuou, e seu corpo teria se inclinado em sinal de respeito à autoridade policial. "Não, senhor, eu respondi a sua pergunta, senhor, é um advogado de Santo André, não sei o nome dele, não…" E aí, sim, se afastou, nervoso, chorando de raiva.

Diante da possibilidade de suborno, não há agressão física, não há troca de tiros, não há enfrentamento aberto. Há um conflito contido no plano da interação discursiva, cifrada, que encaminha acerto financeiro entre as partes ou, no fracasso dessa tentativa, a aplicação da lei que prevê a prisão dos assaltantes. As portas das viaturas foram finalmente fechadas, os carros arrancaram e os rapazes, presos, encaminhados para uma das várias delegacias de polícia da Zona Leste da cidade.

A família reunida decidiu ir à delegacia acompanhar Anísio, verificar como estava sendo tratado. Havia quatro carros na casa:

três deles roubados e um, o do Neto, filho trabalhador, comprado a prestações. "Vamos no do Neto!" O caminho era conhecido da família, alguns dos filhos de Ivete já tinham passado por aquele DP. Ivete me perguntou se eu iria. Deixei-a escolher se seria adequado. Como eu era o único habilitado formalmente a dirigir, entrei no carro e fui conduzindo, junto com Ivete, Fernando e Vilma, além do filho do casal, ainda bebê de colo.

Chovia, e eu me vi guiando rumo à delegacia, por ruas movimentadas e já muito escuras, entre muitos faróis e pouca visibilidade. Os caminhos me eram inteiramente desconhecidos. O Palio tinha uma direção muito dura e que se mexia muito, involuntariamente, mesmo quando andávamos em linha reta. Estava quase sem combustível, e quando paramos para abastecer eu me dispus a pagar. Para virar o volante era preciso fazer muita força, o carro inteiro estalava. Comentei sobre isso, e Fernando replicou: "É, ainda não está muito bom, não". Eu conhecia a história daquele carro, que tinha sofrido uma batida muito forte havia um ano. O conserto fora realizado em um desmanche, próximo dali.

Chegamos. Mas havíamos errado a delegacia. Era um nome semelhante ao daquela a que deveríamos ter ido, também próxima. Constatamos o engano só quando descemos do carro. Retomamos o caminho, mas a confusão nos atrasara em vinte minutos. Na delegacia correta, percebemos que o contratempo fora decisivo.

Ivete se encaminhou sozinha ao balcão de atendimento. Ficamos a dez metros dela, na porta de entrada. Quando perguntou pelo filho, ouviu do atendente que não havia Anísio nenhum ali. Ela entendeu o recado na hora; eu ouvi o rapaz falar de longe e também entendi o que se passava. Mas Fernando não, mais uma vez. Aproximou-se do balcão dizendo: "Ué, mas a gente ligou para o advogado e ele disse que meu irmão já tinha chegado aqui com ele...". Ivete olhou feio para o filho, colocou a mão na cabeça, impaciente. O policial do balcão imediatamente se alterou e passou a falar alto: "Eu estou dizendo para você — e para quem mais quiser ouvir — que não tem Anísio nenhum aqui! Tem um Jonas, que foi preso, alguém aí é parente dele?".

Ivete se desculpou pela pergunta do filho, agradeceu a informação e saiu. Todos voltamos ao pátio, rumo ao carro, em silêncio. Ivete pediu meu celular emprestado para ligar de novo para o advogado, e ele confirmou que havia acabado de deixar Anísio em casa. Alívio geral da família; senti-me também aliviado. Em seguida veio a vontade de saber exatamente o que havia ocorrido. Pedi que Ivete confirmasse se tinha havido *acerto*, *pagamento*, e ela consentiu com a cabeça. Fernando ainda achava que não. "Meu irmão é ruim de dar dinheiro para polícia, hein? Acho que não teve acerto não, foi o advogado que soltou mesmo."

Mas tudo tinha sido tão rápido que não teria dado tempo sequer de lavrar um boletim de ocorrência. O advogado jamais o teria liberado em tão pouco tempo por vias legais. Ainda mais porque Anísio, então com trinta anos, já havia passado cinco anos preso, em duas temporadas; detido outra vez, e naquelas circunstâncias — havia flagrante, o roubo de que estavam sendo acusados ocorrera no dia anterior, seu caso não seria simples. Horas depois, de volta à favela e conversando com Anísio na casa de Ivete, enquanto ele assistia ao *Jornal Nacional*, vim a saber do valor pago pela liberdade: 16 mil reais. Segundo ele, 15 mil para os policiais, o restante para o advogado.

Anísio seria morto dando fuga da polícia numa moto, após outro roubo, no ano seguinte. Seu enterro foi pago com o dinheiro obtido na fita, no crime daquele dia. Ivete chorou muito. Ela perderia também Fernando, dois anos depois. Ele e outro colega, aos 21 anos de idade, morreram ao experimentar um novo lança-perfume, fabricado na própria favela.

9. Políticas do crime

EXPERIMENTAÇÃO

Quando sequestraram um repórter da Rede Globo, em agosto de 2006, o comunicado dos integrantes do PCC exibido sob coação pela emissora a todo o país demonstrava tanto a origem social dos envolvidos como sua expectativa, curiosa quando vista de fora e única na história da facção, de que através de ações criminais se poderia fazer reivindicação de direitos da cidadania.

Plantão Globo, 13 de agosto de 2006 — 00h26.
CÉSAR TRALLI: O auxiliar técnico da TV Globo, Alexandre Calado, sequestrado hoje de manhã junto com o repórter Guilherme Portanova, acaba de ser libertado. Os sequestradores o deixaram perto da emissora e deram a ele um DVD, dizendo que a condição para libertar com vida o repórter que está em poder deles é a divulgação, na íntegra, das imagens. O conteúdo é o que segue.
"Como integrante do Primeiro Comando da Capital (PCC), venho pelo único meio encontrado por nós para transmitir um comuni-

cado para a sociedade e os governantes. A introdução do Regime Disciplinar Diferenciado, pela Lei 10.792 de 2003, no interior da fase de execução penal, inverte a lógica da execução penal.

"E, coerente com a perspectiva de eliminação e inabilitação dos setores sociais redundantes, leia-se clientela do sistema penal, a nova punição disciplinar inaugura novos métodos de custódia e controle da massa carcerária, conferindo à pena de prisão um nítido caráter do castigo cruel.

"O Regime Disciplinar Diferenciado agride o primado da ressocialização do sentenciado, vigente na consciência mundial, desde o ilusionismo e pedra angular do sistema penitenciário nacional, inspirado na escola da nova defesa social. A LEP (Lei de Execução Penal) já em seu primeiro artigo traça como objetivo o cumprimento da pena e a reintegração social do condenado, a qual é indissociável da efetivação da sanção penal. Portanto, qualquer modalidade de cumprimento de pena em que não haja comitância dos dois objetivos legais, o castigo é reintegração social com observância apenas do primeiro, mostra-se ilegal e contrário à Constituição federal.

"Queremos um sistema carcerário com condições humanas, não um sistema falido desumano no qual sofremos inúmeras humilhações e espancamentos. Não estamos pedindo nada mais do que está dentro da lei. Se nossos governantes, juízes, desembargadores, senadores, deputados e ministros trabalham em cima da lei, que se faça justiça em cima da injustiça que é o sistema carcerário: sem assistência médica, sem assistência jurídica, sem trabalho, sem escola, enfim, sem nada.

"Pedimos aos representantes da lei que se faça um mutirão judicial, pois existem muitos sentenciados com situação processual favorável, dentro do princípio da dignidade humana. O sistema penal brasileiro é na verdade um verdadeiro depósito humano, onde lá se jogam os seres humanos como se fossem animais. O RDD é inconstitucional. O estado democrático de direito tem a obrigação e o dever de dar o mínimo de condições de sobrevivência para os sentenciados. Queremos que a lei seja cumprida na sua totalidade. Não queremos obter nenhuma vantagem, apenas não queremos e não podemos sermos massacrados e oprimidos.

"Queremos que as providências sejam tomadas, pois não vamos aceitar e ficarmos de braços cruzados pelo que está acontecendo no sistema carcerário. Deixamos bem claro que nossa luta é com os governantes e policiais, e que não mexam com nossas famílias que não mexeremos com as de vocês. A luta é nós e vocês."

TRALLI: Este é o vídeo enviado pelos sequestradores. Outras informações sobre o sequestro do jornalista Guilherme Portanova a qualquer momento.

A política do PCC é de experimentação. Experimentaram-se ações terroristas, ataques contra policiais, bombas em fóruns criminais, sequestros de repórteres, adentrar em cargos políticos, e são os resultados dessas estratégias que fazem com que a facção permaneça nelas, ou as deixe de lado.

Dado que a estratégia do sequestro não deu certo — o evento foi lido como absurdo pelos agentes públicos, a Rede Globo foi criticada por haver cedido, mesmo que a exibição tenha sido feita na madrugada, e a repercussão fez com que ficasse evidente que os presos jamais teriam mais direitos caso ações como essa se fortalecessem. Os sequestros não aconteceram nunca mais.

Outras estratégias do PCC vingaram, se desenvolveram, e passaram a ser constantes na facção. Expandir-se em silêncio, por meio da regulação de mercados e não de falas públicas, foi a principal delas. Estilo Marcola. Soubemos da presença do Comando em todos os estados do Brasil, por exemplo, apenas depois de estourarem as guerras que se seguiram à ruptura entre CV e PCC, em agosto de 2016. Antes disso, um grande silêncio imperava nos estados, enquanto a facção se expandia.

A política da Igualdade foi outra grande vitória, nascida de experimentações da virada para os anos 2000 e, sobretudo, da revolução interna do PCC. Foi isso que garantiu a estrutura de sociedade secreta à facção e, ao mesmo tempo, sua lógica de comunicação igualitária entre os membros, a ausência de jugo. Ninguém manda em ninguém no Primeiro Comando da Capital, não se aceitam ordens. Esse é considerado o jeito de o sistema oprimir, pensar o mundo, mas não a maneira de forjar alianças entre pares. A palavra de um pode ter mais peso do que a de outro em dada situação, mas apenas se o que for dito estiver embasado em argumentos válidos. Há pessoas que quando falam, pela inteligência e capacidade de argumentação, fazem com que muitas outras reflitam e até mudem de opinião. Mas nos debates todos os irmãos podem expressar seus pontos de vista e todos devem ser considerados na conversa.

A comunicação interna ao Primeiro Comando da Capital se dá através dos salves, escritos ou orais. Ao contrário do que se diz na imprensa, salves não são ordens nem regras estritas a seguir; são resultados de debates entre irmãos, e portanto esclarecimentos acerca do que é o certo a fazer, na visão da facção, em cada situação. Podem ser recados simples, entre duas pessoas: "Dá um salve lá no meu vizinho para não deixar a biqueira sozinha amanhã". Podem também comunicar as políticas da facção para todos os irmãos, em dado momento, como quando se declarou a ruptura entre CV e PCC, em 2016.

Há uma grande diferença entre *mandar fazer* ou *comunicar o que é o certo a ser feito*. Essa diferença, imperceptível para muitos, é do plano dos pressupostos: quando se manda fazer, se pressupõe subordinação, portanto desigualdade e hierarquia entre os sujeitos. Um manda, o outro obedece. Quem recebe a ordem não tem decisão própria, apenas acata. O poder está todo do lado de quem manda. O outro é um executor, não decide nada, nem tem poder. Já quando se comunica o que é o certo a ser feito, a pressuposição é a de que muitos já refletiram sobre o assunto e que o outro é mais um interlocutor. Pressupõe-se, independentemente do salve, que cada um sempre agirá pela sua própria cabeça, porque a autonomia dos sujeitos é um dado de realidade. Mas espera-se que a ação de um irmão seja a mais correta.

Comunicar o certo é partilhar informação entre pares, entre iguais, entre irmãos. Não há mando nem ordem, portanto. Essa é a norma no PCC, como ficou claro quando se tratou dos debates da facção neste livro. Conversando entre si, os irmãos não apenas buscam, mas julgam poder acessar o que é o certo de modo definitivo em cada caso. O debate é a forma considerada ideal para isso. As posições de responsa do PCC devem buscar o certo, e isso implica a união dos iguais, da irmandade; implica conversar, trocar ideias, debater. Quem quiser mandar, ou seja, oprimir, jamais será considerado em um sistema de posições de poder como esse. Ao contrário, será desconsiderado, podendo mesmo ser "interditado" ou "excluído" por decisão coletiva. Todas as pessoas que demonstrarem poder contribuir com a irmandade, por outro lado, podem ser convidadas a participar.

Tendo ou não negócios ilegais, quem ingressa no PCC deve ter um compromisso com "a causa", ou seja, com o mundo do crime. Tradicionalmente na facção, quem convida alguém para ser batizado torna-se padrinho e deve se responsabilizar pelo seu afilhado. Relatos dos anos 1990 diziam que eram esperados dois padrinhos por novo membro, e que o convite sempre vinha de dentro das cadeias, de modo que se pudesse observar longamente o potencial novo membro, em seu dia a dia, evitando equívocos. Em 2018, há muitos depoimentos dando conta de que, em diversas regiões do país, inclusive no interior do estado de São Paulo, está sendo dispensada mesmo a necessidade de um padrinho. É certo que as coisas mudam de situação em situação, e especialmente em tempos de guerra como as que o PCC tem travado com outras facções e com a polícia, em diversos estados. A vigilância de todos sobre o proceder de cada um dos irmãos, entretanto, não muda.

Para quem vê de fora, porém, pode não parecer haver nenhuma diferença entre um mandar e o outro obedecer. Se foi decidido que se deveria matar um juiz ou um advogado, alguém vai ser incumbido disso. Internamente, entretanto, isso não é lido como uma ordem, mas como uma missão para fazer o que é correto, o que foi decidido em debate. O designado é consultado e espera-se que, tendo ciência do que é o certo, cumpra a missão que lhe foi designada. Ele pode não fazê-lo, entretanto, o que vai lhe gerar consequências.

É preciso cumprir com a responsabilidade outorgada em todos os momentos. Certa vez, um irmão estava dividindo cocaína do Comando em sua cela. Da mesma forma que há rifas, mensalidades e eventos para arrecadação de dinheiro para a irmandade, os traficantes do PCC também vendem droga *da* facção, em quantidade ínfima em relação ao que circula em seus próprios negócios, como forma de fazer algum dinheiro para a fraternidade. Essa atividade comercial destoa da lógica maçônica e demonstra um dos limites da metáfora que nos parece válida no geral.

Esse irmão em questão, depois de encher alguns pinos (pequenas embalagens plásticas com tampa, comumente usadas no varejo da droga), teria deixado sobrar sobre o prato uma quantidade ínfima do pó. Uma raspa, um nada, "menos de meio grama", como me disse quem me contou a história. O irmão teria então cheirado esse restinho de pó, na frente de outros presos. A cena não foi bem-vista. Houve discussão acerca da atitude, que não teria sido correta. Não era certo cheirar a cocaína do Comando. Não importa a quantidade, importa a atitude. Se um irmão lesa o

Comando assim, por pouca coisa, e quando for muito dinheiro? A conduta deve ser impecável, em todas as situações. O irmão foi excluído do PCC. Caso ocupasse alguma posição de autoridade, outro a assumiria em seu lugar.

Pessoas com muito ou pouco dinheiro podem fazer parte do PCC, assim como da maçonaria. Um irmão que não ocupa posição política nenhuma no PCC pode ser muito mais rico do que outro que ocupa uma posição no conselho máximo do Comando. No PCC, economia e posições políticas não estão necessariamente acopladas.

É evidente que, no plano das práticas, ter muito dinheiro faz diferença na vida de qualquer um. Ainda assim, não deve fazer na vida da organização. Alguém que não consegue nem sequer se sustentar, que anda pelos cantos mendigando, ou que é viciado em crack, terá mais dificuldade para obter o respeito de irmãos, claro. Mas exemplos não faltam de pessoas assim que seguem, por suas atitudes e pela sua caminhada, respeitadas em diferentes quebradas de São Paulo. Entretanto, aquele que não age em sintonia com a disciplina do Comando, mesmo que tenha dinheiro, não será escutado, nem consultado por outros irmãos; nem sequer terá sua opinião considerada válida. Não será convidado para ocupar posições relevantes, tampouco. Em suma, alguém que *corre pelo certo*, ou seja, que não dá brecha para qualquer cobrança, que procede de modo justo e correto, tem muito mais chance de ser considerado e respeitado em suas falas, suas ações, suas vontades — porque tem mente, procedimento, não importando os recursos de que dispõe. Ensina com seu exemplo.

A disciplina da facção se baseia na persecução de atitudes consideradas corretas segundo critérios internos, partilhados por seus integrantes. É importante afirmar, no entanto, que esses princípios são vistos como o que é certo sempre, universalmente. É a *caminhada* — a história de atitudes de cada um — que oferece a reputação do sujeito no crime.

Dessa reputação advém sua autoridade em relação aos pares. As sintonias são ocupadas por sujeitos conceituados, de caminhada irretocável. Cada um deve construir essa reputação no dia a dia, pelas suas ações no mundo (criminais ou não), mas sobretudo pela sua forma de proceder, de acordo com a disciplina e o estatuto vigente do PCC. Ao longo de sua história, esse estatuto teve três versões, sempre se atualizando diante das novas necessidades impostas pela expansão do Comando.

Outra característica importante do prestígio dentro da facção é que ele não está baseado na força. Um ladrão de banco é muito respeitado por ser considerado inteligente, engenhoso, não por ser forte. Alguém que pelas ideias consiga desbaratar um conflito em curso é igualmente respeitado. Uma pessoa intransigente e violenta só obterá espaço na organização caso demonstre conhecer e respeitar a disciplina acima de tudo, caso saiba se controlar quando preciso. Um estuprador, por sua vez, será sempre um lixo, coisa, alguém que não pode conviver com a facção justamente porque, não sabendo controlar seus próprios impulsos, viola princípios fundamentais da dignidade, da vida em comum.

Esse respeito aos princípios internos, no mundo do crime em geral e não apenas naquele sob a disciplina do PCC, não advém de uma posição, formal ou informal, na estrutura da facção. Não é ordenado de cima para baixo. O que garante a sua observância é a performance de cada sujeito, avaliada a posteriori pelos seus pares, sob o crivo de sua adequação à disciplina. Essa disciplina, para todos, é "o certo". É aceita como voltada ao progresso de todos.

Trata-se, portanto, mais de uma ordem estamental, baseada na honra, do que de uma ordem burocrática, moderna ou empresarial. Nesse sentido, o PCC é uma sociedade tradicional, como muitas fraternidades masculinas centradas na honra; a maçonaria é só mais um exemplo. No PCC, como em todo o mundo do crime — o que inclui a ética das ruas e quebradas de todo o Brasil, e ainda a de todos os ambientes que reiteram o proceder como código esperado de conduta do homem —, essa masculinidade contraditória é a principal fonte de poder. Ou seja, não se espera que o Estado regule as relações cotidianas entre as pessoas, mas que essa ética masculina dê conta delas. É dessa masculinidade que emana a ordem local, e por isso tanto o Estado, por meio das polícias, como as igrejas, por meio de seus pastores e padres, depositam nos homens, no masculino, a responsabilidade pela ordem.

Não a masculinidade em geral, mas essa em específico, é o fundamento da força ordenadora de qualquer quebrada. Os homens do crime, das igrejas e das polícias, nas últimas décadas, foram se tornando progressivamente mais influentes (e temidos) nas periferias de todo o país. Só tem a voz respeitada, e daí pode partilhar a tomada de decisões sobre a ordem, aquele que demonstrar diariamente aos seus pares merecer esse direito.

Pessoas não respeitadas podem produzir ordem, mas não será baseada na disciplina, no consentimento, e sim na força bruta. As atitudes de cada membro, dia após dia, são analisadas minuciosamente por conversas e debates. O falar da vida alheia deve ser evitado, para não gerar conflitos, mas por outro lado é preciso que as caminhadas de cada irmão sejam conhecidas, que os eventos críticos que provaram sua moralidade sejam avaliados pelos integrantes da facção. É participando desses comentários, seja como objeto de debate, seja como interlocutor, que alguém poderá se fazer respeitado pelos irmãos, pelos parceiros.

Em tese, mesmo alguém que ocupe a Sintonia Final do PCC pode ser questionado, a qualquer momento, pelas atitudes tomadas em uma história pequena, minúscula, mas que diga algo sobre a correção de sua caminhada, de seu passado. Um irmão jamais poderá, por exemplo, ter colaborado com policiais. A história da facção demonstra que não apenas seus antigos fundadores — como Cesinha, Sombra ou Geleião — foram excluídos ou mortos, mas também figuras relevantes de seus quadros durante os anos 2000 — como Macarrão e Birosca — acabaram se tornando inimigos do PCC. Não se define, a priori, quem está certo ou errado porque a pessoa ocupa ou não certa posição na hierarquia de posições do Comando. A correção da atitude de cada um, em cada situação, é sempre avaliada pelos pares com horizontalidade. Mesmo o mais considerado dos irmãos pode falhar, e faltas graves não são admitidas. Mesmo alguém recém-chegado poderá questionar uma falha e deverá ser ouvido.

A empresa não funciona assim, menos ainda o comando militar. Nessas organizações, o poder de mando é evidente, palpável. Um exemplo ajuda a clarear essa questão. Um amigo, dono de uma loja de roupas, me contou que uma de suas funcionárias andava reclamando da forma de organização dos produtos nas prateleiras e dizendo que faria tudo diferente. Ele a chamou para conversar e disse-lhe assim: "Você sabe quanto custa esta loja?". Ela disse que não sabia. "Mais ou menos? Pensa no prédio, nos vidros da vitrine, na grama lá do jardim, na mangueira para regar a grama, nas peças de roupa etc." Ela respondeu com outra negativa. Ele então encerrou o assunto dizendo: "No dia em que você souber, e que você tiver o dinheiro para comprar de mim, você vem aqui, compra, e daí você organiza os produtos como você quiser. Enquanto isso, eu decido". Na empresa, o poder decisório é acoplado ao poder econômico, e ponto final. Não se deve esperar igualdade, ou participação, em uma organização que não foi feita para isso. Não é assim no PCC.

Não estou dizendo, com isso, que o Primeiro Comando da Capital seja democrático, como também se costuma dizer em alguns ambientes. A democracia tem uma história relacionada ao sistema político estatal e, além disso, representaria valores universais, válidos para todos. Estaríamos no sonho ideológico do Ocidente, ou no mínimo em um sistema de tomada de decisões igualitarista, que fosse válido para todos. Mas no lema do PCC — Paz, Justiça, Liberdade, Igualdade e União — não se pressupõe que esses valores sejam para *todos*. Estupradores, policiais, safados, traidores, alcaguetas e vermes — aqueles que não valem nada — não cabem nesses valores e para o mundo do crime eles são coisa, não seres humanos. Não há como equacionar a palavra democracia a um sistema político como esse.

O PROCEDER

O *proceder* é um conceito criado nas ruas. Não foi inventado pelo PCC, nem tampouco tem validade apenas em São Paulo, ou no mundo do crime paulista. No estado, ele foi cantado pelo RZO e pelos Racionais, dois grupos tradicionais da música paulista, e no Rio de Janeiro por Mr. Catra e pelo Menor do Chapa, entre centenas de outros rappers, pagodeiros e funkeiros, em uma época em que o PCC ainda apenas começava a trilhar seus percursos.

Ter proceder é agir pelo certo, sempre. Humildade e disciplina — título de um funk que vem de área do Comando Vermelho, no Rio — são virtudes do vida loka, do sujeito que conhece a vida no corre, no crime, por mais contraditório que isso possa parecer aos olhos leigos. Loucura e mente blindada, disciplina e transgressão, estar do lado certo e no crime, são lados da mesma moeda. O proceder define, no mundo dos criminosos, "o certo da vida errada".

O integrante do crime, segundo sua própria percepção, é alguém que faz a guerra para conquistar a paz. Afirmei anteriormente que o PCC é uma fraternidade masculina tradicional. Sem dúvida. No entanto, seus integrantes são sujeitos modernos e, como todos os sujeitos modernos, são marcados por uma contradição intrínseca. De um lado, são parte de uma massa indistinta, um a mais no meio da multidão — basta olhar a horda de pessoas sendo conduzida como massa em ônibus ou metrôs da cidade de São Paulo para constatar a verdade dessa acepção. De outro lado, entretanto, ao mesmo tempo o sujeito moderno é cada vez mais singular, individual, único — basta observarmos com detalhe essa massa para vermos que ali cada um é um, defende sua individualidade com roupas, estilos, tatuagens e piercings singulares, diferenciando-se dos demais.

O sujeito forjado no mundo do crime, e o irmão do PCC, eleva essa contradição ao limite. Ele é apenas mais um irmão, igual a todos os demais, e não deve querer "se crescer" diante de ninguém. Ao mesmo tempo, deve demonstrar suas virtudes pessoais, portanto únicas, perante a massa prisional ou o mundão. O sujeito do PCC deve demonstrar resistência ímpar para aguentar a tortura física sem delatar nenhum irmão, ou a tortura psicológica de anos de cadeia mantendo-se sereno. Também deve ser corajoso e ter disposição para atos criminais. Deve ser humilde no trato com todos, e *fechar* com o crime, cobrar qualquer um quando estiver certo e apoiar a ação de seus parceiros diante da disciplina. Deve ser bom como o melhor dos homens, e ruim como o pior deles sempre que preciso.

Assim, um irmão idealmente deve ser humilde e "cabuloso" simultaneamente. A autodescrição de Mano Brown, em um rap muito conhecido, exemplifica como esse ser, esse sujeito homem da periferia, forjado na vida do crime, deve sintetizar a contradição do mundo:

> *Na queda ou na ascensão, minha atitude vai além*
> *E tem disposição pro mal e pro bem*
> *Talvez eu seja um sádico, ou um anjo*

> *Um mágico, ou juiz ou réu*
> *Um bandido do céu;*
> *Malandro ou otário, padre sanguinário*
> *Francoatirador se for necessário*
> *Revolucionário, insano, ou marginal*
> *Antigo e moderno, imortal!*
> *Fronteira do céu com o inferno*
> *Astral imprevisível, como um ataque cardíaco do verso*
> *Violentamente pacífico, verídico!*
> *Vim pra sabotar seu raciocínio...*
> (Racionais MC's, "Capítulo 4, Versículo 3")

    A contradição é o signo da vida, sob esse prisma. Por isso o símbolo do yin-yang foi adotado como principal signo do PCC para os seus membros. Carteiras de escola de periferia são marcadas com corretor e muros pichados com o yin-yang. Força e intelecto; mal e bem; a prisão que emancipa, o sofrimento que aponta para o progresso, a guerra que faz a paz, tudo junto e misturado. De um lado, no mundo das favelas e no PCC, o errado e o certo são encarados como absolutos: o certo é o certo, o errado é o errado. Cada um do seu lado. Ao mesmo tempo, e isso é fundamental, na prática sabe-se que, em muitas situações, o certo e o errado podem ser confundidos — o errado pode se mostrar como certo; o certo pode parecer, à primeira vista, errado. Em um dia, uma pessoa pode demonstrar aquilo que não é, lá no fundo (essa moralidade é essencialista e, ao mesmo tempo, performativa). Por isso, estar atento ao dia a dia, ao cotidiano, é a melhor forma de separar o joio do trigo, o joio do joio, o trigo do trigo. E só o tempo faz ver de fato quem realmente está certo. Como afirmou Bob Marley em uma de suas canções geniais: *É possível enganar algumas pessoas algumas vezes, mas não enganar todas as pessoas o tempo todo.*

LIMITES DO HUMANO

Em muitas conversas que tive com ladrões, traficantes e ex-integrantes do crime, frases como "eu sempre respeitei todo mundo" ou "eu nunca roubei uma caneta de ninguém", ou ainda "a minha mãe me ensinou a sempre fazer o que é certo" eram constantes. Apareciam mesmo depois de me serem contadas ações criminais armadas, perseguição policial com troca de tiros, assaltos realizados e mesmo homicídios cometidos. No começo, aquilo me atordoou. Achei que era tudo da boca para fora. Com o tempo, fui entendendo que não.

Duas das diferentes definições de moral encontradas nos dicionários são: 1) conjunto de regras de conduta e princípios que regem determinado grupo; 2) tratado sobre o bem e o mal. O bem e o mal, porém, não são exatamente os mesmos no universo criminal e fora dele. Talvez quem não conheça o assunto se espante, mas o mundo do crime é um ambiente de moral muito estrita. Reivindica para si ser o lado certo da vida errada. O certo é o certo. O PCC, estruturado como uma sociedade secreta, é uma instância político-administrativa que preza pela disciplina moral de seus integrantes e do próprio crime.

Uma coisa importante a notar, entretanto, é que do ponto de vista de quem é do crime nem todas as pessoas são seres humanos. Por se tratar de uma irmandade, há uma distinção moral intrínseca aos irmãos, desconhecida pelos de fora. Por se tratar de uma sociedade secreta, há compromissos que não se conhecem diretamente. Por ter emergido na guerra, a lógica é a do amigo contra o inimigo. São humanos apenas os que agem como humanos, ou seja, os que correm pelo certo, que respeitam os outros em cada uma e em todas as atitudes da vida, para poder exigir respeito em troca, sendo ou não criminosos.

São humanos os que conhecem o que é certo, os que fazem parte da comunidade que o mundo do crime reivindica ser a sua. Ser considerado humano ou não depende das atitudes, não há universalismo. Uma pessoa que nunca se envolveu em nenhuma ação criminal, inclusive, pode ser muito mais humana do que um criminoso, mesmo na visão do mundo do crime. Ao contrário, aqueles que extorquem, humilham, oprimem e produzem injustiças não são humanos, são vermes, são coisa. Esses não precisam ser respeitados; ao contrário, devem ser combatidos. Meninos como Pingo sabem disso desde muito cedo. Um alcagueta, ou um policial que oprime os pobres, é coisa, não é gente. Um estuprador é um verme, não merece viver. Um noia, que perdeu o controle de si pelo uso abusivo de drogas e já não respeita ninguém, que "rouba a própria mãe", é um lixo, não uma pessoa. A morte desses vermes faz bem ao mundo, na visão do crime.

Não se trata, portanto, de uma luta de classes, dos pobres contra os ricos. Trata-se de uma guerra moral: os que estão do lado certo contra os que fecham com o errado. Sagrado e profano. Nem todo "playboy", nem todo "bacana" e toda "madame" são, por isso, oposição ao projeto de Paz, Justiça, Liberdade e Igualdade defendido pelo PCC. Apenas aqueles que, dentre eles, ignoram o sofrimento dos pobres ou, pior, humilham cotidianamente aqueles que julgam inferiores. Apenas aqueles que não os reconhecem como aptos, como válidos, como seres humanos. Se alguém que se parece com um playboy demonstrar, no entanto, que sabe respeitar os outros e tiver humildade, será sempre muito bem recebido em ambientes assim regrados. É só saber chegar, como diz o jargão das quebradas.

Talvez o cara que defende o pobre no tribunal, como diz a letra do rap, mesmo não sendo pobre, possa ser muito útil para o projeto de vida do crime, que poderia ser sintetizado na tentativa de ascensão social por meio dos mercados ilegais, projeto que gerações anteriores dos integrantes do crime tentaram realizar pelo trabalho, sem sucesso. Não era o projeto ideal, mais desejável, porém foi o único que se apresentou como possibilidade real.

Na visão de seus integrantes, o PCC defende o pobre e fecha com o certo. O respeito prevalece. O PCC, na visão de seus membros, sempre prezou pela unidade e pela aliança com todas as outras facções criminais. Por isso, aquelas que são hoje inimigas — como o Comando Vermelho, o CRBC, a Família do Norte ou os Guardiões do Estado — são, por definição, "o errado". Sua oposição é lida moralmente, e não há meio-termo: elas fecharam com o errado. Não há negociação possível. Irmãos nossos foram mortos. Olho por olho, dente por dente.

A morte de um deles — um verme, um coisa — não é, portanto, considerada um homicídio. Não se deve, por isso, lamentá-la, oferecer a chance do luto, velá-la. Muito pelo contrário. A morte de um inimigo faz os aliados mais fortes e melhora o mundo dos humanos. Nessa forma de ver a vida — que existe, queiramos ou não —, o mundo é uma guerra, e a essência do ser humano se mostra nas suas atitudes cotidianas, na sua caminhada, no seu dia a dia. Uma morte cometida em prol do certo — a morte do inimigo — é considerada justa por princípio. Muito diferente é a morte de um parceiro, de um igual, esse, sim, um ser humano completo, alma e corpo de sujeito homem.

ESPELHO

Essa lógica brutal de ver a vida é também, embora não se perceba, compartilhada pelos que cresceram no mundo da lei, do direito, da boa sociedade. Nós também pensamos assim. Mas desumanizamos ao contrário. Embora digamos e mesmo acreditemos que queremos o bem para todos, também consideramos que nem todas as pessoas são seres humanos. Nosso direito também age, em suas práticas, segundo esses pressupostos. Mesmo para as principais democracias do mundo, qualquer pessoa classificada como terrorista, por exemplo, perde imediatamente os direitos que poderia ter em seu país de origem.

O Estado brasileiro, ainda que a nossa lei diga outra coisa, também trabalha exatamente nos mesmos princípios guerreiros. No nosso caso, os inimigos públicos são todos os considerados *bandidos*, que não têm, na prática, o direito a ter direitos. Ainda que tenham corpos humanos, aqueles considerados bandidos não merecem luto no caso de serem mortos. Nem merecem que os autores de sua morte sejam investigados. Se nos Estados Unidos a taxa de esclarecimento de homicídios é de 66%, e no Canadá chega a 80%, no Brasil apenas seis unidades federativas conseguem informar o quanto investigam. As demais simplesmente não possuem esses dados.

São Paulo é o segundo estado da federação que mais investiga homicídios, com 38% de casos denunciados em 2017. O Mato Grosso do Sul é o que mais investiga. Importante notar que esse dado não remete ao esclarecimento dos homicídios, ou seja, de conclusão das investigações com sucesso e responsabilização dos autores; trata-se da taxa de homicídios que geraram uma investigação, ainda que arquivada por ser considerada inconclusiva posteriormente. Ou seja, em São Paulo, 62% dos homicídios não geram nem sequer um inquérito, uma investigação. Para as instituições, esses assassinatos não geram nenhuma mobilização do poder público para ser esclarecidos e julgados. No Pará, a taxa de homicídios não investigados é de 96%.

O Brasil teve mais de 60 mil homicídios em 2016; 93% das vítimas são homens; 76% são negros, jovens, moradores das periferias urbanas e que trabalham nos postos mais baixos dos mercados criminais. Os homicídios não investigados são exatamente aqueles que vitimam os *bandidos*. É por isso que a imprensa sempre anuncia, depois do número de mortos na chacina, no massacre, na resistência seguida de morte, nas consequências do assalto, quantos tinham antecedentes criminais. Quando não se investiga a grande maioria dos homicídios em um país, é porque para a Justiça eles são irrelevantes. Nos cemitérios, os enterros daqueles que se consideram bandidos têm velórios que duram poucos minutos. As famílias não podem velá-los. Não há por que enlutar essas mortes. O ritual rápido comunica a todos que eles não precisam ser lembrados, que a comunidade não perde nada com suas mortes. Ao contrário, se torna mais segura. São esses, não por acaso, os homicídios que, como vimos antes, acionam os tribunais do crime. São esses os assassinatos que, desconsiderados pelo Estado, são os prioritários para o PCC.

Se o Comando não se interessa pela morte de *vermes* — e mesmo pela morte de vítimas de ações criminais —, tampouco temos nos interessado, no plano estatal ou mesmo nas conversas diárias, por esclarecer a morte de *bandidos*. A lógica de guerra entre as partes obscurece esforços pautados por outras visões, democrática ou universalistas, restaurativas ou igualitaristas, etno-orientadas ou pluralistas do direito, nas práticas policiais e jurídicas. Olho por olho, dente por dente, parece ser a lei. Uma saída que satisfaz os impulsos morais de ambas as partes, mas que, como diz o ditado, faz com que todos fiquemos cegos diante das suas consequências. E que esqueçamos que há muitas alternativas. "*Procure a sua, a minha eu vou atrás*", disseram certa vez em um show de rap.

10. A máquina crime-segurança

Fragmentos e capítulos já nos contaram a história. Hora de sintetizar seus traços, extrair dela algum sentido. O PCC nasceu na cadeia, um ano depois do Massacre do Carandiru. Reivindicava reação à opressão do sistema contra os presos, mas também do preso contra o preso. Legitimou sua autoridade no cárcere por aplicar políticas expressas de interdição do estupro, do homicídio considerado injusto e, posteriormente, do crack dentro das prisões sob seu regime. Firmou-se como interlocutor entre os gestores e funcionários dos presídios porque a disciplina estrita que introduzia nas suas unidades prisionais lhes era funcional.

Durante os anos 1990, a guerra sangrenta contra grupos rivais associou-se ao ideal de paz entre os ladrões da facção. Quanto mais o PCC se expandia, mais o governo investia na ampliação do sistema que o nutria: metas crescentes de encarceramento, construção de dezenas de novas unidades e instalação das prisões cada vez mais longe da capital. A reforma no mundo prisional paulista dos anos 1990 quadruplicou a população carcerária na década seguinte, impulsionada pela equivalência do tráfico de drogas a crime hediondo, que jogou dezenas de milhares de jovens nas cadeias. As prisões passaram a ser chamadas de "faculdades". O PCC construiu sua hegemonia no crime, revolucionou-se internamente e consolidou sua estrutura de sociedade secreta.

Em 2001, o Comando mostrou força promovendo a Megarrebelião, simultânea em 29 presídios de São Paulo. As instâncias estatais reagiram, radicalizando a lógica da punição: criou-se o Regime Disciplinar Diferenciado, que isolaria as lideranças do Primeiro Comando da Capital. A facção se organizava em rede, como uma maçonaria, mas voltada para as práticas do crime. Não adiantava prender suas lideranças e fazê-las circular pelo país — na verdade isso só agravava a situação. A imprensa deixou de utilizar a sigla PCC nos noticiários. O que os olhos não leem, a nação não sentiria.

Mas, entre 2001 e 2006, a facção passou a ser cada vez mais comentada nas periferias do estado. Negociavam-se ativamente, em cada quebrada, o tabelamento do preço das drogas no varejo, a discrição e o controle estrito do uso de armas, além da presença local dos irmãos, batizados na facção, como zeladores de uma justiça específica. Baseada em debates e deliberações rápidas, os debates do PCC ofertavam uma possibilidade de justiça popular, mais eficiente que a estatal, para todas as periferias. Os irmãos se tornavam instância de poder importante nos bairros pobres; os moradores admitiram, temeram, consentiram, aprovaram, reagiram. A força da facção, dos evangélicos e dos policiais nas periferias demonstra essa contradição, criando uma disputa entre diferentes ordens em jogo nas quebradas desde então. Nas eleições, essa disputa também passou a ser sentida.

Seja como for, desde que o PCC chegou aos bairros pobres, o tráfico de drogas foi instado a desarmar seus vendedores no varejo, o preço da droga foi congelado para evitar concorrência, e deu certo. Não se podia mais matar sem o aval do Comando; as vinganças estavam interditadas. A bandeira branca subiu, estava hasteada em cada favela, em cada conjunto, em cada bairro periférico do estado de São Paulo. A fórmula mágica da paz, cantada pelo rap desde 1997, se fazia mais e mais presente. As taxas de homicídio despencaram bruscamente a partir de 2001, chegando em 2010 a 70% menos mortos assassinados do que em 2000. Eram as políticas do crime em ação, instrumentalizando as políticas estatais de segurança para seu crescimento.

Em maio de 2006, as novas dimensões do Comando foram conhecidas. Ataques coordenados em todas as periferias de São Paulo somaram-se a rebeliões em mais de oitenta prisões. Dezenas de policiais foram assassinados numa só noite. A vingança oficial aos "ataques" foi exemplar dos modos de agir das polícias: mais de quinhentos homicídios cometidos por policiais nas periferias, em uma semana, demonstravam que o crescimento do crime não se faria sem sangue. De 2006 a 2011, na esteira dessa nova configuração de forças, a tensão entre PCC e polícias se configurou de forma mais latente, ora explodindo em violência pontual, porém majoritariamente mediada por acertos financeiros entre as partes. A trégua nos enfrentamentos violentos foi baseada na significativa inflação dos subornos pagos a policiais por ladrões.

Uma geração de trabalhadores da droga viveu a adolescência sem contabilizar colegas mortos, como aconteceu com a anterior. As taxas de homicídio seguiram em queda, atingindo os menores índices do país. Nas periferias de São Paulo, em 2011, os homicídios de jovens foram cerca de um décimo do que eram em 2000. Os gestores da segurança estatal celebraram o sucesso de suas políticas, e as mães da periferia agradeceram ao PCC por não terem matado seus filhos.

Na televisão, não importava que o mundo do crime estivesse cada vez mais infiltrado na sociabilidade dos bairros pobres, nem que os latrocínios crescessem. A taxa de homicídios em queda seria um indicador unívoco de sucesso dos governantes e de suas políticas de encarceramento. Os argumentos de que o PCC atuava nessa redução demoraram a ser escutados na opinião pública, e a política estatal seguiu intocada: aprisionamento massivo, repressão ostensiva, criminalização do pequeno trabalhador da droga, militarização da gestão pública. O encarceramento foi até mesmo pensado como forma de desenvolvimento das pequenas cidades que recebem presídios, dos grandes empresários que não pagam pela mão de obra dos presos, das famílias dos detentos que aprenderiam a moral do trabalho.

Ao mesmo tempo, os números mostravam expansão nos pontos de venda de droga, nos assaltos, no mercado de desmanches e revendas de veículos, nos roubos a bancos e empresas de valores, a mansões, condomínios e caixas eletrônicos. O PCC passava a ter interesses representados na política local, em diferentes sindicatos e organizações, no transporte coletivo, no comércio ambulante, nas ruas. Mais e mais condomínios fechados, grades, câmeras e segurança privada foram mobilizados. A facção então passou a ser vista nas fronteiras com a Bolívia e o Paraguai, em uma aliança com o Comando Vermelho que duraria até 2016. O acesso aos mercados no atacado, pela primeira vez, impulsionava os negócios a escalas até então desconhecidas. "*Dinheiro no bolso, sem miséria!*" Portos, aeroportos e fronteiras, bem como territórios relevantes para a logística de drogas e armas, contrabando e munições, passam a ser disputados pelo PCC — e ainda hoje o são. Surgem notícias de aliança do Comando com as Farc e o Hezbollah, embora seja plausível supor que haja traficantes de ambos os grupos fazendo negócios estritamente mercantis com traficantes do PCC.

A especificidade de São Paulo nos temas que, de modo muito reducionista, se consideram exclusivos da segurança pública se mostrou então de modo nítido: só em território paulista havia uma política de encarceramento tão agressiva; só no estado havia uma única facção hegemônica na regulação tanto de condutas criminais como dos preços nos mercados ilegais. Só em São Paulo essa conexão, não planejada, redundou numa redução importante dos homicídios. Só em São Paulo a guerra entre crime e governo pôde ter a magnitude vista em maio de 2006 ou no segundo semestre de 2012, ano em que mais de cem policiais militares foram mortos no estado. O exemplo de São Paulo serviu como aprendizado. Empresários ligados ao PCC espalham-se por todas as unidades federativas do Brasil e por muitos países, aqueles nos quais há oportunidades de negócios. Ao mesmo tempo, as políticas estatais que parecem reprimi-los não fazem senão fortalecer a facção.

Quando a Toyota Fortuner disparou com uma metralhadora antiaérea contra a Hummer blindada de Rafaat, o PCC não estava conquistando militarmente o Paraguai. Estava cobrando alguém que consideravam coisa, pelas suas atitudes, e passando a regular mercados muito relevantes, depois de mais de treze anos atuando no país de modo silencioso, quase secreto. Deu certo.

Vivemos num país em que mais de 40 mil jovens — quase sempre pobres, quase sempre pardos e pretos, quase sempre funcionários baixos no mundo do crime — morrem assassinados todos os anos. Morrem também muitos policiais militares e civis no país, em serviço e de folga, sem muito alarde. Foram 437 apenas em 2016, segundo o Fórum Brasileiro de Segurança Pública. Juntos, os dois grupos representam quase 80% dos 60 mil homicídios anuais desde 2015, segundo o Mapa da Violência no Brasil. Soma-se a essas mortes a vitimização dos cidadãos pelo crime comum: uma profusão de roubos, assaltos e toda sorte de ameaças e golpes ronda a vida cotidiana. Condomínios fechados chegam até as classes populares, taxas crescentes de encarceramento lotam as prisões, e nada parece resolver a questão.

Às taxas de crime comum, somam-se ainda as de violência política. Em 2018, a execução sumária de Marielle Franco, vereadora carioca vinculada à fiscalização de violências policiais cometidas durante a intervenção militar no Rio de Janeiro, foi muito repercutida nacional e internacionalmente. Quando ela morreu, segundo a Anistia Internacional, já chegavam a 194 os defensores de direitos humanos assassinados em cinco anos no Brasil. A corrupção e letalidade policiais, das mais altas do mundo, são também alarmantes: as polícias mataram oficialmente 4224 pessoas no Brasil, uma média de 11,6 pessoas por dia, apenas em 2016.

Quando o PCC nascia, como mais uma das muitas facções de presídios paulistas, o estado de São Paulo tinha cerca de 40 mil detentos, com uma população de 31 milhões de habitantes. As unidades prisionais não passavam de três dezenas, e as mais importantes estavam na capital. As condições de vida dos presos eram precaríssimas, a violência corria solta nas cadeias e principalmente fora delas. Se os anos 1990 representaram para muitos a época de construção da democracia no país, nas periferias a década ficou conhecida como *a época das guerras*.

Pesquisas recentes vêm corroborando o que as mães de jovens presos e mortos, policiais e ladrões já sabem: desigualdade brutal, mercados ilegais não regulados e repressão aos pequenos operadores formam uma combinação explosiva, que causa muito mais prejuízo do que ganho à ordem pública. A coletivização do crime, em toda a América Latina, nutre-se desse contexto. O PCC talvez seja o fruto mais evidente desses três elementos juntos, e sua expansão foi favorecida, ao contrário do que acontece com outras facções, pela estrutura extremamente engenhosa que elegeram para se organizar.

Mesmo que não todas, a grande maioria das pessoas só escolhe vender drogas na esquina se não puder ter outra ocupação. Quando o rapaz que as vende por ali é preso, surge no dia seguinte um novo traficante trabalhando em seu lugar, além de um presidiário onerando os cofres públicos enquanto se profissionaliza no crime. Tem-se mais do que isso. Duas semanas depois, um terceiro rapaz estará trabalhando naquela esquina, e dois meninos estarão sob a mira dos *responsas* pelo recrutamento das facções, dentro da cadeia.

Mais investimento nessa repressão, mais Justiça Criminal funcionando, mais prisões efetuadas, e a máquina crime-segurança gira mais depressa. Seu mecanismo é composto justamente por essas engrenagens. Em 25 anos dessa política, temos um estado de São Paulo com um exército de mais de 1 milhão de ex-presidiários, quase 250 mil presos e 10 mil menores de idade em unidades da Fundação Casa. A sensação de insegurança do conjunto da população não melhorou, o crime se expandiu, a principal facção do país se tornou o que é hoje. A estrutura do PCC não se abala com prisões, ou mesmo execuções. Empresas e comandos militares nascem, crescem e morrem. As sociedades secretas, como a maçonaria, são seculares.

Notas

Este livro é baseado em centenas de horas de entrevistas transcritas e milhares de páginas de diários de campo, produzidos para um conjunto de pesquisas que compuseram minha trajetória acadêmica nas últimas duas décadas na Universidade Federal de São Carlos, no Centro de Estudos da Metrópole da Universidade de São Paulo e no Centro Brasileiro de Análise e Planejamento, da Universidade Estadual de Campinas, na Humboldt-Universität, na Sciences Po e na École des Hautes Études en Sciences Sociales (EHESS). São observações retiradas de entrevistas realizadas nas periferias de São Paulo e muitas outras cidades, debates acadêmicos ou abertos ao público, interlocução com outros pesquisadores em capitais e no interior, na fronteira e no litoral, em diferentes estados. Também há informação coletada em países vizinhos, como Argentina, Paraguai e Bolívia, ou distantes como Alemanha, Inglaterra, França e Líbano, pelas quais passam as rotas mercantis de cocaína, veículos e autopeças ilegais, e por onde também passei ou vivi nos últimos anos trabalhando como professor e pesquisador. Além disso, para este livro foi utilizado muito material secundário, sobretudo reportagens de jornais locais ou de circulação nacional sobre ações criminais e modos de organização do PCC, perfis de integrantes e documentação oficial, obtidas na internet ou com contatos de pesquisa. Há ainda consulta bibliográfica para o entendimento mais geral da facção que passa por modelos teóricos, conceituais e empíricos utilizados no meu trabalho acadêmico, mobilizados no livro com linguagem narrativa. A seguir estão algumas dessas referências. Os links foram todos acessados em julho de 2018, salvo indicação em contrário.

1. MAÇONARIA DO CRIME [pp. 13-45]

Para a noção de sociedade secreta, ver o clássico ensaio de Georg Simmel "A sociologia do segredo e as sociedades secretas", traduzido para o português e disponível em: <https://periodicos.ufsc.br/index.php/revistacfh/article/download/13961/12792>. Na reconstituição do episódio da morte de Jorge Rafaat em Pedro Juan Caballero foram realizadas duas entrevistas, com interlocutores que não desejaram se identificar, e consultadas 72 reportagens locais e de circulação nacional no Brasil e no Paraguai, além da análise do vídeo com as imagens do atentado, disponíveis em: <https://www.youtube.com/watch?v=V87z-8-3he8>. A reportagem mais relevante sobre o tema pode ser acessada em: <http://amaerj.org.br/premio/wp-content/themes/premio_patricia/inscricoes/210917_184103.pdf>. Os diferentes pontos de vista sobre o PCC apresentados se baseiam em pesquisa de campo. Sobre a preocupação das polícias internacionais com o PCC, foram realizadas entrevistas com policiais federais no Brasil e consultas a reportagens como a disponível em: <http://www.defesanet.com.br/pcc/noticia/28114/-Narcotrafico-e-terrorismo-do-PCC-traz-FBI-e-DEA-para-a-fronteira-/>. Sobre o trecho "se quer guerra, terá/ se quer paz quero em dobro", dos Racionais MC's, é possível ver a letra completa em: <https://www.letras.mus.br/racionais--mcs/64916/>. Para o trecho "pode crer, pela ordem", também dos Racionais, ver letra em: <https://www.letras.mus.br/racionais-mcs/63447/>. Quanto às visões difundidas de que o PCC atuaria como empresa, há reportagens relevantes como as publicadas em: <https://veja.abril.com.br/especiais/pcc-sa-a-gestao-empresarial-do-crime-organizado/>; ou <https://piaui.folha.uol.com.br/materia/guerra-do-pcc/>. Para reportagens que relacionam o PCC com uma organização militar, ver: <https://brasil.estadao.com.br/noticias/rio-de-janeiro,no-rio-ex-militares--ensinam-taticas-do-exercito-a-faccoes-criminosas,70002212653>. Para mais informações sobre o assalto ao Banco Central de Fortaleza, ver: <https://super.abril.com.br/mundo-estranho/como-foi-o-maior-assalto-realizado-no-brasil/>.

Na narrativa dos episódios de 2002 no PCC foram realizadas três entrevistas, com interlocutores que preferiram não ser identificados, e consultados documentos como o depoimento de Marcola à CPI do Tráfico de Armas, disponível em: <https://www1.folha.uol.com.br/folha/cotidiano/20060708-marcos_camacho.pdf>. Para livros que abordam de diferentes maneiras os episódios de 2001 e 2002 na facção, ver *Junto e misturado*, de Karina Biondi (São Paulo: Terceiro Nome, 2010), e *PCC: Hegemonia nas prisões e monopólio da violência*, de Camila Nunes (São Paulo: Saraiva, 2013); *Cobras e lagartos*, de Josmar Jozino (Rio de Janeiro: Objetiva, 2004), e *Laços de sangue*, de Márcio Christino (São Paulo: Matrix,

2017). Para a Megarrebelião de 2001 foram consultadas centenas de reportagens, como as disponíveis em: <https://brasil.estadao.com.br/blogs/arquivo/a-maior-rebeliao-da-historia/>; ou <https://www1.folha.uol.com.br/fsp/cotidian/ff2302200101.htm>; ou ainda <https://www.google.com.br/search?q=mega+rebeli%C3%A3o+2001&source=lnms&tbm=isch&sa=X&ved=0ahUKEwjFwpCmvI3cAhUDHJAKHbIcDVYQ_AUICygC&biw=1366&bih=662>. Para reportagens sobre Marcola e Geleião, que apresentam interpretações do ocorrido, ver as disponíveis em: <https://www1.folha.uol.com.br/folha/cotidiano/2006 0708-marcos_camacho.pdf>; ou <https://noticias.uol.com.br/cotidiano/ultimas-noticias/2017/12/17/sabia-que-marcola-era-informante-da-policia-diz-fundador-do-pcc-e-inimigo-do-chefe-da-faccao.htm>; ou ainda <https://www1.folha.uol.com.br/fsp/cotidian/ff2410200201.htm>. Para o papel das mulheres na facção entre 2001 e 2002, ver as matérias disponíveis em: <https://www.vice.com/pt_br/article/qkdmpv/mulheres-do-pcc-sao-paulo>; ou <https://super.abril.com.br/historia/as-primeiras-damas-do-pcc/>. Sobre a morte de Sombra, ver reportagem disponível em: <https://brasil.estadao.com.br/noticias/geral,pcc-decreta-luto-pela-morte-de-lider,20010727p20067>. A morte de Cesinha, um dos fundadores do PCC, está narrada em matéria publicada em: <https://brasil.estadao.com.br/noticias/geral,mais-um-lider-do-pcc-e-executado-em-prisao,20020304p15861>. Dados da Secretaria da Administração Penitenciária acessados em <http://www.sap.sp.gov.br/> informam que em 2018 havia no estado de São Paulo 86 Penitenciárias, 43 Centros de Detenção Provisória, 15 Centros de Progressão Penitenciária, 22 Centros de Ressocialização, uma Unidade de Regime Disciplinar Diferenciado e três Hospitais Penitenciários apenas para adultos. Há outras 146 Unidades de Internação para adolescentes autores de infrações à lei, como demonstra a reportagem disponível em: <https://ponte.org/fundacao-casa-50-das-unidades-na-grande-sp-estao-superlotadas/>.

Para elaborar a explicação sobre o modo de organização das sintonias do PCC, foram realizados longos debates, entrevistas e pesquisa de campo com interlocutores os mais diversos, de moradores de periferia a irmãos do Comando, mas sobretudo pesquisadores do tema. Para as tentativas de apresentar organogramas do PCC, ver: <https://ponte.org/pcc-crime-incorporated-tem-novo-organograma/>; ou <https://veja.abril.com.br/especiais/pcc-sa-a-gestao-empresarial-do-crime-organizado/>; ou ainda <https://politica.estadao.com.br/blogs/fausto-macedo/a-hierarquia-do-pcc-na-monte-cristo-em-roraima-segundo-a-promotoria/>. A definição de maçonaria está em: <http://www.maconariabrasil.com/>; e também em: <https://pt.wikipedia.org/wiki/Ma%C3%A7onaria>. Na formulação da metáfora da sociedade secreta foram realizadas dezenas de entrevistas, tanto com irmãos e pessoas próximas do PCC como com maçons e policiais, sempre no estado de São Paulo, além de visitas a eventos abertos da maçonaria. Para os estatutos do PCC e uma cuidadosa interpretação comparativa das suas diferentes gerações, ver o trabalho de Diorgeres de Assis Victorio, disponível no Canal Ciências Criminais: <https://canalcienciascriminais.com.br/author/diorgeres-de-assis-victorio/>. Há uma versão transcrita do primeiro estatuto do PCC em: <https://cut.org.br/system/uploads/ck/files/Estatuto-do-PCC.pdf>. Para mais informações sobre como as transferências de presos favoreceram o PCC, ver: <http://www2.senado.leg.br/bdsf/bitstream/handle/id/319341/noticia.htm?sequence=1>; ou <http://www.sap.sp.gov.br/>. O episódio da bomba no Fórum João Mendes está narrado na reportagem disponível em: <https://www1.folha.uol.com.br/fsp/cotidian/ff0106200118.htm>. Há um balanço da Operação Castelinho nas seguintes reportagens: <https://ponte.org/justica-absolve-pms-envolvidos-na-operacao-castelinho/> (em que a data citada está 2003, quando na verdade é 2002); e <https://oglobo.globo.com/brasil/pms-que-mataram-12-na-operacao-castelinho-sao-absolvidos-em-sp-14511472>. A fala de Beltrame sobre a morte de Rafaat está citada na matéria disponível em: <http://g1.globo.com/rio-de-janeiro/noticia/2016/06/morte-de-traficante-no-paraguai-gera-alerta-muito-grave-diz-beltrame.html>.

2. "O QUE ESTÁ EMBAIXO É COMO O QUE ESTÁ NO ALTO" [pp. 46-76]

Para o verso da letra de "Hermes Trismegisto", de Jorge Ben, que dá título ao capítulo, ver: <https://www.letras.mus.br/jorge-ben-jor/675183/>.

As expressões "máquina do mundo" e "pois a fé já abrandara", que utilizo no início do capítulo, são referência direta ao poema "A máquina do mundo" de Carlos Drummond de Andrade. O existencialismo de Nietzsche marca seu livro citado, tanto quanto o poema. Para o perfil de Marcola, ver: <https://www1.folha.uol.com.br/folha/cotidiano/20060708-marcos_camacho.pdf>. Sobre o que a imprensa apresenta sobre Marcola, ver: <https://super.abril.com.br/sociedade/quem-e-marcola-o-lider-do-pcc/>; ou <http://revistaepoca.globo.com/Epoca/0,6993,EPT516951-1659-1,00.html>; ou ainda <https://www1.folha.uol.com.br/fsp/cotidian/ff1605200641.htm>.

As cenas com Pingo e seus parceiros foram presenciadas em pesquisa de campo. A pesquisa completa originou meu artigo "La Guerre au quotidien", publicado na revista *L'Homme*, que pode ser lida em: <https://journals.openedition.org/lhomme/29049>. Para contextualização do problema da população de rua na cidade de São Paulo, recomendo *Novas faces da vida nas ruas*, coletânea organizada por Taniele Rui, Mariana Martinez e por mim (São Carlos: EdUFSCar, 2016).

Para o verso que dá nome ao intertítulo "Trabalhadores, patrões; policiais, camelôs", ver a letra completa de "A cidade", de Chico Science e Nação Zumbi, em: <https://www.letras.mus.br/nacao-zumbi/77652/>. Para as letras completas dos Racionais MC's cujos versos ou estrofes são citados, ver: <https://www.letras.mus.br/racionais-mcs/66643/> e <https://www.letras.mus.br/racionais-mcs/64916/>.

O material que embasa o fragmento sobre Macarrão e a Sintonia dos Gravatas foi obtido em pesquisa de campo e no vídeo disponível em: <https://ponte.org/delator-pcc/>.

3. A ECONOMIA E O PCC [pp. 77-102]

A história de seu Waldomiro tem como base a pesquisa de campo do autor em São Paulo e Foz do Iguaçu. A narrativa é construída a partir de três personagens reais com os quais convivi em diferentes situações, em São Paulo e São Carlos. Para os preços de droga praticados no tráfico de varejo e atacado, empreendi pesquisa de campo em Foz do Iguaçu, Cáceres, São Paulo e diferentes cidades do interior paulista entre 2016 e 2018. Os preços da cocaína são similares aos apresentados nos livros *Zero zero zero*, de Roberto Saviano (São Paulo: Companhia das Letras, 2014), e *Cocaína: A rota caipira*, de Alan de Abreu (Rio de Janeiro: Record, 2017). Sobre a ideia de que o PCC monopoliza o tráfico de drogas, apontada pela imprensa, consultei pesquisa de campo e inúmeras reportagens, como a disponível em: <https://www1.folha.uol.com.br/cotidiano/2018/03/todo-traficante-mesmo-o-menor-trabalha-para-o-pcc-diz-juiza-corregedora.shtml>.

As teses apresentadas sobre as atividades econômicas dos membros da facção se baseiam na pesquisa de campo de meu trabalho acadêmico, parcialmente disponível em: <http://web.fflch.usp.br/centrodametropole/1110> e <namargem.ufscar.br>.

Para o número de integrantes batizados no PCC no Brasil, ver: <https://noticias.r7.com/sao-paulo/pcc-ja-tem-mais-de-30-mil-membros-espalhados-pelo-brasil-diz-mp-sp-09072018>.

As teses apresentadas sobre a disseminação das informações nas ondas do crime também são embasadas na pesquisa de campo de meu trabalho acadêmico, parcialmente disponível em: <http://web.fflch.usp.br/centrodametropole/1110> e <namargem.ufscar.br>.

Para a noção de economia moral, ver os trabalhos do historiador inglês E. P. Thompson, sobretudo "A economia moral da multidão inglesa no século XVIII", que integra seu livro *Costumes em comum: Estudo sobre a cultura popular tradicional* (São Paulo: Companhia das Letras, 1998).

A referência para pensar sobre a economia moral das periferias de São Paulo é o trabalho do sociólogo francês Robert Cabanes, sobretudo o livro *Économie morale des quartiers populaires de Sao Paulo* (Paris: L'Harmattan, 2014). Agradeço a Robert por tudo o que aprendo com ele.

4. MERCADOS (I)LEGAIS [pp. 103-25]

Para a cena que abre o capítulo, ver: <https://www.youtube.com/watch?v=JkkD0Jf1PrA>. Para pesquisa em andamento que detalha o funcionamento do mercado de veículos furtados ou roubados no Brasil, ver: <http://namargem.ufscar.br/pesquisa/pesquisa-cem/>. Agradeço a Deborah Fromm, Evandro Cruz, Janaína Maldonado, Gregório Zambon, André de Pieri, Isabela Vianna, Filipe Moreno Horta e Lucas Alves pela parceria nessa empreitada coletiva de pesquisa empírica e teórica, que já dura três anos e terá ao menos mais três pela frente. Resultados detalhados devem ser publicados a partir de 2019. Para os dados sobre as Toyotas Hilux no Brasil, ver Superintendência de Seguros Privados, Susep. Todos os modelos de Toyota Hilux furtados ou roubados são ali compilados para produzir seu IRV (Índice de Roubo de Veículos), um dos vinte mais altos do país, estimado em 1,354 em maio de 2018. Havia nessa data exatamente 84890,68 veículos segurados, e foram notificados 1149 sinistros, segundo os dados retirados de <http://www2.susep.gov.br/menuestatistica/RankRoubo/menu1.asp>.

Todos os dados apresentados na seção "O tamanho do negócio" têm como fonte a pesquisa de campo, com entrevistas e observações entre operadores de mercados legais e ilegais, documentação primária e secundária, além de consulta a sites oficiais, realizada pela equipe do projeto "Os mercados (i)legais de veículos", financiado pela Fapesp nos marcos do processo Fapesp 2013/07616-7, Cepid, Centro de Estudos da Metrópole, dirigido pela profa. dra. Marta Arretche, da Universidade de São Paulo.

As informações apresentadas na seção "Carros-armas-drogas-seguros--leilões" também se baseiam em pesquisa de campo, com entrevistas e observações, documentação primária e secundária, além de consulta a sites oficiais, realizada pela equipe do projeto "Os mercados (i)legais de veículos". Para a maior apreensão recente de cocaína no Brasil, ver: <http://g1.globo.com/sp/mogi-

-das-cruzes-suzano/noticia/2015/07/denarc-apreende-mais-de-1-tonelada-de-
-cocaina-em-mansao.html>. Sobre a chamada "máfia do ferro-velho", ver <https://vejasp.abril.com.br/cidades/mafia-ferro-velho-fraude-seguradoras/>.
Para tentativas de estimar o montante do tráfico de drogas no mundo, sempre muito imprecisas, ver: <http://www.ebc.com.br/noticias/internacional/2014/03/onu-alerta-que-drogas-movimentam-us-320-bilhoes-por-ano>; ou <https://www.bbc.com/portuguese/noticias/2016/04/160331_atividades_crime_organizado_fn>; ou ainda <http://hojeemdia.com.br/primeiro-plano/narcotr%C3%A1fico-no-brasil-movimenta-r-15-5-bilh%C3%B5es-por-ano--cifra-%C3%A9-o-piv%C3%B4-de-massacres-1.438397>. Para todas as demais informações da seção, a fonte é a pesquisa de campo, com entrevistas e observações, documentação primária e secundária, além de consulta a sites oficiais, realizada pela equipe do projeto "Os mercados (i)legais de veículos".

5. ANTES DO PCC [pp. 129-75]

Para o crescimento demográfico da cidade e da região metropolitana de São Paulo, ver: <http://infocidade.prefeitura.sp.gov.br/htmls/7_populacao_recenseada_1950_10552.html>. Um debate sobre desigualdades e crescimento urbano em São Paulo está no clássico *São Paulo, 1975: Crescimento e pobreza*, coletânea organizada pelo Centro Brasileiro de Análise e Planejamento no mesmo ano (São Paulo: Loyola, 1976). Para o conceito fundamental extraído dele, ver *A espoliação urbana*, de Lúcio Kowarick (Rio de Janeiro: Paz e Terra, 1979). Uma biografia de Adoniran Barbosa que demonstra suas conexões com o crescimento urbano é *Adoniran: Uma biografia*, de Celso de Campos Jr. (São Paulo: Globo, 2003). Para uma autobiografia telegráfica de Luiz Gonzaga, na qual ele narra o fragmento apresentado, ver: <https://www.youtube.com/watch?v=DdmolsUJVAo>. Uma referência clássica sobre a migração nordestina para São Paulo e a constituição das periferias urbanas é *A caminho da cidade*, de Eunice Durham (São Paulo: Perspectiva, 1973). A luta dos moradores das periferias para conquistar suas casas e infraestrutura fundamental para viver em diferentes momentos da expansão urbana está narrada em *Quando novos personagens entraram em cena*, de Eder Sader (Rio de Janeiro: Paz e Terra, 1988), *A vez e a voz do popular*, de Ana Maria Doimo (Rio de Janeiro: Relume Dumará, 1995), ou *Desvelar a política na periferia*, meu primeiro livro (São Paulo: Fapesp, 2005). Para a porcentagem de migrantes nordestinos e nortistas nas periferias de São Paulo hoje, a referência são os dados do Centro de Estudos da Metrópole, sobretudo a pesquisa de pós--doutorado produzida por Valéria Cristina Macedo em 2017, a quem agradeço. A expansão evangélica nas periferias de São Paulo está registrada em *A Igreja Universal e seus demônios*, do antropólogo Ronaldo Almeida (São Paulo: Terceiro Nome, 2009), e *Fé & crime*, do historiador Vagner Marques (São Paulo: Fonte, 2015).

A trajetória de Joana foi acompanhada por mim em pesquisa de campo nas periferias de São Paulo, em especial no caso dela entre 2006 e 2012.

Para um debate qualificado sobre PCC e território, consultar os livros *Junto e misturado*, de Karina Biondi (São Paulo: Terceiro Nome, 2010), ou *Sobreviver na adversidade*, de Daniel Hirata (São Carlos: Edufscar, 2018), além do meu livro *Fronteiras de tensão: Política e violência nas periferias de São Paulo* (São Paulo: Ed. Unesp/CEM, 2011). Há uma excelente comparação entre as lógicas territorializada das facções cariocas e desterritorializada do PCC no artigo fundamental de Daniel Hirata e Carolina Grillo "Sintonia e amizade entre patrões e donos do morro", disponível em: <http://www.scielo.br/scielo.php?pid= S0103-20702017000 200075&script=sci_abstract&tlng=pt>.

Para mais informações sobre como o trabalho de Jorge Ben estava em sintonia com o modo de pensar o PCC presente na música dos Racionais, ver meu artigo "Sobre anjos e irmãos", de 2013, disponível em: <http://www.scielo.br/pdf/rieb/n56/03.pdf>.

Sobre a heterogeneidade das periferias urbanas no Brasil hoje, ver os trabalhos de Eduardo César Leão Marques, Neiva Vieira, Ana Paula Galdeano, Robert Cabanes, Daniel Hirata, Vera Telles, Cibele Rizek, Isabel Georges, Carolina Grillo, Taniele Rui, Evandro Cruz, Deborah Fromm, Roselene Breda, Henrique Takahashi, José Douglas Santos Silva, entre outros parceiros e parceiras de reflexão acadêmica. Para mais sobre o mundo do crime em São Paulo e no Rio de Janeiro, ver os trabalhos de Daniel Veloso Hirata, Carolina Grillo, Antonio Rafael Barbosa, Fábio Mallart, Adalton Marques, Camila Nunes Dias, Karina Biondi, Natália Padovani, Bruna Bumachar, Carly Machado, Liniker Batista, Diogo Lyra, entre diversos outros. Para mais sobre o Cedeca Sapopemba, organização que me acolheu em pesquisa de campo durante anos, ver: <cedecasapopemba.org.br>. Agradeço imensamente, e de coração, a todos os amigos e amigas de lá que me auxiliaram e me auxiliam tanto em minha pesquisa e minha vida. Não posso citar todos, mas agradeço a cada um(a) em nome da minha amiga Ana Paula Santos, cuja trajetória, inteligência e bom humor nos inspiram em conjunto.

As seções "A quebrada no estilo ladrão" e "Há um típico irmão do PCC?" se baseiam em pesquisa de campo realizada entre 2005 e 2016 nas periferias de São Paulo.

6. CADEIA E RUA, MESMO RITMO [pp. 176-208]

Para reconstituir os traços fundamentais de contexto do Massacre do Carandiru, foram consultadas dezenas de reportagens de jornais de grande circulação do período. Os fatos acerca do Massacre ainda reverberam, e uma ótima compilação de material pode ser visualizada em: <https://tudo-sobre. estadao.com.br/carandiru>. Há diversos livros de referência para compreender o Massacre e o cotidiano no Carandiru, sob diversas perspectivas não acadêmicas, como *Estação Carandiru*, de Dráuzio Varella (São Paulo: Companhia das Letras, 1999), *Sobrevivente André du Rap*, de André Du Rap e Bruno Zeni (São Paulo: Labortexto, 2002), *Memórias de um sobrevivente*, de Luiz Alberto Mendes (São Paulo: Companhia das Letras, 2001), *Diário de um detento*, de Jocenir (São Paulo: Labortexto, 2001), ou *Vidas do Carandiru*, de Humberto Rodrigues (São Paulo: Geração Editorial, 2002). A produção foi tão ampla que mereceu análise minuciosa, sob a perspectiva literária, na tese de doutorado *Cada história uma sentença*, de Maria Rita Sigaud Soares Palmeira, disponível no Repositório de Teses e Dissertações da USP. São conhecidos os dados sobre letalidade policial durante a virada para os anos 1990 em São Paulo. Ver, por exemplo, o trabalho de Pedro Lagatta em: <http://www.teses.usp.br/teses/disponiveis/47/47131/tde-01092017-104250/publico/lagatta_corrigida.pdf>. Os dados eram mais elevados que hoje, mesmo que a população do estado fosse de 34 milhões de habitantes, contra os 44 milhões de 2018, segundo compilado no *Relatório Sistema Prisional Paulista, transformações e perspectivas*, do Conselho Penitenciário do Estado, pelo delegado Nelson Rodrigues, disponível em: <http://www.sap.sp.gov.br/> (acesso em 29 abr. 2018). Ver ainda reportagem de divulgação de pesquisas importantes do Núcleo de Estudos da Violência da USP e do Fórum Brasileiro de Segurança Pública em: <https://www.cartacapital.com.br/sociedade/o-carandiru-e-suas-implicacoes-para-a-seguranca-publica>. A expressão "silêncio sorridente", que utilizo no texto, é referência à letra de "Haiti", de Caetano Veloso, disponível em: <https://www.letras.mus.br/caetano-veloso/44730/>. Para detalhes das controvérsias jurídicas e públicas em torno do julgamento dos policiais envolvidos no Massacre, ver: <https://tudo-sobre.estadao.com.br/carandiru>.

A argumentação da seção "Instrumentalização da segurança" é amparada por entrevistas com agentes penitenciários e gestores públicos da área de segurança, realizadas em São Paulo e Minas Gerais entre 2005 e 2008, tratando do período assinalado, os anos 1990. Para estudos aprofundados do tema da segurança pública no Brasil, ver os trabalhos do Núcleo de Estudos sobre Cidadania e Violência Urbana (UFRJ), do Núcleo de Estudos da Violência (USP), do Fórum

Brasileiro de Segurança Pública (FBSP) e do Grupo de Estudos sobre Violência e Administração de Conflitos (Ufscar). Ver ainda, especificamente sobre as políticas de segurança do estado de São Paulo e o surgimento de uma razão centrada em direitos humanos em seu seio, bem como os modos como ela ensejou seu contrário, *Humanizar e expandir*, de Adalton Marques (São Paulo: IBCCRIM, 2018).

Para a ideia de "políticas do crime", ver o artigo "Governo que produz crime, crime que produz governo", disponível em: <revista.forumseguranca.org.br/index.php/rbsp/article/download/118/115>. Sobre as relações entre presos e entre convívio e seguro em cadeias, ver o trabalho de Adalton Marques disponível em: <http://bdtd.ibict.br/vufind/Record/USP_ecba4b556d19e20f8d01fd3f97f2b458>.

Para a seção "Bandeira branca nas quebradas" foi utilizado material primário de pesquisas acadêmicas que conduzi entre 1997 e 2012, nos municípios de Carapicuíba e São Paulo, sobretudo na Zona Leste da capital. Mais sobre o enunciado de paz nas periferias paulistas durante os anos 2000, sob a égide do PCC, pode ser lido em dezenas de trabalhos a respeito; uma referência central é o livro *Sobreviver na adversidade*, de Daniel Hirata (São Carlos: Edufscar, 2018).

7. A JUSTIÇA DO PCC [pp. 209-36]

Para embasar a seção "Debater" foi realizada pesquisa de campo sistemática sobre o tema, em especial no ano de 2008, em diversas regiões das periferias de São Paulo, principalmente Sapopemba, na Zona Leste da cidade. Para reportagens, vídeos e comentários sobre debates do crime, conhecidos na imprensa como "tribunais do crime", ver, por exemplo: <https://www.vice.com/pt_br/article/kbe9de/pcc-tribunal-do-crime>; e <https://www.google.com.br/search?q=%22tribunal+do+crime%22&ie=&oe=>.

A história narrada na seção "Espirrado" é amparada em pesquisa de campo realizada entre 2005 e 2011, em São Paulo, para o meu livro *Fronteiras de tensão* (São Paulo, 2011), publicado pela Editora da Unesp/CEM, à qual agradeço.

Para o caso específico do homicídio de Pirassununga em 2007, foram lidas com minúcia as mais de duzentas páginas de transcrição da gravação de comunicação telefônica entre presos, durante o debate, que constam no inquérito sobre o caso, consultado em delegacia da Polícia Civil no município. Agradeço imensamente por essa possibilidade, no ano de 2011. O material secundário transcrito no texto foi obtido em reportagem televisiva sobre o mesmo caso, disponível em: <http://br.youtube.com/watch?v=XVs9y1lXfZQ>. O artigo "Crime e castigo na cidade", de minha autoria, havia sido publicado em 2010, portanto antes da consulta ao inquérito, baseado apenas nessa reportagem. O artigo está disponível em: <http://www.scielo.br/scielo.php?pid=S0103-49792010000100005&script=sci_abstract&tlng=es>.

Sobre o número de homicídios na cidade de São Paulo, entre 2000 e 2010, os dados do PRO-AIM da Prefeitura Municipal de São Paulo indicam queda de mais de 70% a partir de 2000, chegando a menos de dez assassinatos por 100 mil habitantes em 2010. Há muitas outras fontes de dados — dos Mapas de Violência produzidos pelo Ipea e Fórum Brasileiro de Segurança Pública, pela Secretaria de Segurança ou Governo Federal, ou ainda por inúmeros pesquisadores dedicados ao tema, como Bruno Paes Manso, Samira Bueno, Maria Fernanda Tourinho Peres, Graham Willys, Benjamin Lessing, Douglas Santos Silva, Renato Sérgio de Lima, Camila Nunes Dias, Leandro Piquet, Daniel Hirata, Marcelo Neri, entre outros. Os dados são objeto de disputa e não há consenso a respeito, embora ninguém tenha dúvida de que as taxas caíram muitíssimo desde 2000. Em Sapopemba, onde fiz minha pesquisa, a queda foi ainda maior, de 73,1/100 mil em 2000 chegando a 8,78 em 2008 e oscilando a 11,95/100 mil em 2010 (PRO-AIM/Sempla, 2012). Em diversos outros distritos de periferia, a tendência foi similar. Os dados de latrocínio e outras estatísticas criminais avançam no período. A explicação dessa queda centrada, embora não exclusivamente focada na atuação do Primeiro Comando da Capital, lançada ao debate por um grupo de pesquisadores de campo em meados dos anos 2000, é largamente aceita em diversos ambientes policiais, sociais e acadêmicos.

Para a entrevista de Mano Brown na situação apresentada, ver: <http://www.youtube.com/watch?v=PQ4dP2evx9w>.

8. PAZ TEM PREÇO [pp. 237-65]

Para exemplo de notícia de "alianças" entre PCC e as Farc na imprensa, ver: <https://www.terra.com.br/noticias/mundo/america-latina/pcc-esta-recrutando-guerrilheiros-das-farc-diz-wall-street-journal,43ac686417644afc3f774b-9362f71ae2lvczfyqg.html>. Sobre a maior apreensão de armas da história nacional, no dia 1º jun. 2017, no aeroporto do Galeão, Rio de Janeiro — foram apreendidos nada menos que sessenta fuzis, embalados em aquecedores de piscina, diretamente enviados de Miami ao Rio, 45 fuzis AK-47, 14 AR-10 e um G3 —, ver: <https://www.youtube.com/watch?v=GuyfHFdqn44> (acesso em: 6 maio 2018). Para reportagens sobre possíveis vínculos entre PCC e Hezbollah no Líbano, ver: <https://www.correiobraziliense.com.br/app/noticia/brasil/2017/07/23/

internas-brasil,611759/pcc-brasileiro-tem-parceria-com-o-hezbollah.shtml> ou <https://istoe.com.br/gigantes-do-crime/>. A argumentação da seção "Essa quebrada é PCC" se baseou em pesquisa de campo realizada por mim e colegas da Ufscar e do Centro de Estudos da Metrópole em diferentes projetos de pesquisa realizados desde 2005.

Para trabalhos relevantes sobre o mundo do crime em outros estados brasileiros, ver a produção de Fernando Rodrigues sobre Alagoas; de Jania Perla de Aquino, Leonardo Sá e Luiz Fabio Paiva sobre o Ceará; de Luiz Lourenço, Mariana Possas e Eduardo Paes Machado sobre a Bahia; de Juliana Melo sobre o Rio Grande do Norte; de Fabio Candotti sobre o Amazonas; de Roberto Efrem Filho sobre Recife e Paraíba; de Tatiana Dassi e Danielli Oliveira sobre Santa Catarina, entre outros. Agradeço pela interlocução com cada um deles, que favorece uma melhor compreensão do que se passa em cada região e assinala um futuro promissor no conhecimento sobre os temas no país.

Para mais sobre os "Ataques do PCC" ou os "Crimes de Maio", eventos tão discutidos quanto o Massacre do Carandiru em 1992 ou a Megarrebelião de 2001, foram consultadas centenas de reportagens do período, resumidas aqui: <https://sao-paulo.estadao.com.br/noticias/geral,veja-a-cronologia-dos-ataques-do-pcc-em-2006,1732401>. Há intensa produção acadêmica sobre os eventos, sendo um artigo de Sérgio Adorno e Fernando Salla, do Núcleo de Estudos da Violência da USP, referência incontornável do tema, que está disponível em: <http://www.scielo.br/scielo.php?pid=S0103-40142007000300002&script=sci_abstract&tlng=pt>. O Relatório "São Paulo sob achaque" é outra referência fundamental para consulta. Há ainda muita controvérsia sobre uma negociação entre membros batizados do PCC e o governo de São Paulo, conforme salientam inúmeras reportagens do período, como a disponível em: <https://sao-paulo.estadao.com.br/noticias/geral,estado-fez-acordo-com-pcc-para-cessar-ataques-de-2006-mostra-depoimento,1732413>. Os eventos deram ensejo também a organizações militantes como a Mães de Maio, que reivindica justiça com relação aos eventos. Ver: <https://pt-br.facebook.com/maes.demaio/>.

Para mais detalhes sobre a hipótese de que o dinheiro tem atuado como mediação para o conflito urbano contemporâneo, ver "Valor dos pobres", de 2013, disponível em: <http://www.scielo.br/scielo.php?pid=S0103-4979 2014000300004&script=sci_abstract&tlng=pt>.

9. POLÍTICAS DO CRIME [pp. 266-83]

Para o vídeo integral do material exibido pela Rede Globo, ver: <https://www.youtube.com/watch?v=bwPHGk0ifb4>. Para a ideia de que o PCC é democrático, ver, por exemplo, o prefácio de *Junto e misturado*, livro de Karina Biondi (São Paulo: Terceiro Nome, 2010), texto escrito por seu então orientador.

Para mais referências sobre as lógicas de conduta em ambientes periféricos, ver o livro *Fé & crime*, de Vagner Marques (São Paulo: Fonte, 2015). O trecho citado de Bob Marley foi retirado da canção "Get Up, Stand Up".

Para a literatura filosófica que pensa os limites do humano como históricos, ver os trabalhos "O declínio do Estado-nação e o fim dos direitos do homem", de Hannah Arendt (In: *Origens do totalitarismo*. São Paulo: Companhia das Letras, 1989), e *Em defesa da sociedade*, de Michel Foucault (São Paulo: Martins Fontes, 2005), comentados e atualizados em *Life and Words*, de Veena Das (Berkeley: University of California Press, 2007), e em *Homo sacer*, obra em quatro volumes de Giorgio Agamben (São Paulo: Boitempo, 2004-17).

10. A MÁQUINA CRIME-SEGURANÇA [pp. 284-90]

Para mais informações sobre o argumento apresentado, ver também o Curso "O que produz a violência", disponível em: <https://www.britishcouncil.org.br/sites/default/files/caderno_de_resumos_-_o_que_produz_a_violencia_2017.pdf> ou <https://www.youtube.com/watch?v=PXdKT0fNd7c>.

Apêndice: Estatuto do PCC (Terceira Geração)

Estatuto do PCC
(Terceira Geração)

1. Todos os integrantes devem lealdade e respeito ao Primeiro Comando da Capital, devem tratar todos com respeito, dando bons exemplos a ser seguidos pela massa, acima de tudo ser justo e imparcial.

2. Lutar sempre pela PAZ, JUSTIÇA, LIBERDADE, IGUALDADE e UNIÃO, visando sempre o crescimento da organização, respeitando sempre a ética do crime.

3. Todos os integrantes do Comando tem por direito expressar sua opinião e tem o dever de respeitar a opinião de todos. Sabendo que dentro da organização existe uma hierarquia e uma disciplina a ser seguida e respeitada. Aquele integrantes que vier a causar divisão dentro do Comando, desrespeitando esses critérios, será excluído e decretado.

4. Aquele integrante que for para rua tem a obrigação de manter o contato com a Sintonia da sua quebrada ou da quebrada que o mesmo estiver. Estar sempre a disposição do Comando, a

Organização necessita do empenho e união de todos os integrantes. Deixamos claro que não somos sócios de um clube e sim integrantes de uma Organização Criminosa, que luta contra as opressões e injustiças que surgem no dia a dia e tenta nos afetar. Sendo assim, o Comando não admite acomodações e fraquezas.

5. Todos os integrantes que estiver na rua, tem a mesma obrigação, sendo ele estruturado ou não, porém os estruturados tem condição de se dedicar ao Comando e quando possível participar de projetos que venham a criar soluções desamparo social e financeiro para apoiar os integrantes desamparados.

6. O comando não admite entre seus integrantes, estupradores, pedófilos, caguetas, aqueles que extorquem, invejam, e caluniam, e os que não respeitam a ética do crime.

7. É dever de todos os integrantes da facção colaborar e participar dos "progressos" do comando, seja ele qual for, pois os resultados desse trabalhos são integrados em pagamentos de despesas com defensores, advogados, ajuda para trancas, cesta básica, ajuda financeira para os familiares que perderam a vida em prol a nossa causa, transporte para cadeirantes, ou auxílio para doentes com custo de remédio, cirurgia e atendimentos médicos particulares, principalmente na estruturas da luta contra os nossos inimigos, entre várias situações que fortalecem a nossa causa ou seja o crime fortalece o crime, essa é a nossa ideologia.

8. Os integrantes que estiverem na rua e passando por algum tipo de dificuldade, poderão procurar a Sintonia para que o Comando possa ajuda-lo ir para o corre, deixando claro que o intuito da organização e fortalecer todos os seus integrantes, para que cada um tenha Condições de se empenhar também no progresso do Comando e assim nossos objetivos serem atingidos com total êxito.

9. Todos os integrantes devem ter a certeza absoluta que querem fazer parte do Comando, pois aquele que usufrui dos benefí-

cios que o Comando conquistou e pedir pra sair pelo fato da sua liberdade estar próxima ou até mesmo aquele que sair para a rua e demonstrar desinteresse por nossa causa, serão avaliados e se constatado que o mesmo agiu de oportunismo o mesmo poderá ser visto como traidor, tendo atitude covarde e o preço da traição é a morte.

10. Deixamos claro que a Sintonia Final é uma fase da hierarquia do Comando composta por integrantes que tenham sido indicados e aprovados pelos irmãos que fazem parte da Sintonia Final do Comando. Existem várias Sintonias, sendo a Sintonia Final a última instância. O objetivos da Sintonia Final é lutar pelos nossos ideais e pelo crescimento da nossa Organização.

11. Toda missão destinada deve ser concluída. Será feita uma avaliação da capacidade de cada integrante indicado pela Sintonia, e aquele que for selecionado e aprovado tem capacidade de cumprir uma missão, e tem o dever de arcar com as despesas financeira, mas quando for possível todos os gastos ficarão sob a responsabilidade do Comando. Essas missões incluem principalmente ações de resgate e outras operações restritas ao Comando. Todos aqueles que vierem a ser resgatados, terão a obrigação de resgatar outro irmão, aquele irmão que falhar na missão por fraqueza, deslealdade, será excluído e o caso será avaliado pela sintonia, no caso de vazar as idéias poderá ser caracterizado como traição e a cobrança será a morte.

12. O Comando não tem limite territorial, todos os integrantes que forem batizados são componentes do Primeiro Comando da Capital, independente da cidade, estado ou país, todos devem seguir a nossa disciplina e hierarquia do nosso Estatuto.

13. O Comando não tem nenhuma coligação com nenhuma outra facção, vivemos em harmonia com facções de outros estados, quando algum integrante de outra facção chegar em alguma cadeia nossa o mesmo será tratado com respeito e terá o apoio

necessário, porém queremos o mesmo tratamento quando o integrante do Comando chegar preso em outro estado em cadeias de outras facções e se algum integrante de outra facção de outro estado desrespeitar a nossa disciplina em nossa cadeia vamos procurar a Sintonia responsável pelo mesmo e juntos procurarmos a solução e se ocorrer de um irmão nosso estar desrespeitando, a busca da solução será da mesma forma. Deixamos bem claro que isso se trata de facções de outro estado que seja amiga do Comando.

14. Todos os integrantes serão tratados com igualdade, sendo que a nossa luta é constante e permanente, seus méritos e atitudes serão avaliadas dando prioridade para aquele que merece, esclarecendo que méritos não é sinônimo de acomodações e impunidade diante da nossa luta, tratando com igualdade para os iguais e desigualdade para os desiguais.

15. Os ideais do Comando estão acima dos conflitos pessoais, no entanto o Comando será solidário com aquele integrante que esteja certo e em desvantagem para resolver os seus problemas pessoais, o apoio será prestado, a causa será prestado, a causa será aprovada, após a avaliação direta da Sintonia.

16. É inadmissível usar o Comando para ter benefício próprio. Se algum integrante vier a subfaturar algo para ganhar dinheiro em cima do Comando, agindo com esperteza em benefício próprio, será analisado pela Sintonia e após ser comprovado os superfaturamento o mesmo será excluído e decretado. Nenhum integrante poderá usufruir do contato do Comando para transações comerciais ou particulares sem o conhecimento da Sintonia, os irmãos que investir o capital em mercadoria ou ferramentas para negociar, podem fazer negócio com a Família e obterem seu lucro desde que não seja abusivos, pois todo o fruto desse trabalho é destinado aos necessitados em prol a nossa ideologia.

17. O integrante que vier a sair da Organização e fazer parte de outra facção caguetando algo relacionado ao Comando será

decretado e aquele que vier a mexer com a nossa família terá a sua família exterminada. O Comando nunca mexeu com a família de ninguém e tais não terão paz. Ninguém é obrigado a permanecer no Comando, mas o Comando não vai ser tirado por ninguém.

18. Todos os integrantes tem o dever de agir com severidade em cima de opressões, assassinatos e covardias realizados por Policiais Militares e contra a máquina opressora, extermínios de vidas, extorsões que forem comprovadas, se estiver ocorrendo na rua ou nas cadeias por parte dos nossos inimigos, daremos uma resposta a altura do crime. Se alguma vida for tirada com esses mecanismos pelos nossos inimigos, os integrantes do Comando que estiverem cadastrados na quebrada do ocorrido deverão se unir e dar o mesmo tratamento que eles merecem, vida se paga com vida e sangue se paga com sangue.

Sobre este livro

Este livro é resultado de uma pesquisa acadêmica de duas décadas, e não busca julgar o que faz um ou outro lado da contenda: policiais, PCC, facções rivais ou moradores de favelas. Não se trata de adjetivar, mas de compreender. O livro também propõe uma reflexão sobre a violência e a segurança no Brasil a partir da história do PCC. A trajetória de 25 anos da guerra da facção com as polícias tem algo a ensinar. Todas as pessoas com quem conversei, com quem estive cotidianamente em contato sobre o tema do conflito urbano, da violência e da criminalidade, querem viver em paz e segurança. Policiais, ladrões, trabalhadores, pais de família. Ricos e pobres. Brancos, negros, mães de jovens encarcerados; familiares de policiais mortos e assaltantes de banco. Todos eles sabem, de diferentes maneiras, que a paz é fruto da justiça, mas que estão em guerra uns contra os outros. Todos acreditam que podem superar o adversário, o inimigo, na força.

Todas as vezes em que o PCC entregou justiça eficiente à população através dos debates, mesmo não sendo a justiça esperada pelos tribunais; quando esclareceu homicídios, ofereceu possibilidade de gerar renda, mediou conflitos e evitou outras mortes; quando evitou roubos e desordem nas periferias, foi visto pela população com respeito e mesmo com admiração. Quando, ao contrário, criminosos estimularam o som ensurdecedor de carros equipados em festas regadas a cocaína e álcool entre jovens; quando oprimiram os moradores de bairros inteiros com toques de recolher e trocas de tiro; quando mataram adolescentes e jovens por muito pouco; quando roubaram trabalhadores nas quebradas, quando estupraram ou violentaram pessoas indefesas, perderam todo o respeito da população. Todas as vezes em que as polícias esclareceram crimes, intervindo providencialmente, respeitando direitos e protegendo a população, a sua legitimidade cresceu muito. Quando trabalharam com inteligência e não expuseram seus próprios homens a riscos desnecessários, quando investigaram e esclareceram com estratégia, ganharam autoridade moral. Quando violentaram adolescentes e jovens, torturaram em busca de informação, receberam propinas e acertos de traficantes, perderam espaço.

Seria simples se para resolver o problema da criminalidade bastasse prender os criminosos. Se para acabar com o PCC fosse suficiente encarcerar ou mesmo exterminar os seus membros. Se, quanto mais crescesse a repressão aos bandidos, mais seguros estivéssemos. Na verdade, não temos que fazer suposições; só no estado de São Paulo as polícias mataram mais de 20 mil pessoas, e o Judiciário encarcerou mais de 1 milhão de criminosos, nos últimos trinta anos. No Brasil todo, já são mais de 1 milhão de assassinados em três décadas. Vinte Maracanãs lotados de pessoas exterminadas por armas de fogo. Essas alternativas — a prisão e o extermínio — já estão sendo praticadas há décadas, e o resultado tem sido o contrário do previsto.

Nunca se falou tanto sobre a violência urbana como hoje. Noticiários policiais, drogas apreendidas e corpos estirados no chão povoam as conversas de bar. Nunca se apostou tanto na repressão dos pardos e pretos que levaram a sério a incitação orgiástica dos mercados por consumo de carros, motos e mulheres, dinheiro fácil, cerveja e vida loka. Este livro nos levou a conhecer alguns desses marginais que, por representarem o oposto da lei e da ordem, são o contraste dos pilares morais da família, do trabalho, da Igreja e do Estado no Brasil contemporâneo. Nosso outro fundamental já não é o desempregado que pede integração por querer ser trabalhador, por ter índole e religião de trabalhador. Nosso outro agora é o bandido, o inimigo público que precisa ser contido, talvez internado contra a vontade, seguramente preso, no limite exterminado. Tenta-se administrar os corpos e as mentes desses homens e mulheres, jovens e até crianças com câmeras monitoradas, muralhas de presídios e nos escritórios de governo. Dentro e fora da cadeia, também o Primeiro Comando da Capital e o governo capilar das Igrejas evangélicas tentam administrá-los.

Em torno dessas tentativas operam hoje muitos mercados: de grades de ferro e concreto para prisões, mas também para casas de família, escolas e hospitais; cercas elétricas, câmeras de segurança e arames farpados em espiral para presídios de segurança máxima, mas também para centros comerciais e mesmo bairros inteiros; carros blindados e armamento para as polícias, mas também para empresários, jornalistas, juízes e consultores; incorporação imobiliária para condomínios fechados, mas também para a "nova classe C"; unidades de internação para adolescentes e clínicas de reabilitação para usuários de drogas, mas também de novas plantas prisionais para os que delas saírem; pedreiros e serventes para construir tudo isso, psicólogos comportamentalistas e psiquiatras positivistas para demonstrar a centralidade dos remédios de tarja preta na gestão do "problema da violência".

Sem falar do dinheiro movimentado na própria venda ilícita de drogas e armas, motos e carros roubados, e nos mercados de proteção ilegais, apropriados em grande escala por quem não é classificado como ladrão. O crime compensa para os mercados na situação desigual que temos, porque coloca muito dinheiro em nossa economia e faz mal apenas para as vidas dos que estão diretamente envolvidos no conflito — os incriminados e os assistentes sociais, educadores, policiais ou outros agentes públicos e não governamentais que lidam diretamente com eles. O crime compensa para quem lucra com o risco ao qual a população está exposta, desde que dentro de determinadas taxas; compensa para leiloeiros que ganham mais com o carro roubado do que os meninos que o roubaram; para os bancos que recebem o dinheiro do tráfico de drogas; para os políticos que se elegem com dinheiro lavado; para os maus policiais que recebem subornos; para os próprios ladrões e traficantes que conseguem sobreviver à repressão policial. O sistema prisional está no centro dessa gestão, mas também os orçamentos destinados à segurança pública e privada. A passagem das trajetórias aqui narradas pelas cadeias é signo da ampliação do mundo do crime e, sobretudo, da sua pervasividade social. Mas é signo também do mecanismo contemporâneo que as aparta da comunidade moral que rege a distribuição de direitos: os mercados da incriminação. Este livro espera contribuir para esse debate.

Na vida real, as coisas não são como nos filmes. Estudar o PCC não guarda nenhum traço de aventura ou gosto pelo submundo. Guarda, seguramente, esperança em um futuro menos violento, sem guerra. Fazer pesquisa de campo no mundo do crime ou perto dele, como eu fiz, não é participar de uma série policial. As pessoas de carne e osso, sejam policiais, ladrões ou suas mães, sentem na vida cotidiana o peso da guerra em que estão envolvidas. E refletem todo dia sobre a loucura de viver. A vida real me parece, por isso, bem mais incrível do que o cinema, ou a televisão, fazem parecer.

Este é um livro sobre coisas fantásticas que acontecem todos os dias, e que eu tive a sorte de poder estudar, conhecer um pouco. Ainda há muito a conhecer, e sem dúvida há interpretações a amadurecer. A visão que hoje tenho do PCC, e que espero seguir aprimorando, é resultado de um aprendizado obtido de muitas maneiras, sempre coletivas. Desde 2004 estudo o tema, porque foi necessário. Estava em Sapopemba, na Zona Leste de São Paulo, para estudar a luta de Valdênia Paulino, uma das muitas defensoras de direitos humanos ameaçadas no país, hoje uma grande amiga. Conheci pessoas fantásticas ali, que continuem sendo parceiras ainda hoje. O mundo do crime se mostrava como uma entidade importante para a sociabilidade local, ainda que a enorme maioria dos moradores das periferias quisesse distância dele.

Entrevistei, conversei e convivi com muita gente que mora perto do Comando simplesmente porque nasceu e cresceu nas periferias de São Paulo ou viveu por lá desde os anos 1990, quando tudo começou. Conversei com alguns integrantes batizados da facção ao longo desses anos, na verdade poucos. Quando o fiz, não houve muita novidade no que me disseram, porque os modos de funcionamento do PCC são conhecidos não apenas pelos irmãos, mas também por quem os rodeia. Muitos irmãos, como relato no livro, tampouco sabem como funciona o todo da organização, que se mostra progressivamente aos iniciados.

Eu, que não sou irmão, sei muito menos do que eles, claro. O meu trabalho de pesquisador, de cientista, é transformar esse conhecimento em algo que traga benefícios para as pessoas. Numa guerra não há lado certo, porque buscar a paz é mais certo. O lado do PCC que enxerguei, e a partir do qual comecei a elaborar a ideia mais geral do funcionamento e da trajetória da facção, foi esse.

Sempre estudei os *efeitos*, ou seja, os impactos que a expansão do mundo do crime em São Paulo causou na vida das pessoas comuns que vivem nas periferias, e também nas classes médias e elites. Afinal, tenho a sorte de conviver com gente pobre e rica, e também com gente muito pobre e muito rica, o que é cada vez uma experiência mais rara na cidade de São Paulo e no Brasil. Interessavam-me mais os impactos causados pelo PCC nos cotidianos da periferia do que a dimensão criminal das vidas de seus integrantes. Penso o mesmo a respeito de partidos políticos, movimentos sociais, escolas, postos de saúde ou prefeituras. Interessa o que deixam de legado ao mundo no qual se fizeram. Acho que, por tudo o que ouvi, esse não foi um caminho errado.

Para elaborar este livro conversei, mas também convivi com muitos moradores das periferias de São Paulo e de várias outras cidades brasileiras. Relatei minhas vivências com eles, e as reli muitas vezes, tanto quanto as entrevistas que realizei, bem como as de colegas, estudantes e parceiros com os quais trabalhei. Cada um deles sabe o quanto sou grato, ainda que não pretenda listá-los aqui. Acompanhei as histórias de muita gente, e algumas delas se tornaram parte da minha própria vida, viraram amigos, alguns passaram a conviver em casa, com minha família.

Comparei seus discursos sistematicamente, e suas formas de vida cotidiana, ao que dizem e vivem outros pobres urbanos de muitas outras cidades do mundo onde também tive a oportunidade de viver e trabalhar. Mas comparei, sobretudo, o que eles me falavam com o que contavam meus amigos e parceiros de classe média e de classe média alta das elites de São Paulo. Cada uma dessas falas, em seguida, foi confrontada — e faço isso também cotidianamente — aos meus próprios modos de ver o mundo. Essas comparações sistemáticas são a base do conhecimento produzido na pesquisa etnográfica, e é a comparação o método básico de análise da sociologia, a disciplina à qual decidi me dedicar.

Entrevistei diversos profissionais e gestores que atuam na área de segurança pública ou no sistema de Justiça em diferentes estados do Brasil, bem como inúmeros educadores de medidas socioeducativas, jornalistas, policiais, psicólogos, assistentes sociais, advogados e cientistas sociais que conhecem, cada um de seu jeito, um pouco sobre o PCC. Conversei bastante também com outros pesquisadores, em inúmeros debates que tivemos em universidades do Brasil, da América Latina e de várias outras partes do mundo.

Estive em quase trinta países nos últimos anos, trabalhando sobre os mesmos temas, sempre acompanhado por especialistas, em alguns casos podendo permanecer meses estudando. Da mesma forma, estive em inúmeras favelas, quebradas e periferias com intelectuais do mais alto nível, que embora não tenham mestrado ou doutorado conhecem muito mais do tema do que aqueles que analisam planilhas frias sem nunca terem experimentado o conflito urbano.

Foi, sem dúvida, andando pelas quebradas de São Paulo, de São Carlos, nas fronteiras com o Paraguai e a Bolívia, lendo nas bibliotecas e quartos de hotel, e me deslocando com o olhar atento por estradas e aeroportos do Brasil, da França, do México e da Alemanha, mas também do Líbano, do Panamá e dos Estados Unidos, que este livro ganhou corpo. Não houve glamour ou aventura nessas viagens, mas nelas conheci pessoas que me ensinaram demais. Se não houve glamour, houve muito trabalho e muitos dias terminados com a "mente exausta de mentar", como no verso de Drummond.

O que me movia, além do amor à minha profissão e às riquezas imateriais inestimáveis que me trouxe, era a vontade de entender o que me era apresentado pela experiência. É preciso respeitar quem tem experiência em um assunto, experiência vivida no assunto. Não foi apenas nas favelas de São Paulo, portanto, que essa pesquisa se conduziu. No Departamento de Sociologia da Ufscar, no Centro de Estudos da Metrópole, no Instituto de Filosofia e Ciências Humanas da Unicamp, na Faculdade de Filosofia, Letras e Ciências Humanas da USP e no Centro Brasileiro de Análise e Planejamento (Cebrap), tive debates fundamentais à minha compreensão do problema. Meus estudantes, igualmente, me auxiliaram muito com material de relatos, músicas, debates infinitos e experiências preciosas de pesquisa.

Pesquisadores como Michel Misse, Luiz Antonio Machado da Silva, Daniel Cefaï, Talja Blokland, Evelina Dagnino, Daniel Hirata, Carolina Grillo, Douglas Santos, Karina Biondi, Vagner Marques, Bruno Paes Manso, Camila Nunes Dias, Rafael Godoi, Natália Padovani, Bruna Bumachar, Liliana Sanjurjo, Adalton Marques, Henrique Takahashi, Deborah Fromm, Evandro Cruz, Janaína Maldonado, Isabela Vianna, Luana Dias Motta, André de Pieri, Lucas Alves, Luiz Lourenço, Marcos Alvarez, Fernando Salla, Vera Telles, Marta Arretche, Eduardo Marques, Adrian Lavalle e muitos outros, refletindo ou não diretamente sobre o PCC, foram referências importantes do meu pensamento. Meus colegas de trabalho, o que inclui meus estudantes — no Departamento e Programa de Pós-Graduação em Sociologia da Ufscar, no Centro de Estudos da Metrópole, no Cebrap, na Unicamp, na Humboldt-Universität, na Sciences Po, na EHESS —, me ajudaram também com dicas e metáforas muito importantes para conhecer o que pensávamos juntos.

Este livro deve muito a amigos e parceiros, à minha família toda, e em especial aos debates longos que, cotidianamente, travo com minha companheira de vida Deborah Fromm e com Iara e Léo. A Carmen Sílvia Ribeiro e Lúcia Shimbo, pessoas tão importantes na minha vida. Ao lugar que meus pais, minhas irmãs, Luciana e Renata, e meu irmão, Paulo, criaram para mim. E a Daniel Hirata e Willian Neves, dois intelectuais de primeiríssimo nível, com quem não canso de conversar sobre o que tratei aqui. É um começo.

1ª EDIÇÃO [2018] 4 reimpressões

ESTA OBRA FOI COMPOSTA PELA SPRESS EM DANTE E IMPRESSA EM OFSETE
PELA LIS GRÁFICA SOBRE PAPEL PÓLEN NATURAL DA SUZANO S.A.
PARA A EDITORA SCHWARCZ EM JUNHO DE 2023

A marca FSC® é a garantia de que a madeira utilizada na fabricação do papel deste livro provém de florestas que foram gerenciadas de maneira ambientalmente correta, socialmente justa e economicamente viável, além de outras fontes de origem controlada.